寻找伟大企业
——拥抱新经济——

翟敬勇 著

山西出版传媒集团
山西人民出版社

图书在版编目（CIP）数据

寻找伟大企业：拥抱新经济 / 翟敬勇著. —太原：山西人民出版社，2022.1
ISBN 978-7-203-12070-4

Ⅰ.①寻… Ⅱ.①翟… Ⅲ.①企业管理 Ⅳ.①F272

中国版本图书馆 CIP 数据核字（2021）第 254141 号

寻找伟大企业：拥抱新经济

著　　者：	翟敬勇
责任编辑：	张小芳
复　　审：	李　鑫
终　　审：	贺　权
装帧设计：	王　峥

出 版 者：	山西出版传媒集团·山西人民出版社
地　　址：	太原市建设南路 21 号
邮　　编：	030012
发行营销：	0351-4922220　4955996　4956039　4922127（传真）
天猫官网：	https://sxrmcbs.tmall.com　电话：0351-4922159
E-mail：	sxskcb@163.com　发行部
	sxskcb@126.com　总编室
网　　址：	www.sxskcb.com

经 销 者：	山西出版传媒集团·山西人民出版社
承 印 厂：	廊坊市祥丰印刷有限公司

开　　本：	710mm×1000mm　1/16
印　　张：	19
字　　数：	270 千字
印　　数：	1—10000 册
版　　次：	2022 年 1 月　第 1 版
印　　次：	2022 年 1 月　第 1 次印刷
书　　号：	ISBN 978-7-203-12070-4
定　　价：	188.00 元

如有印装质量问题请与本社联系调换

序　言

　　作为中国资本市场的参与者之一，我自 1996 年进入股市，从模拟炒股到进行实战技术分析，再到坚定地走价值投资路线，见证了中国资本市场从野蛮生长到规范成熟发展的 30 年，也看到身边一些参与者的起起伏伏。

　　自 2004 年至今，我长期去上市公司进行实地调研，参加股东会，对于一些长期重点关注的公司，比如贵州茅台，甚至去了三四十次。每次调研之后，还会将访谈内容记录下来，形成纪要予以留存。很多人对此不理解。

　　我个人觉得，去上市公司调研、去参加上市公司股东会，给我带来的收获是非常大的。因为每去一家公司，我都能够通过和公司的高管人员交流，更全面地了解当时的国家宏观政策、产业发展政策，还有企业的发展格局，等等，这些都是很难得很宝贵的一线学习机会。

　　2007 年，时任《证券市场红周刊》的副主编江涛女士，提议我把那几年跑上市公司的调研纪要整理成一本书。她认为，这将是一本对国内上市公司中谁有可能成为伟大企业的价值探寻之旅的书籍，也会是国内首部以股东大会调研为题材的证券图书。

　　我们从 2007 年开始整理，2008 年 8 月正式出版了我的第一本书——《寻找伟大的企业——上市公司股东大会调研纪要》。

　　时逢 2008 年全球金融危机爆发，国内许多做价值投资的人因为坚守企业价值，对回撤没有做任何处理。从做资产管理的角度来讲，很大一批资管人士都因此受到伤害，包括我们也未能幸免。事后，我们也做了反思：价值投资到底是不是适合做资管？要不要坚持价值投资？实际上，这是一个问题的几个不同的维度。

2008年以来，我们不断地做分析和总结。可以看到，系统性风险是常有的，每隔5—8年就会出现一次，只是风险的大小程度不一样而已。

其实，每次系统性风险的根源往往都是来自对旧的生产模式的淘汰和重新迎接新的生产力两种力量的冲击，而风险过后，往往也给企业、给社会带来长足发展，我们一直在不断地探索。

虽然总有一些人动不动就拿格雷厄姆、巴菲特的一些言论来指导自己的投资，实际上我们通过实践发现，价值投资也需要进化，需要跟着时代的变化而变化，但是价值投资的核心没有变，即"买股票就是买公司，用4毛钱买1块钱的东西"。

不同的时间、不同的阶段，如何衡量公司的好坏，如何衡量内涵价值的高低，这些都是仁者见仁，智者见智的。在后续这些年的投资实践当中，越来越体会到价值投资需要跟着时代走。对这些问题的深入思考和实践，也让我们在资本市场的起起伏伏中不断进化。

2020年的时候，身边不少朋友劝我再写一本书。但越在资本市场摸爬滚打，对资本市场越有敬畏之心。我思索良久，最终还是决定把这些年我们对价值投资实践的进化之路，与各位读者做一些分享。

进化的目的是什么？是为了顺应这个时代。本书中关于我们的投资实践进化过程分为三个阶段。

第一个阶段是2005年至2012年的传统经济阶段，也就是燃油机械时代或者是传统机械时代。

我当时去调研万科、招行、茅台等公司，这些公司经过十几年、二十几年的发展，都已经从当年市值很小的公司茁壮成长起来，而且在相关产业中占据了举足轻重的地位。那时，我们通过长期实地调研，能感受到中国经济已不可避免地融入全球经济的大浪潮当中，可以看到全球经济正快速地从燃油机械时代进入到人工智能时代。从2000年开始，甚至从更早的1995年开始，全球经济经历了从互联网1.0、互联网 2.0 到目前互联网 3.0 的发展历程。虽然只有短短 20 多年的时间，但是整个世界发生了翻天覆地的变化。

第二个进化阶段是 2012 年至 2018 年 6 月，是从传统经济向新经济转型变化的阶段。

在这个过程当中，很多投资人是很难适应的。一方面在新经济浪潮的推动下，很多新产业不断涌现；另一方面，中国又处在人口红利逐步见顶的过程中，2021 年中国城镇化已经进入中后期，未来有可能每年的死亡人口数量会超过新出生人口数量，中国的老龄化也会不可避免地提前到来。在这样一个大背景下，我国政府从更高维度对一些产业进行调整。从 2014 年南车北车的合并到 2015 年煤炭钢铁行业的供给侧改革，我们都看到传统燃油机械时代的重工业企业甚至整个行业日渐式微。与此同时，新经济产业在蓬勃发展，比如从事互联网、新能源、新材料等相关企业。在互联网发展过程当中，龙头企业控制了新经济的生产要素，其垄断性给整个社会带来不公平竞争。我们在最近这几年也可以看到，国家不断通过行政干预，出台更完善的法律法规制度，以规范这些行业的发展。同时，我们也看到，随着中国新生儿人口的急剧下降，原来教育产业化愈演愈烈的势头也戛然而止；随着中国老龄人口的急剧上升，从 2018 年开始的全国医药集采也对医药行业原来的商业模式或多或少地产生了一些影响。

怎么理解这些经济现象？如何看待政策的变化和这些企业的未来发展？如何看待产业发展当中一些看似矛盾的政策？这些都值得我们深思。

第三个进化阶段是 2018 年 6 月至今拥抱新经济的阶段，以宁德时代上市作为一个标志性事件。

我们把视野打开，在新经济发展当中，会看到政府对一些产业不遗余力地支持：像新能源行业，无论产业政策还是信贷政策，乃至其他各个方面，政府都会积极予以扶持，资本市场也伴随着这些产业的发展进程，不断起伏变化。所以，到了 2019 年，我们就开始专注新经济，聚焦新能源。

我想在这样一个大背景下去思考投资，对于每一位读者去理解新产业的发展趋势，甚至理解国家宏观政策的变化都有一定的帮助。在投资路上，每个人都是学生，每个人都在不断地摸索着前进。未来能够走多远我不知道，但是有一点我可以确定，在中国的土壤上凭借自己的智慧，把握时代的脉搏，我们能够不断地抓住一批又一批顺应时代潮流的优秀的甚至伟大的公司。

我相信，中国未来在新经济领域，尤其是互联网、新能源、生物医药、新材料等领域，一定会诞生一批世界级的优秀企业。这一类公司在中国乃至在世界上，他们的竞争力会越来越强。

作为资管投资人，我们也会不断地去追随时代的步伐，去寻找这些能够给全世界的文明发展带来长足进步的优秀企业。

怎么能寻找到这些优秀企业？我个人理解，价值投资是我们终身学习的重要课程，对我们的财富增长有非常重要的帮助。

我从 1996 年接触股市到目前已经超过 25 年，让我感慨的是，从技术分析到价值投资到做资管，实际上是三个维度。

技术分析，对于我们这种资质平平的人来说，很难在市场上获取一个比较好的收益。价值投资看似简单，其实门槛是非常高的，因为你要思考你当下投资的企业在未来的价值。我经常会说一句话：你今天付出的价格是你未来将获得的价值回报，这个价值回报就是企业的成长。那么，企业能否在未来持续成长，我们作为投资人需要对此有深刻认知。比如，企业的管理团队是否能够真的如我们预想的那样，能够适应社会环境快速成长起来，这当中就有很大的不确定性。作为做资管的投资人，我们还是需要不断地跟随市场，不断地跟随时代的步伐，不断地去观察我们看好的一些产业和方向。

这么多年来，在不断进化的投资旅程中，我有一个深刻的投资体会，就是每一个时代都会诞生出一批适应这个时代发展的优秀企业。同时，这些企业商业模式的创建又是有一帮优秀的管理团队去完成的。所以，我们要认真地、长时间地去学习那些能够跟上时代发展脉搏的产业，同时要认真地、长时间地去观察相关企业优秀的管理团队，还要不断地丰富对这些企业商业模式和企业文化的深度理解。尤其是在2021年，在国家相关行业的政策调整中，有很多企业都出现了危机，出现了大面积的企业关停或倒闭。我相信未来会有越来越多不能适应时代发展的企业会走到这一步。

沉舟侧畔千帆过，历史的车轮不会为谁而停留，也不会为那些放大了自己能力导致企业衰退倒闭的管理层而驻足。这个世界会不断地用宽广的胸怀去接纳能够适应未来发展的优秀企业。

我会继续顺应时代潮流，不断地在投资实践中继续进化，不断地去寻找和挖掘优秀的伟大的企业。同时，我和我的团队、朋友，以及投资同道中人一起，也会不断地对未来产业变革趋势进行探讨和思考。

我很乐于把我们这些年的投资实践经验在此分享给大家，希望能够给正在阅读本书的您带来一点点帮助，也希望我们一起在价值投资这条路上越走越宽，一起寻找到更多伟大的企业。

本书版税收入，将通过"雪莲花助学联合会"，捐赠给更有需要的莘莘学子。

图1　在榕树投资公司2020年年会上演讲

图 2　在南开大学深圳校友会 2021 年年会上被聘为联席会长

目 录

第一部分 总论

第1章 探寻价值投资本质 积极拥抱新经济 / 2
- ◎ 价值投资的核心 / 2
- ◎ 什么样的公司是伟大的公司 / 3
- ◎ 投资进化的三个时代投资主线 / 7
- ◎ 为什么2021年是颠覆年？ / 9
- ◎ 一定要拥抱新经济 / 12
- ◎ 如何拥抱新经济 / 15
- ◎ 不愿意改变就会被淘汰 / 16
- ◎ 一线调研走访增强感性认识 / 18
- ◎ 成为一家值得托付的资产管理公司 / 22

第二部分 传统经济时代的投资

第2章 做长期的价值投资 / 26
- ◎ 优秀的企业需要我们去寻找 / 27
- ◎ 长期伴随优秀企业成长，得到丰厚回报 / 28

第3章 传统经济时代的上市公司调研篇 / 30
- ◎ 五粮液（000858）调研节选 / 30
  - 五粮液调研纪要 / 30
- ◎ 伊利股份（600887）调研节选 / 34
  - 伊利股份2005年年度股东大会调研纪要 / 34
  - 伊利股份2006年年度股东大会调研纪要 / 36
- ◎ 招商银行（600036）调研纪要 / 38
  - 招商银行2004年年度股东大会调研纪要 / 39

　　　　招商银行股权分置股东大会调研纪要 / 41

　　　　招商银行深圳分行调研纪要 / 43

　　　　招商银行 2006 年第二次临时股东大会调研纪要 / 45

　　　　招商银行 2006 年年度股东大会调研纪要 / 47

　　◎ 云南白药（000538）调研节选 / 49

　　　　云南白药 2006 年第二次临时股东大会调研纪要 / 49

　　　　云南白药 2007 年第一次临时股东大会调研纪要 / 51

　　　　云南白药董秘访谈节选 / 53

　　◎ 烟台万华（600309）调研节选 / 56

　　　　烟台万华 2004 年年度股东大会调研纪要 / 56

　　　　烟台万华调研报告纪要 / 60

　　　　烟台万华 2005 年第一次临时股东大会调研纪要 / 62

第 4 章　传统经济时代媒体访谈篇 / 65

　　◎ 用两条腿跑出来的价值投资 / 65

　　　　大河有水小河满 / 66

　　　　价值投资不等于只买不卖 / 67

　　　　如何获取稳定的财富 / 69

　　◎ 弱市中寻找优秀的企业 / 71

　　　　政府应出台经济刺激方案 / 71

　　　　地方财政维稳和供求关系影响，房价难以大幅下降 / 75

　　　　选定企业不是马上就买 / 76

　　　　参加股东大会应有备而去 / 78

　　　　"行业和管理层"是选择好企业的两个标准 / 79

　　　　下一轮中国经济主导行业仍将是地产 / 81

　　◎ 经济正迅速复苏，机会将全面开花 / 82

　　　　中国经济依然处于长期上升周期中 / 83

　　　　中国优势正在吸纳全球财富 / 84

　　　　股市已率先复苏 / 86

第三部分　从传统经济向新经济转型时代的投资

第 5 章　资本市场需要重新适应经济发展的规律 / 88
- ◎ 互联网经济对传统经济的巨大颠覆 / 89
- ◎ 茅台是中国经济转型中不可或缺的观察指标 / 90
- ◎ 跟着时代走，跟随引领潮流的公司 / 91
- ◎ 坚定不移地拥抱引领时代潮流的公司 / 92

第 6 章　转型经济时代上市公司调研篇 / 95
- ◎ 贵州茅台（600519）调研节选 / 95
   - 贵州茅台 2004 年年度股东大会调研纪要 / 96
   - 贵州茅台 2005 年年度股东大会调研纪要 / 101
   - 贵州茅台经营情况调研纪要 / 107
   - 贵州茅台 2006 年年度股东大会调研纪要 / 108
   - 投资是一项系统化的工程，
     100 元左右的茅台是值得投资的 / 112
   - 贵州茅台 2019 年股东大会调研纪要 / 118
   - 贵州茅台 2020 年股东大会调研纪要 / 120
- ◎ 腾讯控股（00700）调研节选 / 124
   - 2006 年腾讯实地调研纪要 / 124
   - 腾讯控股 2012 年度业绩电话会议调研纪要 / 127
   - 腾讯控股微信用户破 2 亿的投资价值分析 / 130
   - 腾讯的三大疑问与思考（节选）/ 132
   - 依旧看好公司长远发展
     ——腾讯 2019 年一季度业绩分析点评 / 140
   - 腾讯收入增长的底层原因
     ——2019 年末对腾讯的投资价值分析 / 141
   - 坚守价值投资实现丰厚回报
     ——写于腾讯市值突破 7 万亿大关之际 / 143
- ◎ 阿里巴巴（BABA）上市公司调研节选 / 145

马云：重塑平台、金融和数据三大业务

　　——2012年阿里巴巴网商大会纪要（节选）/ 146

移动购物市场的现状和前景 / 150

科技的发展推动改革的方向不会变

　　——蚂蚁科技暂缓上市解析 / 151

第7章　转型时代投资之媒体采访篇 / 153

◎ 一个技术分析师的醒悟（节选）/ 153

像榕树一样稳健成长 / 154

从铁杆技术派到纯粹价值派 / 155

我们是运动员而不是教练 / 157

性格剖析、未来展望与切实建议 / 158

◎ 牛市刚起步，我已干到9.5成仓！

　　——上半年收益超25%的私募价值投资牛人首度透露"骑牛"秘诀！（节选）/ 160

自下而上选股，热衷于调研 / 161

要买行业龙头公司 / 161

上证50还处于合理的位置 / 163

看好金融板块 / 163

中小创杀估值还会延续 / 164

现在的茅台不贵 / 165

牛市刚起步，尽量选10倍估值以下的公司 / 165

◎ 春江水暖港先知

　　——投资理财节股票专场文字实录（节选）/ 166

香港股市是一个亚马逊丛林，投资需要守拙 / 166

中国处在传统经济和新经济交替过程当中 / 167

大胆地关注港股好标的 / 168

港股投资的风险提示 / 169

◎ 新时代下A股市场悄然发生巨变，

　　拥抱牛市买优质蓝筹股 / 170

中国股市变化之一：良币开始驱逐劣币 / 170
中国股市变化之二：以全球化标准选择企业 / 172
中国股市变化之三：
　　正本清源，让社会财富不断优化 / 174
中国股市变化之四：国有的体制＋民营的机制
　　＝符合中国的最好的治理结构 / 175
中国股市变化之五：以产业资本思路买优质股 / 176

◎ 买茅台 10 万变 400 万，不赚市场情绪的钱（节选）/ 178
　　痴迷股市 7 年技术分析，不赚钱后开始转型 / 178
　　一年走访 110 家上市公司，买茅台 10 万变 400 万 / 179
　　是什么原因促使翟敬勇能从
　　　茅台一上市就很坚定地长期持有呢？ / 180
　　总结 20 年投资——要快乐 / 181
◎ 25 次到茅台镇调研：好股也要有好价（节选）/ 183
◎ 买股票就是买公司，4 毛钱买 1 块钱的东西（节选）/ 185
　　关于价值投资 / 185
　　关于上市公司调研 / 194
　　关于腾讯，关于投资理念 / 198
　　关于朋友和人生 / 201

第四部分　新经济时代的投资

第 8 章　世界进入到万物互联的时代 / 206
◎ 历史的规律并没有改变 / 206
◎ 人类的生存和发展离不开能源革命 / 208
◎ 新能源革命将再次推动世界向前快速发展 / 209
◎ 为什么投资要去大胆拥抱新经济？ / 210

◎ 宁德时代：从动力电池向未来能源解决方案供应商转型 / 211

◎ 像跟踪茅台一样持续跟踪宁德时代 / 212

第 9 章　新经济时代上市公司调研
——宁德时代（300750）调研节选 / 214

◎ 持续多年的深度调研让我们发掘到这匹大黑马

　　——关于宁德时代的投资故事 / 214

　2007—2018 年：从关注消费电池到关注动力电池 / 215

　2018—2019 年：

　　从上下游产业链全方位勾勒公司价值 / 216

　2019—2020 年：

　　寻找伟大企业，锁定动力电池龙头公司 / 217

◎ 长期发展空间巨大

　　——宁德时代进入特斯拉供应链点评 / 219

◎ 2019 年宁德时代股东大会调研纪要 / 220

◎ 市值超越中国石油，宁德时代小荷才露尖尖角

　　——宁德时代成为沪深两市第十大市值公司快评 / 222

◎ 宁德时代 2020 年股东大会调研纪要 / 223

　管理层与股东交流纪要 / 224

◎ 三大优势树立起竞争者难以挑战的竞争壁垒

　　——宁德时代 2019 年年报点评 / 225

　业绩持续增长，储能表现亮眼 / 225

　依旧维持极强的行业话语权 / 226

　具备维持创造现金流的能力 / 226

　现有 236 亿净现金 +200 亿定增，

　　公司扩产资金十分充裕 / 227

◎ 在产业链中依然保持极强的话语权

　　——宁德时代 2020 年年报点评 / 227

第 10 章　新经济时代媒体报道 / 229

◎ 在赛道上的好公司，何时介入都不晚 / 229

市场调整转机出现 / 229

　　若 10 万亿元市值公司出现，可能会是腾讯 / 231

　　医药股的机会看 20 年，估值高就等机会 / 232

　　好公司被抱团，因为聪明钱多了 / 233

◎ 这类公司能推动股市繁荣发展 / 234

◎ 疫情不改 A 股长期走牛，

　　新能源有望成为牛市旗手 / 239

◎ 把握恐慌的机会，

　　拥抱变革的行业，抱住牛市金娃娃 / 241

　　有时投资要去反向思考 / 241

　　2020 年将开启全面牛市行情 / 242

　　全面适应智能化时代的到来 / 243

　　新能源是全面牛市的旗手 / 245

　　把握好大家恐慌的机会 / 248

◎ 快乐投资，快乐生活 / 249

　　关于投资观点 / 249

　　关于工作方法 / 251

　　关于个人成长 / 252

◎ 投资就投顶级商业模式，做伟大企业的收藏者 / 254

　　投资就是要买顶级的商业模式，

　　　做伟大企业的收藏者 / 254

　　制度要有延续性，企业文化是真正的护城河 / 256

　　投资要回避传统行业，选择代表未来的企业 / 257

◎ 警惕！颠覆会在一夜之间来临 / 259

　　新能源时代正在开始，传统能源股便宜是有道理的 / 260

　　看好互联网金融股，传统银行地产股价值被侵蚀 / 261

　　消费股投资不用纠结，安全边际不是刻舟求剑 / 262

　　猪周期没有长期投资价值，

　　　光伏公司难以产生永续现金流 / 263

投资是终身学习，
  自 2015 年开始就不招传统行业研究员 / 263
◎ 价值投资的圣杯 / 265
  寻找伟大企业　坚持好股好价 / 265
◎ 把钱分配到最有效的地方 / 274
  不能在"后视镜"里看投资 / 274
  优秀的价值投资具有穿透力 / 275
  时间是优秀企业的朋友 / 276
◎ 前瞻挖掘新经济大牛股，榕树投研实力远胜其规模 / 277
  专注新经济赛道，榕树投资脱颖而出 / 277
  长期产业沉淀，深度发掘大牛股 / 279
  关注伟大企业，只投四大新兴赛道 / 281
  不断学习，永远在未知领域奔跑 / 283
◎ 投资应顺应时代，两大逻辑聚焦价值投资 / 284
  找出"错杀"下的投资机会，逆势布局 / 285
  尊重时代变革，顺势投资 / 286

图 3　在 2021 年全球机构投资者思享会上演讲

第一部分
总论

  价值投资永不过时,但不代表价值投资是机械的、僵化的。以人工智能为代表的新一轮科技革命,正以前所未有的速度和方式改变着世界,投资者要有极大的勇气突破自我,果断放弃落后的生产力,坚定拥抱先进的生产力,朝着代表未来的新赛道去努力探索,努力扩展自己的能力圈。

第1章 探寻价值投资本质 积极拥抱新经济

◎ 价值投资的核心

股票市场诞生目的是为什么？就是为了方便大家进行股权交换。有人想卖高价，有人想买低价，所以建立一个交易所进行撮合。

美国市场在没有互联网的时代，都是在场内互相举牌进行撮合，有了互联网以后，电脑就可以自动撮合进行交易，变得非常简单。但是简单化以后，很多人就忘记了资本市场的基本功能，实际上这是一个方便股权交换的地方。

其实，所有的投资、所有的行为应该是把复杂的东西简单化，也就是回到价值投资的核心——买最好的公司。

最好的公司是什么？每个人心中都有自己认定的标尺。找到好公司后，你要思考需要为此支付的价格，就是回报率。

所以我们做投资，无非就是这两个维度：第一个是好公司，第二个是好价格，这就是投资。

但是，为什么很多人喜欢云里雾里地把这些搞复杂化呢？目的是干什么呢？就是为了占便宜。所以在资本市场上就会出现很多投机的行为。

为什么会出现大量的占便宜行为？因为太多的人进这个市场都想赚快钱，这就引申出投资的第三个维度——复利。

真正做价值投资的人都很注重复利。复利被爱因斯坦称为世界第八大奇迹，查理·芒格在提到普世的智慧时，第一条就是复利。

复利的本质是：做事情 A，会导致结果 B，而结果 B 又会加强 A，不断循环。现在大家经常说的指数级增长、做时间的朋友、长期主义、荷花定律等都含有复利思维。

虽然复利效应刚开始时回报并不明显，但如果长时间坚持，就会回报惊人。

有了复利以后，就引申出我们在投资上最重要的一个维度——护城河，就是企业的长期竞争力。因为如果没有长期竞争力，投资怎么能产生复利的回报？

在市场份额扩大的情况下，如果一家企业的产品能保持足够的持续竞争力，那么它的护城河就是非常宽阔的。因为增长级数已经出来，再把价格稳定在一定区间内，自然就会形成非常好的回报。

所以投资就是这么简单，但很多人却把它神秘化了。

◎什么样的公司是伟大的公司

投资回归本质，就是巴菲特说的：买股票就是买公司，用 4 毛钱买 1 块钱的东西。

由此延伸出来，到底要买什么公司？什么样的公司是好公司？

我的体会，选择好公司的第一个特征是符合时代潮流。因为每一家企业都是被时代推着走的，如果一家企业不能符合这个时代的特征，很难去创造优异的成绩。

巴菲特曾经说过，就算你是一个优秀的人，如果给你一个烂行业，你也很难去创造优异的成绩。马化腾也曾经发出过警示："巨人稍微没跟上形势，就可能倒下。巨人倒下时，体温还是暖的。"

选择好公司的第二个特征是稀缺。很多人把自然垄断当成稀缺，这不是稀缺。我们理解的稀缺是好的企业文化。一个企业如果没有好的企业治理结构，没有好的企业文化，那么它是经历不了 2—3 个经济周期的。

我们认为,伟大企业的一个最重要的特征就是优秀的企业文化。

在很多时候,大家不注重稀缺,或者很多人曲解了稀缺。稀缺是什么?稀缺是企业文化。

美国钢铁大王卡内基有句名言:"如果把我的厂房、设备、材料全部烧毁,但只要保住我的全班人马,几年以后,我仍将是一个钢铁大王。"

这句话的背后就是它的企业文化,所以一个伟大的企业有优秀的企业文化是非常重要的。

那么,什么是优秀的企业文化?首先是诚实。在一个企业当中,企业的领导者和其管理团队能保持诚实,这是很了不起的,关键是要长期保持诚实,这就更了不起。

其次是正直。2021年6月,巴菲特在接受媒体采访的时候说:"很久以前我和芒格就学到一条规律:你不可能和一个不正直的人达成好的交易。如果你还对此心存侥幸,那我劝你最好放弃。因为不正直的交易对手懂得更多邪门歪道,虽然他们最终可能会输光一切,但就单个交易来说,他们会赢,让你蒙受损失。所以我也劝大家不要在这种事上浪费生命。"

其大意是说,如果你跟不正直的人在一起做生意,除了让自己不痛快以外,就没有别的好处。

巴菲特还多次在股东大会上强调:"如果你要找一家公司的经理人,要找聪明、奋进而且正直的。如果他不具备最后一点,那么你必须确保他也不具备前两点。"

对于这一点,芒格还给出了更激进的言论:"管理层不正直的上市公司就是下三滥。"因而,在决定是否选择这家公司时,一定要看管理层的人品是否诚实正直。

第三就是守信。守信就是契约精神,真正优秀的公司都遵守契约精神。契约精神怎么体现?这里举一个段永平的经典桥段。

20世纪90年代,小天才是游戏机里最有名的牌子之一,美誉度也不错。段永平刚刚成立游戏公司时,曾经找到小天才品牌的拥有者,

想出价 300 万元买小天才这个品牌，当时对方一口拒绝了。

隔了差不多 10 年后，段永平再次通过中间人找到小天才的拥有者，原计划还是出价 300 万元，结果对方自己开口 30 万元就卖。

成交过程中，段永平了解到当时对方已经比较潦倒，就决定还按原计划的出价，补了 270 万元的差价。

所以，诚实正直守信的企业文化就是稀缺的。

我们在好公司选定标准上，首先要看一个企业的组织文化。因为组织是由人构成的，这群人是不是有诚实正直守信的特质，这是我们判断伟大企业的一个标准。但是，从全世界来讲，能够符合这个条件的企业并不多，所以这样的好公司才显得特别珍贵。

选择好公司的第三个特征就是垄断。原来很容易将垄断理解为垄断某个资源，但是技术垄断也是一种垄断，还有品质垄断、品牌垄断、利润垄断等。

在形成这种垄断效应的时候，首先它是由一个组织创建的。就如2021 年是中国共产党建党一百周年，而一个组织能够健健康康地活 100年也不容易，一定有这个组织存在的合理性和优越性。

实际上，垄断不是一个特定的名词，它是一个相对概念。比如说苹果，其实在手机行业是处于垄断地位的，但是它又没违反《反垄断法》，因为它的市占率只有百分之十几，但是利润占了整个行业的 80%以上。从股东角度来讲，当然喜欢它的利润垄断。

是什么带来利润垄断？背后是它的产品定位。在好的产品定位背后又是企业文化。所以，这些都是一环扣一环的。

选择好公司的第四个特征，是看企业能不能产生永续现金流。

一个企业要随着时代发展，必须不断地持续投入。像可口可乐、耐克这些优秀的公司，它们都会投入大量的广告费用于品牌宣传。因此，企业必须要产生大量的剩余价值，在这个过程当中才有积累，才能再投入。当一家企业有了高投入以后，它的护城河才能更坚固。

所以，我们讲企业必须要有永续现金流。如果不产生价值，年年光投入没有回报，这种生意是做不下去的。在永续现金流的背后，实

际上反映的是投资回报率。

回报率可以分为两部分：第一部分是买入的价格在现实当中带来的直接回报。很多人想赚市场错误定价的钱，期待以比较低的价格买入心仪的股票。在资讯不够发达的情况下，这种逻辑是成立的。特别是在没有互联网的时代，信息会有一个时滞效应。

但是进入21世纪以后，信息是扁平化的，你很难再买到便宜的东西。所以，我们说好东西都是不便宜的，这是一个事实。

那么，在买的好东西都不便宜的情况下，我们怎么做才能实现用4毛买1块钱的东西呢？这就要看企业的持续竞争力。

如果拥有稀缺、垄断、能够产生永续现金流、符合时代发展的优秀公司，从大概率上来讲，它的增速应该远远高于同行，可以通过成长来消化当前的高估值，这就是PEG投资逻辑（在估值指标中，PEG意为市盈率相对盈利增长率指标，最先由吉姆·斯莱特提出来，公式为PEG=PE/净利润增长率。PE即为某期公司市盈率水平，分母为对未来的净利润增长率预期。PEG越小，企业投资价值越大，其优点是将企业的当前价值和未来成长预期进行了结合——编者注）。

同时，对于投资而言，除了互联网的出现外，还有一个影响重大的事件，就是废除金本位制。1971年8月，美国总统尼克松正式取消了美元与黄金的挂钩。一夜之间，美元成为自由浮动的货币，只能通过与世界其他货币的比价来衡量。到1974年12月，福特总统签署法案，美国人可以自由购买和交易黄金，从此，私人对实物黄金的持有不再受到限制。

在尼克松废除了金本位制以后，货币背后不再有贵重金属做支撑，而改为以政府信用做支撑，全世界都进入一个货币重新锚定时代，对国际金融乃至世界经济都产生了巨大的影响，为各国货币普遍贬值、政府推行通货膨胀政策打开了方便之门。

货币超发带来一个最大的不好，就是因为每隔几年就会出现危机，所以各国政府为了应对危机，在危机出现的时候，都会大量发行纸币，这样就造成了通货膨胀。

过去几十年，全世界范围内发生的大大小小的危机有几十回，每一次解决问题都是超发货币。因为超发货币背后有个最大的基础理论，就是通胀比通缩好。所以，物价上涨、房子上涨其实都是一种货币现象。

理解完了货币现象，我们就会明白，在用4毛买1块钱东西的时候，为什么必须要选择跟随时代潮流的好公司？

因为在互联网时代，如果你投资的公司不能跟随时代、引领时代，那么你的投资回报会被通货膨胀吞噬掉，投资回报率就不会高。

还有一种就是有着天然的资源垄断的行业，比如像中国的水电，因为它们的成本是固定的，在通胀前期就拥有这些资源，这些资源的价格随着通胀上涨，这类公司也能跑赢通货膨胀。

其实，在通胀的背后有一个定价逻辑体系，就是10年期国债。像日本、德国的10年期国债利率都是负的，美国现在20年期国债利率已经为0。

根据托马斯·弗里德曼《世界是平的》一书的观点，大概率看，到2030年，中国10年期国债利率也会从现在的3.2%下降到1%甚至更低。

总的来看，投资其实就是这几个维度，把这几个维度想清楚，找标的就非常简单，没那么多花里胡哨的名堂。

我自己体会更深的是，当你找到这些好公司之后就不要轻易去出手，这就是巴菲特最近常说的好公司是不需要卖的，因为这些好公司会给你带来意想不到的收益。

◎投资进化的三个时代投资主线

投资的准则很简单，它是不会变的，无论在过去还是未来，都是一模一样的，比如买股票就是买公司，用4毛钱买1块钱的东西。我们所谓的进化，是追随时代的变化而变化，每个时代都有这个时代的特征。

中国资本市场是从无到有，我们学习的是巴菲特的价值投资体系，那么巴菲特自身在进化，我们也在进化。

过去在传统经济时代，在欧美经济的发展过程当中，带来的一个投资问题就是所谓的低 PE 逻辑。在一个没有发生质变的时代，在没有互联网的传统经济时代，低 PE 逻辑成为投资的一个主要选择方向。

为什么我们把投资分为三个时代？进入 20 世纪以后，尤其是 20 世纪末期，从 1995 年开始，民用电脑开始走进千家万户，进入互联网 1.0 时代。

互联网最大的一个特征就是信息的扁平化，因为信息可以无边界地快速传递，这就把原来人为设计的套利机会减少和消除了。

在边界消除以后，它带来的是新的商业模式的崛起，那些适应信息扁平化的企业开始崛起。但是，我们投资的思想很多时候还没有跟上，所以我把这段时间称为经济转型期。

经过 10 多年的经济转型后，我们现在已经进入到一个新的时代，就是人工智能时代，也就是智能互联网时代。

跟互联网 1.0 时代的信息扁平化相比，智能互联网时代的信息传递更加畅达，信息更快速地无缝对接，再继续发展下去，机器根据收集到的信息进行快速处理之后，从概率论上来讲，它可以模仿人类的行为，所以我们就把它称之为人工智能时代。

在人工智能时代发展的新经济，对于原来很多的传统经济都是摧枯拉朽式的破坏，在投资的时候，市场主力就在选边了。这就是为什么无论是中国还是美国，全世界很多传统产业都陷入一个所谓的低 PE 陷阱。

这个时候，我们需要重新思考在投资进化的过程当中，什么是真正的投资主线。这个主线就是巴菲特这些年反复强调的企业持续竞争力。所以，我们最后得出一个非常简单的结论：一个企业真正的护城河是它的持续竞争力。

举例来说，汽车时代来临的时候，把马车淘汰了。如果你还沉浸在投资符合马车时代商业特征的企业中，那就会被消灭掉。

所以，进入人工智能时代后，这种机械时代的思维方式也会被淘

汰。这个不会以你我的意志为转移，需要我们在投资的时候，清醒地意识到我们的投资主线在任何时候都不能变，第一就是买好公司，第二便宜是硬道理。

但是，什么是便宜，什么是不便宜，从每个人的投资认知上看是不一样的，仁者见仁，智者见智。但是谁对谁错呢？最后是市场说了算。

由此延伸出来，我们的投资要站在10年后看你今天的决定。因为这是一个后验的过程，这也是为什么我们说投资是天底下最难的事情之一的原因。但是哪怕再难，它也是有规律可循的。

我们可以看到，很多抱守着传统经济思维的投资人这些年颗粒无收，而大胆拥抱新经济的这类投资人却收获颇丰。已经90多岁高龄的巴菲特也在大胆地拥抱新经济，自2016年5月首次买入苹果公司股票后，大量加仓、持仓，到现在已经成为伯克希尔第一大重仓股。

数据显示，截至2020年末，在伯克希尔披露的投资资产中苹果持仓占44%。到2021年一季度，苹果仍是伯克希尔的第一大股票持仓，市值1109亿美元。有媒体估算，4年间，伯克希尔持有的苹果股份数增长了14倍以上，市值增长将近16倍。

对于下注苹果，巴菲特本人在接受媒体采访时曾这么评价：苹果不是一只股票，而是排在保险和铁路之后，伯克希尔哈撒韦的第三大业务。他还表示，苹果"可能是我所知道的世界上最好的生意"。

这也给我们在投资进化论上带来一个颠覆。因为全球经济处在一个大的转型当中，正从传统机械工业、传统化工时代，进入到智能制造、万物互联、新能源替代时代。我们认为，2021年是一个新经济开始的年份。

◎为什么2021年是颠覆年？

因为我们所处的时代变了，所以作为投资人，我们要赚企业增长

的钱，就必须跟着这些企业转变，而不能去固守自己的那套传统思维模式。

为什么说2021年是一个颠覆年，进入新的时代？虽然在2020年的时候，大家还是对传统产业和新兴产业有所纠结，但我们认为，2021年是新兴产业全面颠覆传统产业非常确定的一年。如果关注银行、地产等传统产业的机构投资人还抱有幻想，那么可能还是会像2020年一样遭受重大打击。

2021年在很多领域有确定性。首先，半导体芯片现在已经全球断货，全球芯片供不应求态势正快速蔓延，从汽车蔓延至手机、智能硬件等领域。

全球芯片缺货验证了智能汽车的快速发展，人工智能时代正在加速到来，去燃油化时代正式拉开大幕。

2020年末，我国最高领导层提出中国"2030年实现碳达峰，2060年实现碳中和"的新能源发展目标（2020年我国最高领导层在几个场合作出关于碳减排、碳达峰的重要宣示，宣布中国将提高国家自主贡献力度，采取更加有力的措施，二氧化碳排放力争在2030年前达峰，努力争取2060年实现碳中和——编者注）；新任美国总统拜登宣布将美国所有政府用车全面替换为新能源汽车，并采取有史以来最强的新能源发展刺激政策（2021年8月5日，美国白宫发表声明，美国总统拜登将签署一项行政命令，为美国新能源汽车行业制定一个雄伟目标，即在2030年销售的所有新车中，有一半是零排放汽车，包括纯电动汽车、插电式混合动力电动汽车或燃料电池电动汽车——编者注）；德国与英国明确2030年将禁售燃油车（2016年10月，德国联邦参议院通过一项决议，规定2030年之后禁止销售燃油车，仅允许零排放汽车销售；2020年11月，英国首相鲍里斯·约翰逊发表文章称，英国计划到2030年禁售燃油车，以实现净零排放的气候目标，并提供10亿英镑资金，以迅速推动发展英国电池产业和相关供应链——编者注）。

在全球去燃油化时代正式拉开帷幕之际，全球主要汽车消费国家

以史无前例的速度推动汽车电动化。

在这场竞赛中，中国已经占据先发优势，全球新能源汽车关键环节的优势产业链均集中于中国。我们长期高度看好新能源产业的发展趋势和投资机会，未来几年，光伏、风电等新能源产业将迎来一个大发展期。

与此同时，2021年也是人工智能正式快速扩张的一年。很多跟人工智能相关的产业链都会爆发，包括国产替代、新技术应用的公司，业绩都会不断上台阶。

进入人工智能时代的一个标志性事件就是5G的商业化应用，这相当于传统高速公路的扩张。5G最大的特点就是传输速度快，这会大幅度提升机器的学习能力。

自从2016年3月，谷歌研发的人工智能AlphaGo(阿尔法狗)以4∶1的战绩，战胜韩国围棋界顶尖高手李世石的那一刻开始，人类就彻底相信人工智能的无限可能，这意味着人类最难的脑力运动被人工智能突破，进入到人工智能时代。

科学家霍金曾说:"在我的一生中，我见证了社会深刻的变化。其中最深刻的，同时也是对人类影响与日俱增的变化，是人工智能的崛起。"

世界围棋冠军柯洁甚至对此回应道:"一个纯净、纯粹自我学习的阿尔法狗（AlphaGo）是最强的……对于阿尔法狗的自我进步来讲，人类太多余了。"

与以往传统的通信系统都是"以人为中心"来设计最大的不同，5G是第一次全面针对物而不是人的通信标准，各项指标都已经远远超越人的极限。5G时代也将是从语言文字到万物互联转变的起始点。

5G最主要的价值之一，就是突破了人与人之间的通信，使人与机器、机器与机器之间的通信成为可能。

5G技术还让大量的物联网应用得以实现，比如电线杆、车位、井盖、门锁、空气净化器、冰箱、电视、洗衣机……全部接入网络，最终让我们进入万物互联、智慧地球的时代。

所以,有了人工智能、万物互联,将硬件和软件结合快速应用,再加上新的能源替代现象的出现,我们基本上可以确定2021年已经进入到一个新的时代。

现在除了购物、消费以线上为主外,人与人之间的沟通、会议等也更多地在线上发生,比如国内的腾讯会议、海外的zoom等。

可以确定的是,现在40%—50%的生活化场景已经发生在线上,进入到一个虚拟世界。

进入到VR、AR的虚拟世界,必须有一个先决条件,那就是网络速度要够快,这就是5G时代的一个临界点。

同时,中国在2020年光伏发电已经实现平价上网。平价上网时代开始的标志,是国家发改委在2021年6月7日下发的《关于2021年新能源上网电价政策有关事项的通知》。

文件明确指出:"2021年起,对新备案集中式光伏电站、工商业分布式光伏项目和新核准陆上风电项目,中央财政不再补贴,实行平价上网。"

这释放出明确强烈的价格信号,有利于调动各方面投资积极性,推动风电、光伏发电产业加快发展,促进以新能源为主体的新型电力系统建设,助力实现碳达峰、碳中和目标。

同时,这也意味着光伏发电的上网价格与煤电标杆价格持平。所以,这又是一个新的临界点。

当理念和技术两个之间的临界点都达到后,就进入到一个新的时代。如果放眼10年后,从2030年回看今天,作为投资人,我们一定要拥抱新经济。

◎一定要拥抱新经济

新经济主要看三个要素,就是半导体+新能源+互联网应用,确切地说,就是硬件+软件+能源,而有些行业已经提前进入到新经济

时代，比如手机行业。

在2011年，号称"全球最强手机霸主"的诺基亚功能屏手机，还是手机行业中的王者。从1998年至2011年，诺基亚手机连续13年销量世界第一，全球总销量比三星和苹果的销量加起来还要多，2012年还卖了4.5亿部手机。

但是，到2013年9月3日，微软宣布收购诺基亚手机业务，宣告了一个时代的终结，可以砸核桃的诺基亚系列手机也成为一段经典记忆。

为什么诺基亚公司会破产呢？就是因为智能手机完全替代了传统手机。时隔7年以后的2020年，智能化的电动汽车又开始在汽车这个领域进行颠覆。

2017年工信部、发改委和科技部发布了《汽车产业中长期发展规划》，描述的未来汽车是"一个大型移动终端、储能单元和数字空间"。当这样的"新物种"开始进入市场时，汽车这个百年产业的商业模式将会被颠覆。

所以，人类的变革不是一蹴而就的，而是渐渐地从一个行业、一个行业逐步地渗透，就像当年工业革命前的马车一样。

一百多年以来，我们可以看到，洋枪洋炮打败了传统步骑兵，电报取代了快马邮递，铁路取代了马力运输，都是一个行业、一个行业地进行颠覆。

在《能源传：一部人类生存危机史》这本书中，描写到当蒸汽机车出现在伦敦街头时，那些拉车伙计和赶马车的人并没有欢呼。他们意识到这项新技术对他们的职业带来威胁，于是用白菜帮子和臭鸡蛋砸向蒸汽机车。

其实，一百多年前发生的故事，无非到今天又换了一个新的模式而已。

既然已经进入到新经济时代，我们就要顺应时代潮流，不要抗拒，而要大胆拥抱。拥抱的过程中，并不代表一定要下注，而要耐心观察，等竞争格局稳定以后，优势公司的现金流出来以后再下注。

价值投资永不过时，但不代表价值投资是机械的、僵化的。世界变化越来越快，我们要意识到未来的投资周期比想象中的颠覆速度还要快。投资还要朝着未来新的赛道去努力探索，努力扩展自己的能力圈。

因为我们以前主要生活在传统经济时代，所有的学习和认知都是建立在那个基础上，但是新经济是对传统经济的一个颠覆，所以我们就必须重新扩展自己的能力圈，不要躺在功劳簿上，而要永远不断学习新的知识。

五年前，亚马逊的市值超越沃尔玛；五年前，字节跳动还没有进入大家视野当中，但今天已经成为巨无霸，很多传统行业遭到颠覆式的打击。

我们从2015年就想清楚了，人工智能+互联网时代已经开始，我们也不再招聘传统行业的研究员。

举个例子，在冷兵器时代，你要想当一个好战士，要学会骑马。但是在机械化时代，你要想当一个好战士，就要学会开车。

虽然你的骑马技术高超，但是开车技术却是全新的，需要重新学习。而在这两者之间替代的时间里面，人们往往很难转换过来。在汽车时代，你空有一身的好骑术也没用，因为这个时候要的是有人能把车开走。

未来也是如此。当满大街都是智能汽车的时候，你的开车技术就不需要了，这个时候需要的是谁能够控制这些汽车的应用技能，谁就会受益，这就是智能化时代最大的一个特征。

每个时代都有每个时代的特征，我们不是要改变这个世界，而是因为这个世界已经变了，我们要去做适应变化的事情。

所以，我们会看到在很多行业上已经出现了变化，比如说网红。现在很多网红品牌、网红明星颠覆了我们原来对传统品牌、传统明星的认知，只是目前大家都不愿意承认而已。

为什么不愿意承认？因为这要看一个人到底想改变还是不想改变，会有新旧力量的冲突。

过去的十年，实际上就是一个新旧力量冲突的过程，而且在资本市场已经率先开始。这也是为什么我会在 2015 年提出来要全力转型拥抱新经济。

◎ 如何拥抱新经济

拥抱新经济，不是说我们要改变新经济，而是新经济的商业模式已经来了，我们必须去跟随新经济。在这个过程当中，我们要剔除内心世界里传统的东西。

但是，无论是骑马还是开车，共同的要求就是要又快又稳，不能出事。同样地，不管是旧经济还是新经济，不管是传统汽车、新能源汽车还是无人驾驶汽车，都不能让它出车祸，对不同产品的质量和要求就不一样。

对我们从业人员和投资者来讲，就必须要适应这样的新领域，理解新旧交替力量之间的冲突。

为什么新能源汽车能给这么高的估值，而传统汽车的估值上不去呢？当 2020 年 6 月特斯拉的股票市值第一次超过丰田的时候，已经宣告了一个新的时代到来，意味着电动汽车替代燃油车的时代开始了。

2020 年 6 月 10 日，美国特斯拉汽车股价突破 1000 美元，市值超过 1900 亿美元。这家创业 17 年的汽车制造公司，正式超越了已有 87 年历史的丰田汽车，成为全球市值最高的车企。

不到半年，2020 年 12 月 7 日，特斯拉当日股价涨逾 7%，报收 641.76 美元（特斯拉在 2020 年 8 月 31 日将每股拆分为 5 股，2020 年 12 月 7 日后复权价报收 3208.80 美元——编者注），公司总市值首次突破 6000 亿美元，达到 6083 亿美元，而同期丰田汽车的市值为 1931 亿美元。也就是说，特斯拉的市值已超过 3 个丰田汽车。

代表着传统势力的丰田汽车相当于是骑兵军团，代表着造车新势

力的特斯拉相当于坦克军团，两者的力量是无法比拟的，所以资本市场给它们的估值也不一样，一定是站在未来去考虑的。

但是在现实生活当中，很多人不愿意改变自己，不愿意改变自己的思想和认知，他们只能赚到自己认知里的钱。

我们认为，投资最关键的就是改变自己的思想，我们称之为颠覆。

所以，我在2020年提出来中国经济进入到颠覆的元年，在很多采访里面，我都在反复强调这些思路。这种颠覆首先指的是自我思维方式的颠覆，要客观认识到这个世界已经在变。

我们每个人都要突破自己的认知边界，不要根据过去的经验值来推导未来。未来是全新的，未来我们唯一需要的是打破自己的偏执。

我们不妨大胆去想未来的10年，2030年的世界和中国是什么模样。伟大的企业一定代表未来，如果不能代表未来，就会被颠覆。

我们现在讨论5G、讨论新能源，是因为这些科技的进步代表着未来的发展方向。社会的发展一定是由科技来推动的，科技推动生产力的变革，这个规律是不会变的。

◎不愿意改变就会被淘汰

很多人不愿意改变，但是资本市场会不断地把传统的公司压低估值，让你意识到再不改变你就会被淘汰。

2020年8月31日，道琼斯工业平均指数进行2013年以来最大的成分股调整。已经在道琼斯指数中"霸位"92年的全球能源巨头埃克森美孚，被云计算公司赛富时(Salesforce)取代；创建于1849年的生物制药公司辉瑞制药，被成立于1980年的生物制药公司安进(Amgen)取代；世界最大的导弹生产商雷神技术公司，被跨国企业集团霍尼韦尔(Honeywell)取代。

在这三家公司中，埃克森美孚最让外界唏嘘和感慨。埃克森美孚于1928年加入道琼斯工业平均指数，此次被剔除，是继2018年6月通

用电气被移出道指后现存的最古老成分股。作为曾经的美股最大市值公司，埃克森美孚如今被新经济公司取代，这是美国去工业化过程中的一个标志性事件。

这些生动的案例都说明，石油+内燃机的机械时代正在让位于半导体+太阳能的人工智能时代。

现在很多行业领域中所谓的"诺基亚时刻"就是这个道理，当曾经的行业霸主遇到高维度崛起的新贵，便会形成一个"诺基亚时刻"。

2009年，诺基亚还在以39%的市场份额稳居世界第一，享受着行业最高的利润和溢价，但是一年后，智能机伴随iPhone4的出现迎来大爆发，"诺基亚时刻"悄然来临。

2012年，三星电子智能手机出货量首度超过诺基亚，成为世界上最大的智能手机生产商。在内外夹击之下，2013年9月诺基亚被微软收购。

所以说，新经济是一个从量变到质变的过程，带来的颠覆力量是不可低估的，它对旧经济的摧毁往往是一夜之间发生的，有句话说得好：颠覆就在一夜之间。

对于投资者而言，面对这样的变化，最好的策略就是跟随。当时代在变的时候，你不要站在时代列车的前面，也不要大叫说停下来等等我。

时代的列车不会停下，我们只能快速奔跑，去追赶，把我们原来脑子里的旧经济思维完全根除掉。所以，我经常讲，未来对我们每个人来讲，没有任何选择余地。

这里举几个例子。我们先来看苹果。苹果在2006年下半年，推出第一款iPhone 1，从那个时候开始，市场慢慢接受智能手机。但是，公司的利润率并没有上来，在那个时候展现的是一个高PE估值。

特斯拉也是一样的，股价在2019年开始大幅上扬的时候，公司经营却是亏损状态，一直是高PE估值，甚至没有PE。

亚马逊也是如此，2015年7月23日，亚马逊市值达2627亿美元，一举超越传统时代的零售业霸主沃尔玛，成为最新的世界零售业王者，

那个时候公司刚略有微利。如果用PE来估值，实际上你是不敢买入的，传统的估值逻辑已经失效。但是如果等你看到真正利润出来才准备买入的时候，公司的股票市值已经一两万亿美元。

所以，投资到底是干什么的？还是像巴菲特说的，投资的安全边际就是一家企业的持续竞争力，要看这家企业的产品是不是符合时代潮流，消费者是不是愿意接受。

对于消费者愿意接受又符合时代潮流的公司，我们要去重点关注。唯一需要注意的是，你愿不愿意打破自己的路径依赖，走出自己的舒适圈。

很多人的最高学历就是他毕业时候的学历，就是因为思维僵化，没有持续终身学习。

怎么根除掉自己落后僵化的思想，这是摆在每一个投资人面前的重大课题。因为现在进入到一个从量变到质变的时代，人工智能时代已经到来，投资者应该果断放弃落后的生产力，坚定拥抱先进的生产力。

◎一线调研走访增强感性认识

虽然放弃自己原有的东西需要很大的勇气，但是就如段永平透露的"成功的秘诀"：Stop Doing List（不为清单），有所为有所不为。不做不对的事，比做对的事更重要。

当你意识到一项投资不对的时候，就在第一时间纠错，第一时间砍掉，没有选择余地。回想100多年前，八国联军把10多万清军打得满地找牙的时候，我们应该停下来反思，并不是人多力量大，而是说明机械化时代的到来。

有一部反映第一次世界大战的著名电影《战马》，映射出的就是一个时代的技术变迁。电影以小见大，通过战马乔伊的视角，带着我们见证了在工业革命下，战争机器一次次迭代升级：皇家骑兵、马克沁机枪、坦克、毒气战,人类文明逐渐崩坏,体现出人性的丑恶与光辉。

100多年以后,进入到21世纪,世界的变化越发变得易变、不确定、复杂和模糊,有人称之为"乌卡时代"[即VUCA,指的是易变不稳定(volatile)、不确定(uncertain)、复杂(complex)、模糊(ambiguous),将四个英文字头组合起来,与当今社会环境结合一体,构成一个完整的概念词汇——乌卡时代,主要是科技革命、互联网浪潮、经济危机、地区冲突、全球化带来的社会变化等因素的共同作用下所造成——编者注]。

面对复杂多变的国内外形势,以人工智能为代表的新一轮科技革命孕育兴起,并以前所未有的速度和方式改变着世界,对于投资人而言,就需要有极大的勇气突破自我,果断放弃落后的生产力,坚定拥抱先进的生产力。

这就是我们为什么要去不断地寻找伟大企业。因为这么多年以来,在去公司进行一线调研跟踪的过程中,我们切身感受到这种变迁。

我从2004年、2005年开始跑企业,那时候还是重化工时代,很多企业都代表着那个时代的特征。10年之后,我们跟踪的是新经济,在这个时代下,有一个特别大的变化是信息更加畅通,不用像原来我去企业开股东大会要去做纪要。现在都是同声传译、视频会议,你只需要在这个领域的赛道里面,认真挖掘这些信息就行。

前些年我调研了四五百家公司,这是基于当时的历史环境。一个是因为自己经验不够,第二个是因为当时的信息不畅,想获得的很多信息无法获得。而现在已经进入到一个信息泛滥的时代,这个时候我们要回归到原点。

其实,我这么多年到底跑了多少家上市公司,这并不重要。真正重要的是,加深了我对价值投资的理解,那就是万变不离其宗,买股票就是买公司,用4毛钱买1块钱的东西。

如果非要加一个附属条件,就是我们要寻找的是伟大企业。今天伟大的企业经过25年、30年后依然伟大的企业,就是我们投资的标的。

所以,虽然说表现的形式不一样,但无论是之前的实地调研,还是现在的线上会议，或者是现场直播股东大会，我们的目的都是要掌握一线的信息。

哪怕到了现在，我们有时候还是要亲自去走访一些公司，主要是在这些企业的成长当中，我们要投入，要有感性认识。

之前我提到过，对一个企业组织而言，伟大企业有三种特质：稀缺、垄断、永续现金流。这里的稀缺指的是企业文化的稀缺，一家企业到底有没有建立一套行之有效的企业文化，这些事还是需要见到人才能找到感觉的。

所以，这么多年以来，我们的投资主线一直没有变，要去投资每一个符合时代特征的优秀甚至伟大的公司，而这些优秀和伟大的公司一定要值得尊重。

我们要赚企业增长的钱，要把钱投到这些符合伟大时代特征的企业当中，投到拥有非常好的企业文化的团队当中，因为优秀的商业模式是由人创造出来的。

钱投进去之后，我们并不是说简简单单地买了就不管了，也会给企业提出一些合理化的建议，促进他们在良性发展的过程当中继续走得更远。

我们特别看重一家企业的管理团队是否能做到诚实、正直、守信。诚实是关乎自己的，正直是指做人很正，守信就是要有契约精神。这三者都是最原点的东西。

在互联网时代下你能骗到谁呢？所以我们要诚实。既然我诚实了，我就不希望被别人骗，就要跟正直人打交道。因为我们只有在交换中才能产生剩余价值，那么在交换的过程当中，我们要守信，要遵守契约精神。

几千年前人类有经济活动发生的时候，就是要求人们诚实正直守信。无论到21世纪还是到未来的3000年，无论社会发生怎样的变迁，诚实正直守信这些原则还是不会变的，只是交换的主体和交换的具体物品发生改变而已。

经济学的原理是什么？就是交换的价值，通过交换产生价值。从原始社会的贝壳、羽毛，到现在的数字货币都是这样。

交换产生的背景是什么？就是段永平说的本分，本分的核心是不占别人便宜。

但是，在交换当中，很多人喜欢占别人便宜，这就造成一个不平等现象。在二级市场交易的时候，为什么会出现价格波动？是因为有人愿意去占便宜，加上人性的贪婪，比如放杠杆导致的破产，就会造成股价的波动。

我们要做的是赚企业基本面的钱，锚定企业的价值，忽略掉投机的信息，真正关注企业的持续竞争力。

我们会看到美国纳斯达克指数到 2021 年已经涨了 12 年，这反映出当下互联网新时代的一个最重要的特征：当这些企业有持续竞争力的时候，它的价值中枢一定是螺旋式上升的。

"投资实际上就是投资未来的现金流贴现，一个企业真正的护城河，就是企业的长期持续竞争力。"这是巴菲特的原话。

我们要思考的是：今年伟大的企业，经过 25 年、30 年后依然伟大的企业，它们的变量在哪里？

反推这 25 年、30 年，背后代表的是要经历三四个经济周期，要经历三四个大的时代变迁。先进生产力会替代落后生产力，传统的企业如果不进行变革，它被颠覆往往是一夜之间的，因为它具体啥时候宣布破产谁也不知道。

整体梳理一下，什么样的公司有持续竞争力呢？就是顺应历史潮流的公司。什么样的公司顺应时代潮流呢？就是有强大企业文化的公司，能产生永续现金流的公司。

所以，我们除了要挑选诚实正直守信的企业管理团队外，还要观察它是否代表了未来的商业方向，它的商业模式是否能被消费者接受，这是需要有个时间周期的。

在这个过程当中会有分歧点。这几年在新旧经济转换过程中，很多人在资本市场看不懂为什么传统产业的公司股价长期不涨，哪怕业绩好也不涨，其实资本市场已经在给出答案。

举个最简单的例子，5年前大家还不习惯网上交易，到现在已经普遍用微信、支付宝就完成了支付，拿现金交易反倒变成小众市场，这就是时代的潮流，5年时间就把消费者的行为习惯颠覆掉了。

总的来看，原来怎么选企业，现在还是这么选，价值投资的原则不需要创新，但是投资需要进化。

我们原来把低PE、ROE等指标作为投资首选，却忽略掉企业长期持续的竞争力，忽略了人的因素，现在就要把这些因素强化起来。

经过这十几年的投资实践，我们的价值投资理念也在不断进化。现在把企业文化摆在首位，因为符合时代潮流的商业模式是由人来建立的。所以，我们就要看这些企业是不是真好，是不是代表未来，要听其言、观其行。

◎成为一家值得托付的资产管理公司

在互联网时代，一个企业一定要向外界传递它的形象。我们要做好的是用心搜集，保持勤奋，对人类充满信心，相信这个世界会越来越好。

这也是榕树投资的核心价值观：正直守信，勤奋达观。

作为一家资产管理公司，作为一个基金经理，我们为什么要管钱？

这么多年，我有一个深刻的变化体会，我们要实现资产长期的保值增值，就要不断地在符合时代潮流的赛道上奔跑，在奔跑中建立新的能力圈，不断地接受和认知这些代表时代潮流的优秀企业，用智慧帮助那些不能够抓住时代脉搏的人去管钱。

所以，投资团队的打造必须要年轻化，要不断适应新经济的变化，不断抓住时代的脉搏，不断去突破自己的认知边界。

作为团队的负责人，就必须要有这种勇气，让你的团队去认知和创新，突破原来的估值方法和认知边界，勇于接受新事物。

说很容易做很难，打破自己的路径依赖是最难的，而且往往越是成功的人越难打破自己，因为创新需要代价。

所以，原腾讯副总裁、吴军博士在《浪潮之巅》一书中写得很清楚，为什么越大的公司死得越快，这是一种概率，就是因为组织的僵化。因为谁都怕犯错误，没有担当，所以你就会看到新的企业快速崛起。

在互联网时代信息扁平化的今天，我们就必须跟上时代潮流，这就是为什么我们会去抓住宁德时代这样的企业。因为这种企业特征非常简单，公司的企业文化就是专注，几十年如一日地打造产业链，正好产业链又符合碳中和的要求，符合能源变革的要求，所以公司口碑自然就出来了，产品供不应求，也能够吸引到更优秀的人才，不断加强它的护城河。

这就是一个互相加强的过程，就像20世纪80年代末的台积电一样，作为全球第一家专业积体电路制造服务（晶圆代工）企业，1987年公司成立时，几乎没有人看好。但创始人张忠谋发现了一个巨大的商机，开创了晶圆代工模式。

他说："我的公司不生产自己的产品，只为半导体设计公司制造产品。"

这在当时是一件不可想象的事情，因为那时还没有独立的半导体设计公司，人们更不会想到：30年后，专注于晶圆代工领域的台积电，在2017年3月20日市值会超过早于其20年成立、半导体行业和计算创新领域的全球领先厂商英特尔（Intel），成为全球第一半导体企业，其创始人张忠谋也成为台湾地区的"半导体教父"。

这就是专注的企业文化的力量。

最后总结一下，投资实际上是以不变应万变，以万变应不变。投资原则不能变，在变化的世界里面，按照投资原则去筛选就行。千万不要说时代变了，就要改变这个原则，那是错的。

在纷杂变化的世界里，守住我们的原则，自然就能找到心仪的公司，找到跟自己志同道合的人，我们又把财富押注到这些人身上，押注到这个组织上。

我们相信有这种品行的人如果他们过去生产的产品能畅销，那么在未来，跟他有类似品行的人的产品也一定会畅销，这一类公司就值得我们长期关注。

为什么未来资管行业是一个非常有机会的行业？就是因为有这样一批愿意拥抱未来、拥抱新经济的专业投资人，他们不断勤奋地学习，不断去拥抱未来，就能够通过专业的资产管理，服务那些不熟悉变革、但已经意识到变革重要意义的家庭，为他们创造价值。

这就好像在马车时代过渡到汽车时代的时候，只要我学习了驾驶技术，就可以开一家汽车运输公司。但这并不是说人人都要去学习开车，有的人会挤公交车，有的人会坐出租车。

所以，我们作为资管公司就不能墨守成规，必须拥抱新经济，给基金持有人的资产带来长期的保值增值。

另外，我们要坚守品行，就是诚实正直守信、勤奋达观。我相信长期坚持下来之后，经过时间的积淀，我们就会变成一家值得托付的资管机构。

图 1.1　榕树投资管理公司研究团队

第二部分
传统经济时代的投资

巴菲特年轻时经常实地走访公司,积淀了厚重的投资素材和人生阅历。未来不是一成不变的,现在的龙头随时可能被其他企业赶超,所以需要不断跟踪观察。实地走访企业,是要找出未来可能成为龙头的上市公司,还能向成功人士学习,这是成长最快的捷径。在跑上市公司的过程中,还能更好地体验各地的经济发展水平,更加全面理解中国的经济和企业。

第 2 章　做长期的价值投资

中国资本市场是一个从无到有的发展过程。

从 20 世纪 80 年代末开始成立中国资本市场，到 90 年代初，资本市场的疯狂程度，也反映了中国改革开放的进程。

在这个进程当中，我们可以看到，一个新事物逐步从一个可有可无的市场，发展成为国民经济不可或缺的重要力量。同时，资本市场也成为中国居民财富积累和再分配的一个非常好的场所。

比如中国资本市场上最早投资万科的刘元生，从 1988 年投了 360 万到如今变成身价数十亿的富豪，这从侧面证明了在中国做长期的价值投资是可行的（1988 年，万科股份化改造之初，股票发行不畅，香港仁达国际有限公司董事长刘元生当年得到深圳证券交易所的特许，用外资身份开设的 A 股账户购买了万科原始股，投资 360 万元，占股本总额的 8.7%。穿越若干牛熊循环，其第一大个人股东地位纹丝不动，这些股票今天的价值超过数十亿，单只股票的收益率远远超过股神巴菲特——编者注）。

但是，中国的资本市场在诞生之初，很多人对资本市场并不信任，"坐庄"成了那时市场的主流行为。在 2000 年至 2005 年的熊市，一些券商因为"坐庄"，操纵上市公司股价而轰然倒塌，比如大鹏证券、南方证券（在 2005 年证券公司综合治理中，大鹏证券因挪用巨额客户交易结算资金，2005 年 1 月 14 日被中国证监会取消证券业务许可并责令关闭，于 2006 年 1 月被法院裁定破产，成为首家破产券商；2005 年 4 月 29 日，南方证券因挪用巨额客户交易结算资金，被中国证监会取消证券业务许可并责令关闭。2006 年 6 月 6 日，中国证监会批复同意南方证券破产还债。这也是中国迄今为止最大的证券公司破产案。此后，证券公司客户保证金开始实施第三方存管制度——编者注）。

在这样一个大背景下，中国改革开放的进程并没有停止。一些优秀企业也因为最初参照西方市场经济的运作机制，获得原始积累，快速成长为中国的优秀企业。

◎ 优秀的企业需要我们去寻找

价值投资在20世纪90年代末逐步传入中国，我自2000年开始从技术分析转到价值投资。可以看到，当年价值投资的发展进程是非常缓慢的。

当年的证券市场流行"坐庄"，对于很多证券公司来说，研究所基本属于一个摆设部门，上市公司的证券部也属于不被重视的部门。由于"坐庄"盛行，很多人并不信任上市公司企业的真实状况。

在这样一个大背景下，我们当时就认为在中国可以凭我们的智慧，获取干干净净的财富。我们也相信哪怕在"坐庄"时代的中国，也会出现一批优秀正直的企业。但是，这些优秀的企业需要我们去寻找。

因为我们看到很多上市公司报表里的财务信息并不完全真实，且在当时互联网还不发达的情况下，很多信息并不对称。在此情况下，我们需要通过实地调研，长期跟踪，去挖掘优秀的上市公司。

比如，1998年全中国正式开始实行商品化住宅分配制度改革，国务院宣布取消住房实物分配，实行住房商品化。在中国延续近半个世纪的福利分房制度彻底被废止，由此也加速了中国工业化、城镇化的发展历程（1998年7月3日，国务院发布《关于进一步深化城镇住房制度改革加快住房建设的通知》，正式宣布福利分房年代的结束、住宅商品化时代的开启。同时，"建立和完善以经济适用住房为主的多层次城镇住房供应体系"被确定为基本方向，中国住房制度进入全新的市场化时代——编者注）。

经过了10多年的发展，到了2005年，中国基本可以确定进入了重工业化时代，在这样的时代背景下，我们在实地走访调研的过程中，注意到有一批优秀的上市公司在悄然崛起。

◎ 长期伴随优秀企业成长，得到丰厚回报

那个时候，我作为深圳珞珈投资咨询公司的研究主管，开始大量跑上市公司，在2003年、2004年跑了非常多的优秀企业。

2006年6月，我和几个合伙人一起成立了榕树投资，秉承价值投资理念，坚持以企业长期价值发掘为导向的股权投资，依然会坚持"用两条腿跑出来的价值投资"，继续坚持跑上市公司实地调研。

目的是什么？非常简单，就是希望哪怕在"坐庄"时代，我们也要去找到一批能够真正靠企业基本面引领中国经济发展的优秀企业。

2002年、2003年，我们重点调研了深中集、深赤湾、盐田港这类公司。同时，因为2001年贵州茅台作为中国最优秀的消费品公司上市，这也在不断提醒我们，有一批能够代表未来的优秀公司将会呈现在我们眼前。

非常幸运的是，我们通过大量的走访调研，发现了一批真正优秀的公司。它们充分利用资本市场的融资优势，处在快速发展和壮大的过程当中。

比如，烟台万华1978年从日本引进MDI（聚氨酯的核心原材料）二手生产线，1993年决定自主创新，攻克MDI核心技术，到2004年已经可以跻身到全球前几名。

时至今日，公司已经成为全球最大的聚氨酯原料MDI供应商。这家企业之所以能够快速发展，是抓住了当年在资本市场上市发展的良好机会。

再比如招商银行，1987年成立，从蛇口崛起的一家小银行逐步成长为一个优秀的企业，是中国境内第一家完全由企业法人持股的股份

制商业银行，也是国家从体制外推动银行业改革的第一家试点银行。2019年12月末，招商银行总市值为人民币9399亿元，跻身全球前十。

在消费品公司中，不仅是茅台，还包括五粮液、伊利等公司，它们都经历了时间的考验，逐步成为中国甚至是世界的行业龙头企业。

虽然这些企业在发展过程中，难免出现问题，但并不妨碍它们在未来的日子里快速崛起。

所以，在这个篇章里，我将节选我们以前调研的部分优秀企业的简单纪要呈现给各位读者。我们从2002年、2003年调研深中集、深赤湾开始，走访调研了数百家上市公司，行业覆盖面包括机械、汽车、房地产、消费、中药、互联网、化工等行业。

在本篇章中，我们可以看到，2012年以前，在中国经济快速发展过程中，作为重工业化时代、机械燃油时代的优秀企业代表，这类公司到底有多少家能够在未来的20年、30年，依然能经得住时间的考验，跨越到下一个阶段呢？我们还是需要不断地摸索、不断地观察。

但可以确定的是，这些企业经过20多年的发展，已经成为中国经济不可或缺的力量。同时，我们作为长期伴随这些优秀企业成长的价值投资人，也得到了丰厚的回报。

图2.1　在《林园炒股秘籍》系列新书研讨会上演讲

第3章　传统经济时代的上市公司调研篇

◎五粮液（000858）调研节选

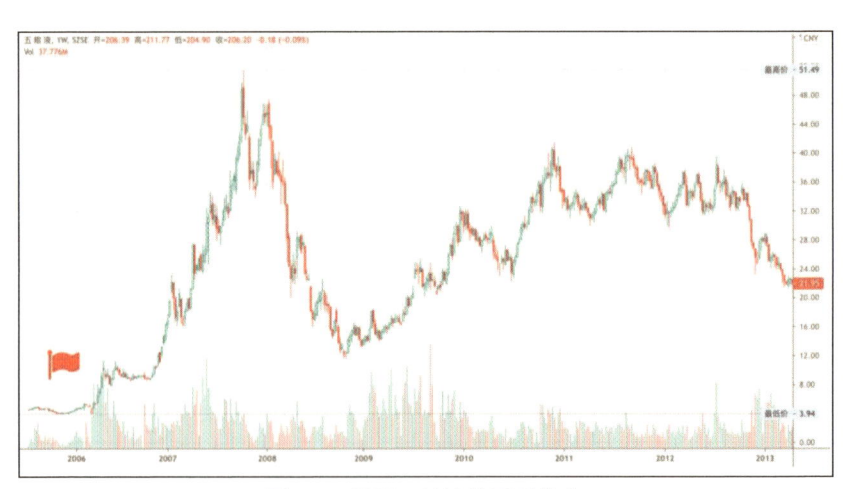

图3.1　调研五粮液的重要节点

五粮液调研纪要

调研背景

时间：2005年9月6日（星期二）上午
地点：五粮液二楼会议室

管理层：董事会秘书彭智辅（简称彭）、证券代表肖祥发（简称肖）
调研方式：实地调研及经销商调研

调研关注点

1. 五粮液与茅台经销方式的不同之处；
2. 低价位酒毛利率上升的具体原因；
3. 对经销商奖励方式的改变；
4. 与茅台在高端市场竞争的应对策略；
5. 对680多家一级经销商的管理模式；
6. 标徽需要向集团公司支付较高费用；
7. 公司的广告投入计划和安排。

管理层访谈纪要

问：公司52度酒的出厂价？

肖：给经销商是318元，给专卖店是328元，团购是338元。

问：公司的生产管理如何？

彭：生产管理主要是把各生产要素组合起来，把人、机、料、法、环等各要素管住。我想你们是要了解狭义的质量管理，以及控制各环节的程序。我们目前的管理是有效的，内部的管理是有效的，和你们没有关系，没有必要告诉你们。

问：公司2005年低价位酒的毛利率上升的具体原因？

彭：我们2004年年初就在进行结构调整，要求量化。低价位酒采取顺价销售，经销商在销售上的费用降低，销售也就顺利多了。低价位酒卖好了，高价位酒才能很好地销售。对于销售较好的经销商，我们给予"名誉职工"评级，奖励5万元。

我们现在取消了一些复杂的返点，单纯进行奖售，费用就低多了。我们的费用变化只发生在市场和销售环节。

问：公司的销售区域由八大区调整为三十个区，是出于何种考虑？

彭：公司将八大区调整为三十个区，主要是想实行扁平化管理，提高效率，这样公司的决定能够迅速传达到市场。片区经理都是公司的中层领导，有相对的业绩考核，也有绝对的考核指标。

以前八大片区是一个区一个经理，有的没有；现在我们一个片区一个经理，大的片区还配有副经理，直接拉近了和市场的距离。但这样做也直接导致了公司成本的上升，比如配车（别克）。这样做主要是因为现在的市场竞争比较激烈。

5年前，竞争对手的市场意识比较弱，而现在他们在市场上下的功夫比较足，公司压力比较大。我们通过片区经理改善服务关系，加强和经销商的沟通，了解市场、产品和竞争对手的信息，加快市场的开发。我们认为，未来白酒的竞争是同质化的竞争，白酒的消费有着浓厚的文化底蕴，推行变化管理有利于公司的销售。

问：预测一下公司未来的发展？

彭：现在的产能只发挥了45%，我们的目的就是要把产能发挥出来，如果把45万吨的产能全部发挥出来，我们将占到全国15%的份额。在国际上，市场占有率在20%—30%就是寡头垄断了。像干邑那样形成的独家垄断，由于中国的文化、经济欠发达导致的地方保护，决定了不能形成独家垄断。

问：公司的自销品牌有哪些？

彭：有五粮醇、尖庄、火爆，还有不少中档品牌，以及五粮液等高档酒。

问：能否把公司品牌梳理一下？

彭：高端的（售价在70元以上）有五粮春、五粮液，五粮液分为珍藏品、精品酒（生肖酒、熊猫酒、龙腾虎跃酒）、豪华酒（一帆风顺酒、龙酒）、饮用酒（五粮液52度、68度）、五星金六福；中端的有五粮醇，我们 2004 年年初在包装和口感上做了调整；低端的有尖庄、火爆等。

随着窖池越来越老熟，低价位的酒会越来越少。公司的销售压力主要在中低端，不过我们低端酒的生产越来越少。

问：公司 1 万吨白酒的投资需要多少钱？

彭：1 吨酒需要投资 4 万元，1 万吨需要投资 4 亿元左右。茅台的投资比我们高，我们前期投资比较少。茅台是石头窖池，主要是一次性投入；我们的窖池是时间越长，窖池越值钱。

2000 年我们（指上市公司）和五粮液集团进行了窖池的转让。证监会不理解，2001 年还全国通报批评。其实，窖池是实物，也面临着增值的机会，有些窖池是无价之宝。

调研感想

我们于 2005 年 9 月 6 日上午去五粮液股份公司拜访公司管理层人员，之前已经获悉部分研究人员对公司有抱怨。经过近两个小时的交流，我们对公司的情况依旧比较模糊。

下午我们拜访了当地比较有名的经销商，清晰地了解了公司自 2003 年销量持续下滑的一些真实原因。

为了更好地了解五粮液的真实情况，我们又走访了公司的竞争对手——泸州老窖，了解到五粮液公司的战略失误给公司的发展带来较大的阻力。之后我们又走访了部分超市的老总，了解到目前淡季五粮液难销的真实情况。

对五粮液的调研，让我们的心情比较复杂，优秀的中国企业好像都绕不过一个坎。作为一个优秀的企业，我们对它的期待比较高，但是，公司的人事变动和地方政府的利益驱动，都对公司的发展产生了较大的负面影响。

"中航油事件"让我们每一位投资者对企业的公司治理都有更高的期待，可是，很多国有企业的管理层却未能吸取教训。五粮液辛辛苦苦建立起来的品牌目前正在逐步下降，公司面临着短期和中长期的同业竞争压力。

虽然五粮液为白酒业的老大，但是其他企业也没有闲着。此外，白酒还面临着红酒长期的竞争压力。公司如果还不警醒，赶快调整策略，那么公司业绩下滑将是不可避免的了。

综合所得到的信息，我们对于五粮液的发展感到一丝担忧，在公司目前未能扭转销售的情况下，给出"回避"的投资建议。（经销商从自己的利益角度出发，给出的信息可能和公司的发展战略不相符。经销商的观点不代表我们的观点，仅供参考——调研者备注）

◎ 伊利股份（600887）调研节选

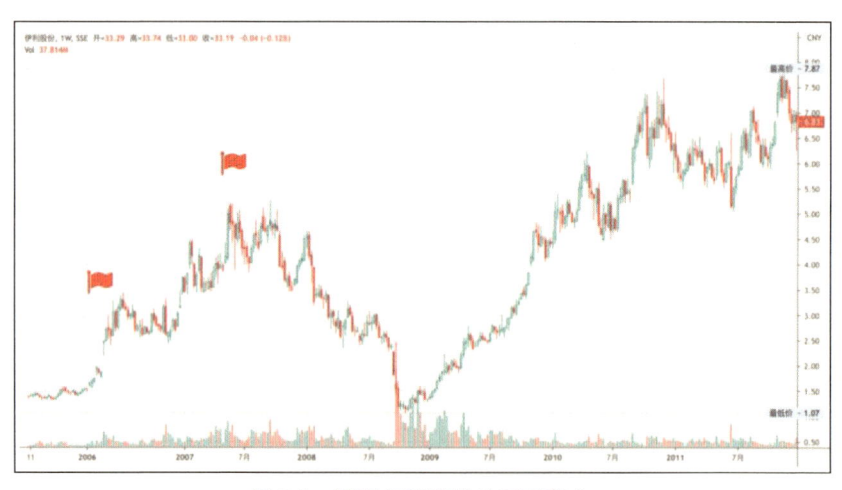

图3.2　调研伊利股份的重要节点

伊利股份 2005 年年度股东大会调研纪要

📝 调研背景

时间：2006 年 3 月 24 日（星期五）

地点： 内蒙古呼和浩特金川开发区金四路
管理层： 潘刚总裁、杨贵监事会主席、胡利平董事会秘书、赵成霞财务总监

调研关注点

1. 液态奶的成本构成；
2. 净利润增长始终低于主营收入增长的根本原因；
3. 产品的发展思路；
4. 对销售市场的战略布局；
5. 未来5年后成为乳制品行业寡头垄断中其中一员的可能性。

和管理层的交流调研纪要

2005年年度股东大会后，伊利公司带领股东参观新修建的伊利工业园区。新的工业园区有18条现代化的灌装生产线（当时还有4条正在建设当中——调研者注），日生产1500吨液态奶。现代化的生产线大大提高了公司生产效率，股东对该现代化装置非常满意。

当日下午，我们在新城宾馆和伊利公司董事兼董事会秘书胡利平先生就公司的产能、销售、管理等方面的问题进行了两个小时的交流。通过交流，我们比较清晰地了解了伊利的现状以及未来发展的方向。

产能方面

伊利公司表示，本次股东大会之后，公司将再次投入27亿元（已经获得年度股东大会批准——调研者注），投入的方面主要是液态奶的基地建设和现代化厂房的建设，中高档奶粉生产线的扩建，冷饮工厂的扩建，酸奶生产线的扩建，销售网络、物流基地建设和完善。

销售方面

在广告的投入方面，公司表示将继续加大投入。公司中标奥运广

告，总金额为 1.4 亿元，包括奥运会期间的产品投入；另外，公司中标中央台黄金时段的广告；公司对于新品的推出，也采用新的广告模式，逐步加大概念包装。

对于液态奶的销售，目前主要集中在低端的优酸乳、高温奶，2006 年开始主要投入中端的酸奶。公司新推出 LGG 酸奶，广告代言人是郭晶晶。对于公司向二、三线城市的扩张，公司表示只需要在当地的地方台投入广告即可，该项费用较少，可以实现小投入大产出。

调研结论

伊利现在充满了朝阳之气，公司的管理层做大的信心较浓。公司计划 2010 年进入世界乳制品行业的前 20 强，乳制品行业未来 5 年后有望进入寡头垄断，公司将成为其中一员；

公司在未来 3—5 年无法改变净利润增长低于主营收入的增长这一高成本推动的盈利模式，一旦出现突发事件，将给公司带来致命的打击；

公司中高端的产品成为主要盈利来源可能需要 5 年以后。

最近 3—5 年，公司不可能保持高速增长，能够保持 20% 的净利润增长就不错了。公司为了反收购进行大量的股权激励，将给市场带来一定的猜疑，对于公司的行为将产生较大的抵触。

伊利股份 2006 年年度股东大会调研纪要

调研背景

时间：2007 年 5 月 21 日（星期一）
地点：呼和浩特金川开发区伊利集团会议室
管理层：潘刚董事长、胡利平董事会秘书等公司高层管理人员
会议议题：主要讨论 2006 年公司的经营情况，以及公司 2006 年年度利润分配方案。

调研关注点

1. 公司扩张方向；
2. 与竞争对手的对比；
3. 管理团队的管理水平。

潘刚董事长和股东交流纪要

公司将继续加大扩张力度

公司的扩张主要分为几个产品：乳酸生产线的扩张主要靠近消费城市；冰激凌的生产线扩张主要集中于中部城市，比如湖北武汉；奶粉的生产线扩张主要集中在奶源生产基地。

公司目前还是不能摆脱价格战的盈利模式

由于目前的主要市场还是低价产品市场，产品保质期的影响决定了公司和其他公司的竞争还是主要依靠价格竞争，这对公司的利润影响比较大。公司的乳酸产品（保质期只有 12 天）2006 年的销售额高达 9 亿元，但利润还是亏损的。

公司会利用机会去整合

对于整合，公司表示，由于被收购企业的要价过高，以及产品的商标对公司产生不了正面影响，被收购企业的生产设备等资产不能适应公司的要求，某些时候公司对同类企业的收购还不如自己去建一条生产线。

公司的最大竞争对手还是蒙牛

公司的竞争对手是蒙牛。蒙牛在细分产品上如优酸乳领域领先于公司；高档有机奶特仑苏也领先于公司。公司在细分产品中，奶粉的销售份额开始增加，而蒙牛在这一细分领域远远落后于公司。

公司利用 2008 年中国举办奥运会的机会将大量投入宣传，推动公司的有机奶、奶粉以及乳酸、优酸乳的销售增长。蒙牛由于没有得到奥运赞助商的机会，被迫加大对广告的投入，扩大市场的销售。

管理层

对于伊利的管理水平不敢恭维，公司在内部管理和事务安排方面是不能让人满意的。对于管理团队的建设，将是未来几年需要重点关注的方向。对于蒙牛的战略方向以及团队的发展也需要关注（蒙牛的奶粉项目3年都没有成功，这是值得我们关注和深思的）。

盈利能力

公司还将处于微利阶段，还不能摆脱价格战的魔咒。蒙牛的利润优势更多来自税收优惠。

调研感想

对于伊利只能说还要观察，公司的盈利能力和收入增长是不匹配的。蒙牛也需要观察。两个企业的发展需要花时间关注，各有优势也各有劣势。

从目前来看，还不能说哪一家能够作为龙头胜出。

◎ 招商银行（600036）调研纪要

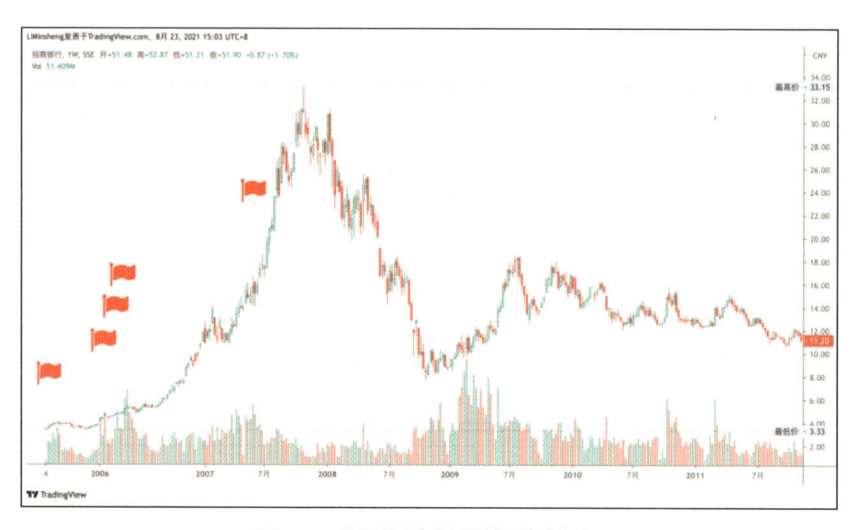

图3.3　调研招商银行的重要节点

招商银行 2004 年年度股东大会调研纪要

调研背景

时间：2005 年 5 月 17 日（星期二）
地点：招商银行大厦五楼
管理层：秦晓董事长、王奇岩监事长、马蔚华行长（简称马）、兰奇董事会秘书（简称兰）、孙月董事、郭荣立财务总监等

调研关注点

1. 招商银行应对宏观调控带来的冲击的相应举措；
2. 公司继任者的储备计划；
3. 引进战略投资者的考虑；
4. 再融资计划；
5. 大力发行信用卡主要战略目标；
6. 员工工资增长过快的原因。

招行管理层和股东交流纪要

问：如果招行要建成百年老店，马行长是否考虑到对继任者的培养和储备？

马：我们银行许多副行长都很优秀。在银行的管理层中，行长只是起到一定的作用，我们的管理层已经职业化。这些年取得的成绩离不开大股东，这么多年来，我和董事长秦晓同志经常沟通，讨论如何把公司建设好。

你提出的建成百年老店，需要一种制度，一种企业文化，形成一

种机制和不断完善的制度。

我建议大家看看《基业常青》和《从优秀到卓越》，我看了后也要求公司的人员都看。百年老店需要好几代人的不断努力，我们现在只有加强公司的治理结构和企业文化建设，努力做到最好。

问：公司的大股东不断地增持公司股份，是出于何种考虑？

兰：晏清投资公司是招商局的全资子公司，招商局增持是对招商银行看好长期持股的政策。

问：公司2004年发行了230万张信用卡，而国外发卡的选择是非常严格的。公司如此快速发行信用卡，是否考虑到过快发行的风险？

马：关于信用卡的问题，每家银行都有考虑，信用卡的市场前景非常大。我们选择发行信用卡主要是想发展民族品牌，不是为了发卡而发卡。

我们一开始就是严格按照国际通用的管理规则发行的。我们拥有3500万一卡通的客户，可以从中选择优质的客户发展。2004年卡均消费量在全国领先。

调研感想

股东大会的提问只有30分钟时间，投票休息时，我们又短暂地拜访了公司的董秘兰奇先生。通过了解，我们认为2005年公司中间业务收入增长30%应该没有问题，下半年可能还会再度发行次级债券，信用卡2006年开始盈利，为公司2006年的发展提供了较好支持。

公司的管理层比较平易近人。马行长始终强调团队精神，而把自己的功劳放得很低，这一点是难能可贵的。

通过我们对浦发和招行的对比，觉得招行应该还是会走在浦发的前面，值得我们信任和支持。

图3.4 历年荣获的私募基金业奖杯（1）

招商银行股权分置股东大会调研纪要

调研背景

时间：2006年1月20日（星期五）
地点：招商银行大厦五楼
管理层：秦晓董事长、马蔚华总裁（简称马）、兰奇董事会秘书
会议议题：主要是讨论股权分置

调研关注点

1. 公司在行业内的优势及劣势，以及与工商银行的不同之处；
2. 公司和外资银行的差距，以及如何进行战略调整应对；
3. 公司中间业务未来发展的趋势，确立了以零售为主的业务模式，提出"颠覆银行发展模式"的口号。

管理层和股东交流纪要

问：招商银行的优劣势能否介绍一下？能否再比较一下招商银行和工行的优劣势？

马：对于招行和其他同行的兄弟银行，我们不能说他们的缺点，也不好比较，我们认为每家银行都有自身的优势。

我对招行的员工说："我们要理性对待同业，学习同业的优势，对于风险大、别人冒进的项目宁愿落后也不要去做。"2004年我们在5家上市银行46个指标的评比中排在第一位。

从二级市场的回报来看，从我们2004年上市以来到这次停牌前，上涨了34%，而同期的上证指数下跌了26.77%，远远跑赢了大盘；而另外4家银行平均跌幅是9%。

我们的目标是稳健发展的银行，力争打造百年蓝筹，力争节约资本消耗，保证公司的发展，尽量降低公司的融资速度和融资数量。

2005年我们的经营数据还没有审计，总资产增长20%，净利润增长28%，资本充足率依旧保持在9%以上。我们的资产在增长，利润也在增长，而资本充足率并没有下降，这表明增长并没有依赖不断融资来提升利润。

我们目前形成了较好的资产结构，2005年压缩了信贷规模，压缩批发业务（批发业务的风险是100%，而零售业务的风险只有50%——调研者注）；我们加大了票据业务，票据业务的规模现在仅次于工商银行。

我们认为未来发展的制胜关键在于零售市场和品牌，我们有自己的优势，有4500万张一卡通，卡均存款余额5000元，是同类银行的5倍，单这一块的低利率资金就高达2500亿元。

作为中小银行，招行的优势非常明显，在创新方面也走在前面。5年前我们开发信用卡，拒绝了和花旗银行的合作，但是聘请了花旗银行信用卡的主管人员。

我们花了13个月就开发出一卡通用的信用卡，信用卡的市场份额目前占到全国的34%，卡消费额占到市场份额的30%。有巨大竞争力的品牌，其品牌的价值是不言而喻的。

对于和工行的比较，工行网点数量的优势非常明显，在全国有20万个网点，近60万员工；另外，他们有国家的支持，可以直接将坏账拨备给国家。招行没有他们这些优势，但是有优秀的治理结构。我们有优秀的管理团队，这需要优秀的治理结构，优秀的治理结构需要优秀的企业文化。

问：公司的中间业务达到什么比例将脱离再融资发展的怪圈？

马：我们先看一下国际同行的数据。2004年底，美国银行再融资比重不到50%，信贷批发业务占48%，零售业务占52%；利差收入不到50%，非利差收入超过50%。其中，纽约银行的非利差收入达到了70%；花旗银行的利差收入和非利差收入各占50%。

我个人认为，我国未来5—10年利差收入将降到50%。未来的资产将分化，零售业务将有较大发展的机会。我们对批发市场的前景不太乐观。

对于企业的转型，需要外部环境和时间。香港地区当年也花了5—6年的时间进行转轨，内地目前还需要良好社会环境的配合。

我们目前的总税率高达50%，利润的一半都交给国家了。另外，人们对于收费业务的接受还需要时间。我们认为，招商银行走出再融资的怪圈将比预期的要乐观。

调研感想

公司在会议之前已经和部分流通股东进行了沟通，股权分置方案获得通过的可能性非常高，会议的讨论只是例行程序而已。很多流通股东来参与此次会议的目的，更多是关心公司的发展。

招商银行此次股东大会提出了非常响亮的口号，就是"颠覆性的改革"，确立了以零售业务为主的发展模式。公司目前的零售业务及中间业务只占净利润的10%，而花旗、纽约银行都在50%以上，这对招行的发展空间给出了较大的标杆效应。

公司的技术领先于其他银行，在目前国内经营环境逐步转好之时，招商银行的发展将继续超前于其他银行。公司的信息披露也比较透明，在努力改善与投资者的关系，这对于公司获得市场的信心将是好的开始。

招商银行深圳分行调研纪要

调研背景

时间： 2006年2月10日（星期五）
地点： 新闻大厦三楼招商银行深圳分行会议室
管理层： 杨建中副行长（简称杨）、杨盛主任助理

调研关注点

1. 业务收入占招商银行近20％的深圳分行的经营情况及深圳分行的贷款不良率情况；
2. 招行未来的风险主要集中在哪里；
3. 业务结构从对公业务向零售业务转型的战略考虑等。

管理层交流纪要

问：能否把零售业务具体介绍一下？

杨：我们的业务结构调整较快，3年前就开始调整。零售类的负债业务占了58％，利息收入从2004年的28％上升到2005年的35％，2006年还会有进一步的提高。

我们零售业务的优势非常明显。一卡通在深圳地区就有500万张；金葵花客户达到3万户，户均余额100万元以上；金卡客户24万户，卡均余额5万元以上；另外推出财富账户，这主要是瞄准了高端客户。我们高端客户的数量只有1％，但是存款额占到了40％。

推出财富账户，主要是要更好地为这些客户服务，方便客户结算，为客户理财；提供基金、保险、债券、股票等理财产品，给客户提供理财规划，还提供黄金交易、石油期货等理财产品。

我们2005年开始实行账户管理，进行收费，但是，这并没有影响我们在客户心目中的地位，2005年每月开户还是以几万张的速度上升，这得益于我们的品牌得到公众的认可，以及不断地创新。

问：您觉得招行未来的风险主要集中在哪些方面？

杨：主要是市场风险。这个风险取决于国家的宏观调控政策，比如现在连公用事业都有风险了，连西部电力市场都已经过剩，只有长三角、珠三角现在还没有，这些风险是需要我们引起关注的。利率市场化的趋势将导致利差收入下降。

我们也有自己的优势，深圳是资金供大于求，我们就把资金往外用、用好作为出发点，这样可以降低我们贷不出去被总行提走的利差风险。虽然总行提升了上存利率，但还是不太划算。

我们采取跨行合作，和其他地区的分行实行利润共享、风险共担的方式合作。

调研感想

我们此次到深圳分行进行调研，对招商银行的经营有了进一步了解。招行的经营非常稳定，经营转型走在了其他银行的前面。

随着公司零售业务的利润上升，公司的盈利将领先于国内的银行。

招商银行2006年第二次临时股东大会调研纪要

调研背景

时间：2006年4月17日（星期一）
地点：招商银行大厦五楼
管理层：马蔚华行长（简称马）、兰奇董事会秘书、陈伟
　　　　副行长（简称陈）

调研关注点

1. 公司对H股发行价格和时机的考虑；
2. 银行有较大的融资要求的原因所在；
3. 公司未来的拨备政策的战略考虑；
4. 公司信用卡的发展前景。

招行管理层和股东交流纪要

问：公司是否在考虑股权激励？公司的实际赋税是44%，未来税率将如何变化？公司2005年的拨备增长到111%，实际只核销了4亿元坏账，公司未来的拨备政策有何考虑？

马：好的股权激励才能留住好的人才，我们也在探索，如果发行H股将会有相应的考虑。

陈：我们的税负2005年比2004年有所提高，在40%左右。税负的高低和拨备的多少有关系，拨备是按照贷款额的1%提取。另外，人员、工资、人头费的增加都提高了公司的税率。

投资国债是免税的，我们目前投资国债的比例在减少，其他的比例上升，因此，税率比2004年有所提高。

问：招行信用卡的发展前景？据说2006年一季度信用卡就有6000万元的利润？

马：招行的信用卡发行量突破了500万张，前几天我们刚刚在这里举行了新闻发布会。仅仅用了3年零几个月，卡均消费1200元，接近国际先进水平。

POS消费金额超过300亿元。信用卡2005年全年实现中间业务收入4.1亿元，同比增长104%；POS消费手续费收入2.3亿元，同比增长140%，年费收入5000余万元，信用卡累计呆坏账只有1%。

按照国际惯例，信用卡业务需要8年才能达到盈亏平衡，我们的速度提前了。至于信用卡一季度利润有多少，以我们公布的季报为准。

经济的发展，消费观念的转变，都推动了信用卡的长足发展。信用卡的主要收入来源于中间业务收入、商家的手续费，而信用卡用户刷卡的习惯在不断增长。

不过，我们也可以看到，信用卡的竞争越来越激烈。目前信用卡的刷卡环境还不理想，股份制商业银行还受到一些不公平的待遇，我们期待未来会有所改变。

调研感想

招商银行继续保持着在业内领先的优势，转型已经成功，发展速度依旧保持稳定快速。公司转型成功之后，对于资本金的需求在不断减少，2005年已经开始削减国债的投资比例。

由于中国银行业的超高速发展，还需要公司短期向资本市场进行直接融资，公司选择了发行H股，对于公司的长期发展带来了较大的好处。

我们预计发行价在7元以上，对A股股东来说较好，也较公平。我们继续维持公司9.5元的合理价位不变。

招商银行2006年年度股东大会调研纪要

调研背景

时间：2007年6月15日（星期五）
地点：招商银行大厦五楼
管理层：秦晓董事长（简称秦）、马蔚华行长（简称马）、李浩副行长、兰奇董事会秘书
会议议题：主要讨论2006年公司经营情况以及2006年年度利润分配方案

调研关注点

1. 管理层再次表示未来3—4年内不需要股本融资；
2. 2006年招行的信用卡占了35%的市场份额，实现了4年盈利。

管理层和股东交流纪要

问：公司的快速扩张还需要资本金补充吗？

秦：我们目前的资本充足率为11.4%，核心资本充足率大于9%。我们的发展速度比五大行快，要求效益、规模均衡发展，要实现贷款保持20%的增速，在未来3—4年内不需要股本融资。我们会考虑股本的扩张带来的影响，将会加大发行金融次级债来解决资本的需求。

问：马行长已经59岁了，如何考虑行长的更换问题？

秦：我们是国有企业的下属企业，行长的任命和国资委没有关系，而银监会只是对行长的任职资格进行审查。行长的任命是由董事会决定的，董事会没有规定行长的退休年龄，马行长他爱干多久就干多久。

问：公司的信用卡发展如何？

马：对于我们的信用卡业务，我既满意又不满意。2006年，我们的信用卡占了35%的市场份额，实现了4年盈利的奇迹。我们的信用卡收入40%来自利息收入，循环信用。信用卡的使用者一半是有钱人，一半是没有钱的人，这符合西方发达国家的发展趋势。

招行目前有一定的优势，高端客户比较稳定，信用卡的占有率加快，竞争力度也加大了。不过35%的市场份额不会保持太久，市场份额最终在20%左右比较合理。蛋糕大了，这个比例也比较可观。

信用卡将是我们的主要盈利项目，目前我国和发达国家相比还是有相当大的差距，2007年将会加大中、后台的建设，改进服务缺陷。我们有信心打造成中国最优秀的银行。

问：公司在网点布局上有何考虑？

马：在网点的投入上，我们将会考虑加快对沿海地区的布局。目前中国90%是批发业务，10%是零售业务，批发的风险是100%，零售是50%。要想发展必须转变盈利模式，4年前我们提出转变，目前我们的零售储蓄业务占40%，零售网点达560个。我们会加快网络建设。

我们会加大东部沿海、中心城市的 IT 投入，加强高端客户的维护、改造，今后的发展将以零售为主，以高端客户零售业务为主。

调研结论

招行的发展已经走上正轨，优秀的管理团队会知道自己需要做什么。我们只需要跟踪观察，耐心地等待就可以了。

◎ 云南白药（000538）调研节选

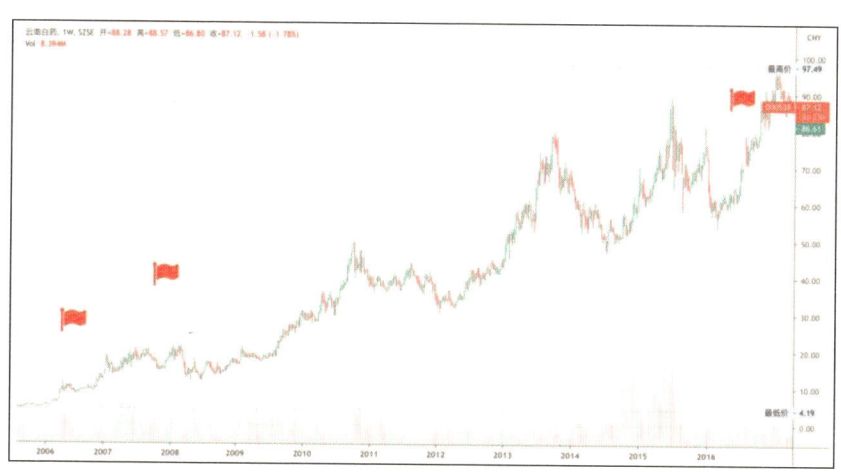

图 3.5　调研云南白药的重要节点

云南白药 2006 年第二次临时股东大会调研纪要

调研背景

时间：2006 年 8 月 25 日（星期五）

寻找伟大企业 拥抱新经济

地点： 昆明市西环二路 222 号

管理层： 高崇昆（云南白药研究院院长）、尹品耀（公司副总裁）

调研关注点

1. 公司发展近况和发展战略；
2. 储备产品及优势；
3. 管理团队的执行力。

8月25日我和东方港湾的钟兆民、周明波一起到云南白药拜访了公司的管理层并参加了临时股东大会，期间和云南白药研究院的高崇昆院长及公司副总裁尹品耀先生进行了较深入的交谈沟通。

云南白药上半年的发展基本符合预期，预计全年将保持稳定增长。公司研究院目前的储备产品就足够未来15—20年的开发需求，基于在白药药理方面研究的深入，公司有优势开发一些延伸产品。

在稳定"中央"的前提下突出"两翼"或"多翼"的发展，"中央"（传统药品）产品基本上属于自然增长，"两翼"（透皮和牙膏）产品增长较快，其他（护肤、急救包等）处于市场前期准备阶段。

另外，公司还大力发展医药商务，这一块基本无赢利，公司是从战略角度出发，抢夺销售终端资源，这一点也体现了医药销售的竞争性。由于医院改革的"一刀切"，预计会对那20%属于医院的销售份额有一些影响。

调研感想

总体来看，云南白药有一个执行力很强的团队，公司实力这几年有较大进步，人的因素起了关键作用，发展策略也比较稳健。护肤品系列属于全新领域，不可太早下结论，需要观察。

参加股东会时见到了许多阿姨、阿婶。经了解，大多是原药厂的职工，在二级市场买入了公司的股票，这几年获利不菲。她们笑得很开心，这也是我参加了这么多股东大会所仅见的现象。

（本次调研由韩广斌记录——编者注）

云南白药2007年第一次临时股东大会调研纪要

调研背景

时间：2007年12月14日（星期五）

地点：昆明市西环二路222号

管理层：副董事长刘会疆、董事会秘书尹品耀（简称尹）等

会议议题：主要讨论公司收购昆明兴中制药和昆明云健制药

调研关注点

1. 牙膏销售不如预期的原因；
2. 面膜迟迟没有上市的原因；
3. 2008年的产能能否有效打开。

管理层和股东交流纪要

问：公司的牙膏销售好像不如预期，是何原因造成的？

尹：我们的牙膏2007年增长还可以，比预期低主要有两方面的原因：

1. 进入一个新的领域遇到的困难比想象的要大，销售通路的问题、经销商的问题等等都导致了销售的困难。

2.我们同时遇到了产能"瓶颈",影响了好几千万元的销售。我们牙膏只有一条生产线,牙膏的类型较多,有近20个品种。我们接到海外订单的时候,就要把原来的生产停掉,重新调试,这也是问题所在。我们2007年的牙膏销售价格没有降价,反而还略微有些上调;零售方面的价格调整主要是经销商的事情。

问:面膜的上市预期好像一直没落实?

尹:面膜是我们一直在实验的品种,试用品推出了好几期,都没有太让人满意,所以现在一直没有推出。

问:公司的产能"瓶颈"何时能解决?

尹:必须等到搬迁以后。2008年产能还是不能有效地打开,"瓶颈"是整个产能的"瓶颈",并不是某一单项产品的"瓶颈"。

问:公司2008年的发展重心和策略?

尹:公司2006年提出调整,2007年是休养生息继续调整,2008年本想跨越,看样子是不能跨越了,只有继续调整,希望2008年能保持两位数增长。

问:新产地的定位?

尹:投资额不发生变化,只是地块发生了变化,以前在市区,以后在呈贡。一期的产能是目前产能的3—5倍,扩延产能后,我们在市区的工厂、办公楼会全部搬迁。

问:公司在淘宝网主要卖非医用产品?

尹:我们先卖牙膏、鞋爽等非药品,卖药品是需要审批的。慢慢来吧。

调研感想

没有激励的国企单靠领导人的强势拉动是不行的。公司所在的行业属于小行业,未来的产品延伸还需要观察。

云南白药董秘访谈节选

调研背景

时间：2016年7月8日（星期五）
地点：昆明市西环二路222号
管理层：董事会秘书吴伟（简称吴）

调研关注点

1. 公司四大板块发展情况；
2. 药品收入结构，潜在风险；
3. 业务战略规划。

2015年云南白药气雾剂单品突破15亿元，急救包等白药系列产品在OTC渠道销售良好，尽管医院渠道及普药销售仍处于调整期，但随着户外、体育运动兴起，白药系列产品在OTC渠道再次显示出强大的生命力。此外，公司健康事业部产品线不断完善，牙膏增长依旧稳健。

和董秘交流纪要

董秘吴伟先介绍了公司各方面业务进展情况。

事业部制：四大事业部包括医药商业、药品、健康产业、中药资源等。医药商业体量最大，123亿元；第二大是药品，50多亿元；健康产品30多亿元；中药资源6亿多元，处于培育期。

药品两大系列：白药系列核心产品，含有白药成分，分为特色药、普药。

健康产品：主要是牙膏，开发出一系列个人健康护理产品，有洗发水、面膜、沐浴露。2014年收购了卫生巾业务。

中药材管理有一定经验，中药资源相关的整合，从前端的种植提取加工，再到后期保健品、提取物饮品，打造医药产业链闭环，是未来发展增长点。2015年增速40%多。

牙膏成功原因：主要是品牌和产品，止血疗伤的功效是延伸的关键，抓住了细分市场，抓得比较好，止血疗伤的功效很容易体验到。推广渠道建设路径拓宽，去年市场占有率15.6%(AC尼尔森数据)，前五大品牌唯一国产，未来还会做很多尝试，包括新产品，有更宽的覆盖范围。

洗发水的产品力特别强，但前期品牌跟产品关联度没那么强。牙膏从2003—2004年到现在，洗发水到现在其实也还好，不断更新产品，从产品使用便利性到消费体验改进很快，新增了三款产品，玫瑰精油、薰衣草精油等，市场销量还不错。卫生巾整体还在渠道产品品牌提升阶段，其他新产品通过电商进行尝试。养元青加好日子两个亿左右。

问：消费板块有怎样的规划？

吴：消费变动比较大，很难预测。牙膏增长不是太高，行业数据显示是个位数增长，但我们认为漏了比较大的海淘部分，据说还是占了很大比重，跟想象中的差距比较大。

目前牙膏市场总量不到200亿元，跟我们想象中的区别非常大。城市化之后，消费频率和金额都在快速提升，以200亿元的市场看，13亿人折算下来人均一年十几块，这绝对不可能，数据有问题，未来空间还会有。牙膏高端产品增速快一些，低端产品增速慢一些。

片仔癀和上海家化的牙膏产品跟白药牙膏的价格、定位、功效比较接近，但目前还看不出什么竞争，据了解，他们的牙膏药味比较重。

问：药品这块的收入结构如何？

吴：白药2/3，普药1/3左右。母公司的收入主要是药品，有一点饮片，药品增长缓慢，主要是基数高，受政策影响大，随着医保控费、招投标等，以后会逐步减轻。

产品那么多年很少提价，上次提价是 2005 年、2006 年，10 年没提价，包括牙膏，对于我们这样类似消费品的企业来说不合理。因为成本变化很大，人工成本原来占 1%，现在占到百分之十几，原料、动力占比也上来了，不放开没办法，现在的价格相当不合理。

牙膏价格可以自己决定，这是品牌形象的问题，不是要挣多少钱。普药这块主要是中药，少量是西药，增速可能下滑。医保控费，云南省收入大于支出，没想象中压力那么大，这两年又好了不少。

问：公司对几块业务的展望是什么？

吴：药品在等拐点，什么时候出现不知道，还是受政策影响。健康品的空间比较大，新品有漱口水，以前只是在高级酒店用，现在消费者教育已经取得较大成效，漱口水搭牙膏在等待一个好的时机，将来还是能保持一段时期的稳健增长。中药资源比较难预测，总体向好。

问：公司面临最大的问题是什么？

吴：员工人数多了七八千个人，成本刚性，整个大环境很不好，牙膏一季度下来增速没有预期高，后来经过分析，发现不是竞争对手问题，是原有商超终端渠道倒闭，被动带下来的。

牙膏覆盖了五六万家终端，全国连锁大商超全进了。现在实体渠道不是很好，电商还不错，规模一个亿左右，健康品适合在电商做。

我们也在积极拓展新的营销模式和销售渠道，白药蒸汽眼罩是与外面合作，在微商渠道做的，卖得很火。新出一款卫生巾，找了一个大的经销商也只在微商渠道做。

问：公司在外延并购方面有怎样的打算？

吴：集团成立了基金，在大健康产业方面做一些准备，但没考虑上市公司，看了 50 多个项目。

问：从战略角度看，药品和大健康怎么规划？

吴：药品是我们的基本点，前几年药品增速下来了，靠的是大健康推动。

下一个阶段是期待药品恢复性增长。药品多年没涨价，原来是发改委管，基本没戏，现在会有些机会，中药资源事业部是下一个增长点。收入还是看商业，利润看健康品。

（本次调研由许群英记录——编者注）

◎烟台万华（600309）调研节选

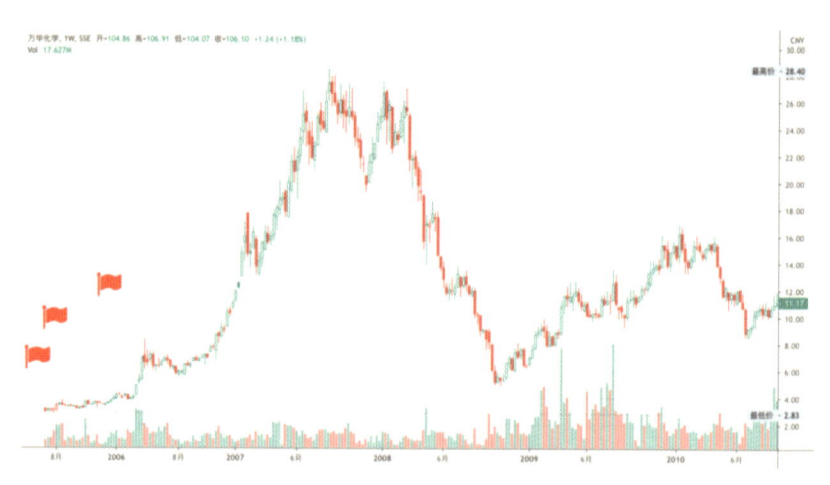

图 3.6　调研烟台万华的重要节点

烟台万华 2004 年年度股东大会调研纪要

调研背景

时间：2005 年 3 月 18 日（星期五）

地点：宁波中信国际大酒店四楼

管理层：丁建生董事长（简称丁）、李建奎董事、郭兴田（简称郭）

调研关注点

1. 未来面临的风险；
2. 设立海外办事处的战略布局；
3. 2004 年管理费用大幅支出的原因；
4. 对毛利率的控制；
5. 下游企业的生存状况，培育好下游客户；
6. 参与全球竞争战略的具体实现措施；
7. 2010 年销售收入达到 150 亿元的发展远景。

管理层和股东交流纪要

问：公司的主观努力以及客观环境支持公司近五年得到了长足的发展。居安思危，请问公司未来将面临的风险在哪些方面？

郭：很感谢股东们对公司的长期关注，一个企业的发展不可能没有风险。我们今后的风险主要在以下几个方面：

国家政策的风险。宏观经济政策的不确定性决定了我们在做产业策略时，尽可能采取相对谨慎的战略。

人才的风险。我们要走国际化的道路，人才是公司发展的关键，目前公司缺少长效的激励机制，不利于人才的稳定。

人治的风险。任何一个企业由小做大都有人治带来的弱点，如何实现目前这种人治向法治的转变？公司已经在企业治理结构方面进行完善，开始防范企业家冲动给企业发展带来的风险。2005 年是万华的执行年。

竞争对手的风险。目前万华的竞争对手都是国际大型的化工企业，中国市场的巨大需求决定了万华的竞争力远超于其他竞争对手。

问：公司介绍说已经成立了俄罗斯办事处、日本办事处、东南亚办事处，这主要出于营销上的考虑还是战略的考虑？

丁：公司海外办事处的设立是2005年公司战略化布局的第一步，公司目前处于本行业的寡头垄断地位，要走向国际化必须进行战略布局。

俄罗斯办事处的设立主要是从能源、原料供应的角度考虑；日本办事处的设立就是公司要成为亚太区的老大，必须拓展到日本，必须遏制日本企业；东南亚办事处的设立主要是出于市场销售导向的考虑。

问：2004年公司管理费用为何大幅支出？

郭：这在公司年报上已经有披露，再详细解释一下：费用大幅支出主要是公司有利润协议，利润升高，提取的公司费用就会升高；另外，2004年管理咨询费用大幅支出，比如引进杜邦的管理系统就花了500多万元，公司在办公自动化、软件管理系统、科研费用的大幅度投入，都导致公司管理费用的大幅度支出。在公司国际化发展进程中，对于这些费用的支出我们认为是值得的。

问：2004年MDI供求关系严重失衡，公司产品的毛利率再度提高，未来如何控制自己的毛利率？

郭：2004年公司的MDI销售供不应求，价格急剧上升，对下游的客户造成了较大的成本压力。考虑到2006年宁波的扩产，为了稳定客户，为了下游客户的利益，我们尽量减少中间环节，加大了直接客户的开发。另外，公司主要供应原料苯胺已经上涨到14000元/吨，原材料的上升推动了销售价格的上涨。公司生产规模的不断扩大，研发能力的提升，决定了公司必须要有较高的毛利率。不过目前公司的毛利率我认为还是偏高，要是能够把毛利率控制在30%—40%就行了。

问：目前部分经销商反映公司的MDI产品质量有所下降，宁愿用进口的产品，公司如何看待这个问题？

郭：您提的这个问题是极个别的现象。我们目前的MDI价格每吨要比日本的价格高300—400元，我们的成本已经比他们明显降低。我们现在要维护市场稳定，已经在牵制其他供货商的提价行为。

丁：对这一点我补充一下，再次重申这是极个别的情况。

举例来说，三星、LG进行全球采购体系中的MDI，我们能够进入而日本企业却被拒之门外。大家想一想，如果我们的质量差，为什么他们不用我们对手的产品？万华目前在打造一个负责任、有诚信的企业。

我们回顾一下：2004年石油价格大幅飙升，较2002年的价格上涨了5倍；我们的原料苯由2002年的3000元上涨到2004年的13000元；苯胺的价格从2002年的不到4000元，上涨到2004年的15000元；而我们MDI的价格2003年为14000元左右，2004年售价在25000元—26000元，价格上涨的幅度不到2倍。

我们的下游客户都是什么企业呢？都是我国在纺织、制鞋、家电等行业的优势企业。他们的产品价格能上涨1倍吗？即使上涨10%都是非常困难的。

我希望我们的下游优势企业能够占领全球市场，我们作为一个负责任的企业，必须考虑到下游企业的生存状况。培育好下游客户，是我们立足于中国，走出亚洲，走向全球的战略。

问：公司提出要参与全球竞争战略，如何竞争？同时，在公司的国际竞争中，运输成本如何控制？

郭：2006年公司在宁波的16万吨项目建成后，公司就可以参与全球的竞争了。我们的装置目前是按照20万吨的标准建造，只要稍稍技改，产能就可以达到30万吨，而成本的投入极少，这样我们未来将是成本最低的企业，竞争实力就大大增强了。

对于公司的国际化运输成本控制方面，我们尽可能采取大包装运输，到达目的地后，再根据客户需求进行小包装销售。另外，公司在宁波的国际航道运输在亚太区域的运输成本并不比在国内销售的成本高多少。

我们的产品目前居于寡头垄断地位，打入竞争对手的市场可以采取易货贸易的方式，因为国外的产品运到我们国家和我们运到他们那里是一样的，不如采取易货方式，节约运输成本。

寻找伟大企业 拥抱新经济

调研感想

下午参观公司在宁波的万华工业园区，公司提出发展远景，2010年销售收入达到150亿元。烟台万华作为一家负责任、有诚信的公司，我们会长期关注公司未来的发展。

烟台万华调研报告纪要

调研背景

时间： 2005年7月14日（周四）

地点： 烟台市幸福路2号

管理层： 公司投资发展部证券事务代表肖明华（简称肖）、李毅（简称李）

调研关注点

1. 下调聚合MDI和纯MDI价格的原因；
2. 巴斯夫上海项目的冲击；
3. 公司的主要竞争力在哪里；
4. 如何看待外资巨头对公司的竞争。

调研纪要

问：公司7月1日调整聚合MDI和纯MDI的价格，是出于市场压力还是其他原因？

肖：公司2004年产品严重供不应求，部分经销商开始囤积，导致市场价格急剧上升，对下游客户造成了比较大的损失，对于我们自身也不利。

为了维护市场的稳定,我们在 2005 年适当地调高了出厂价,2005 年上半年市场的供需开始有所缓和,价格出现快速回落,我们认为是一种正常的回落。万华适当地进行价格下调,也有利于缓解下游客户的成本压力。

问:公司是否会担心巴斯夫的上海项目的冲击?

李:这个我们倒不担心,他们的投产只是缓解了进口的压力,毕竟 MDI 的运输成本是很昂贵的。我们担心的是宁波 16 万吨项目投产对市场的冲击。

问:16 万吨项目的进展如何?2006 年是否能全部达产?

肖:主体框架搭好了,部分装置已经开始试运行,比如充气、热电等已经开始运转,整个装置要分批分批运行。2006 年最多只能生产 50%,毕竟这个装置是我们第一次安装,而在烟台的装置毕竟是别人已经装好了的。

问:如何看待公司的竞争力?

李:我们的竞争优势主要在于公司的技术和行业壁垒,以前国内也有两家搞都没有成功,沧州大化搞 TDI 的装置据说也不行。行业壁垒就是 MDI 是通过光气法生产,易产生氯气和 CO,这是第一次世界大战时使用的生化武器。各国政府对于装置的生产批准都是比较严格的。

问:如何看待外资巨头对公司的竞争?

肖:外资对市场的态度是比较谨慎的,拜尔原来准备建的 24 万吨项目一直没有投产,巴斯夫建的时候也是叫着要增加到 35 万吨,但到目前还没有动静,这也说明 MDI 装置投产的复杂性。

问:公司的产品是如何销售的?

肖:纯 MDI 都是直销,必须专车运输(温度保持在 5℃),一旦温度上升,就会裂解变形;关于聚合 MDI,我们基本上都是销售给经销商。

调研感想

万华的情况我们已经了解了很多，这次去烟台只是实地再去看看这个企业，另外再次考察一下公司员工和公司的整体运作情况。

我们看到的情况还是比较满意的，而且我们发现经常有投资者去调研、考察这家公司（当日下午，西部证券带着客户去调研）。

烟台万华 2005 年第一次临时股东大会调研纪要

调研背景

时间： 2005 年 12 月 5 日（星期一）
地点： 烟台万华宾馆
管理层： 郭兴田董事会秘书、任瑞周副总经理

调研关注点

1. 了解公司宁波项目投产带来的影响；
2. 节能环保政策推行带来的机遇；
3. 人才激励措施；
4. 股改方案。

和管理层交流的调研要点

关于宁波项目投产的情况

公司在宁波 16 万吨的 MDI 已经开始试生产，2006 年 1 月公司将公布试生产情况；3 月公司将全面投产，届时公司有可能请国家有关部

门领导人到宁波剪彩。

目前公司的各套装置运行都比较稳定，原料配套目前只有唯一的一套氯碱装置。该装置是宁波一民营企业投资，目前只建成了第一期，还在和公司谈判。预期2006年3月该装置二期将投产，不会影响公司原料的供给。

宁波项目2006年三季度将全面达产，预计2006年可以年产10万吨MDI；关于宁波的税收，目前是2免3减半，公司的预算将按照33%的所得税进行假设；对于公司产能的扩张和巴斯夫是否会造成MDI的价格大幅下跌，公司表示价格不会有太大的下跌。

关于公司的人才激励

公司表示非常重视人才的培养，但是人才的流动不可避免，对于人才的稳定需要多方面的措施，比如事业的平台、激励的实施都必不可少。

目前公司国有股东对于激励机制不太积极，公司希望能够尽快实施人才激励政策。

关于股改方案

公司表示烟台市国资委不愿意支付对价，目前还是拖延的状态，公司目前刚刚开始准备方案，准备近期到上海、北京、深圳拜访基金公司，征求对价方案，公司一再表示希望股改能够和股权激励相配合。

调研感想

由于天气原因，我们没有赶上公司的股东大会，晚上和公司的董秘郭总和任总进行了交流。

对于市场对公司的担忧，公司做了比较详尽的说明。公司的优势和政策的变化，将促进公司在2006年、2007年继续保持高速增长。公司的技术壁垒决定了公司不应该和其他化工企业一样低PE，公司的观点和我们对公司全面了解后的观点一致。

我们认为公司的合理PE应该在15倍左右，2006年预计每股收益在 1 元左右，合理的价位在 15 元左右。另外，对于公司的股改方案，大部分机构认为 10 送 2.5 股比较合理。我们认为公司的股价应该在 18 元左右。

2006 年公司面临一个比较严峻的问题，就是公司如何由一个小企业向跨国企业过渡，这将对公司的管理提出严峻的考验。

图 3.7　荣获"第十届中国私募基金业金牛奖"

第 4 章　传统经济时代媒体访谈篇

◎ 用两条腿跑出来的价值投资

> 发表时间：2008 年 1 月
> 发表媒体：《证券市场红周刊》
> 采访记者：江涛（笔名江红霄）　马曼然

认识翟敬勇的时间不算短了，我们相识于 2005 年 3 月中旬烟台万华在宁波召开的股东大会上。我作为媒体记者，他作为机构投资者的股东代表，但是彼此都没有留下太深刻的印象。

直到 2007 年 12 月初，我在深圳出差与但斌交谈时，得知翟敬勇这 3 年多以来，不到 30 岁的他已经坚持跑了上百家上市公司，连续数年参加了诸如贵州茅台、万科、招商银行等重点公司的股东大会并跟踪调研，进行价值投资，还写下了数十万字的股东大会纪要时，不由得让我颇为震惊：一个人参加一次股东大会并不难，难的是坚持数年参加数十家上市公司的股东大会，并尽可能地进行记录保存。

也许正如但斌所说，在中国已经逐渐精英化的投资界，对于没有读过大学、想从事投资这个行业的人来说，只能靠刚毅不挠的意志力，靠自己的拼搏，而翟敬勇就这样做到并坚持下来了。

更令我感兴趣的是，翟敬勇最近在自己的博客上提出 2008 年要降低预期，考虑战略撤退，这似乎与传统的价值投资买入持有的观念相悖。于是，2008年1月6日（周日）下午，我在北京金融街一家酒店里采访了翟敬勇。

大河有水小河满

问：你们对市场大方向的运行趋势有何判断？

翟敬勇：投资要看大方向，只要大方向没有发生变化，其他的都不用担心。我们在2005年就提出2005年是中国股市"十年大牛市"的开端，现在这个观点依然没有改变。

问：很多人都认为从2005年开始中国股市会是"黄金十年"，你判断的依据是什么？

翟敬勇：主要是1979年出生的第一代独生子女到了2005年的时候，正是他们大学毕业走上工作岗位，刚刚开始发挥其能力的时候。

从人力成本的角度来讲，一个国家或一个企业最核心的发展动力是人力资源成本，而中国恰恰有着便宜的而且是高素质的人力资源成本优势，这就是我国企业当前最核心的竞争力所在。在目前的珠三角、长三角和环渤海三大经济圈，就聚集了来自全国各地的高素质劳动力。

我判断中国人口的自然增长到2016年至2020年可能要达到一个高峰期。在此期间，低廉的劳动成本（与国际横向比较）以及高素质的劳动人才，为中国企业的发展提供了充足的动力，这也是我国经济能保持10%左右高增长的保证。

同时，从资本的角度看，世界工业中心已经向中国、印度等新兴国家转移。比如我去过福建晋江，当地的民营企业把巴菲特旗下两家做鞋的公司都给挤垮了。还有，除了纺织贸易外，我国家电行业的很多企业已经开始走向全球，包括汽车业，目前全球几家汽车巨头都看准中国市场，与中国本土汽车企业合资。

再看中国的政治环境，我个人非常看好本届政府。比如免征农业税等"三农"政策将有效地调动起农民的消费积极性和消费能力。换句话说，一个国家要兴旺，底层老百姓生活一定要有信心。

所以，只要领导人的判断是正确的，然后采取切实可行的措施去推进体制改革，我们就没有什么可担心的。

这几大因素就决定了我国未来10—15年能维持经济快速增长的步伐。正所谓"大河有水小河满"，只有政治体制健康、经济繁荣，资本市场才会繁荣，而2005年股权分置改革作为证券市场启动的催化剂，将构成我们判断"十年大牛市"的基础。

价值投资不等于只买不卖

问：既然为了规避短期波动的风险，为什么2007年10月份你们没有考虑过撤出来一次呢？实际上有些股票也回调得比较厉害，像万科A、招商地产等？

翟敬勇：说实话，当时我们也没有想到会有这么大的调整力度。比如当时我是动过念头想卖掉招商地产的，结果在突破100元的时候犹豫了一下没有卖(主要是舍不得卖)，最低的时候招商地产股价曾跌了50%。而像你刚才提到的万科A这类品种，它已经得到市场的充分认可了。

我们计算过，从2005年5月我们投资这只股票以来，每次它的调整幅度都将近30%。像这种好企业，一般在它回调25%的时候，我们就要考虑买入了，越跌越买，这也是基于我们买跌卖涨这个原则。

问：买跌卖涨和人们常说的低买高卖有什么不同吗？

翟敬勇：所谓的买跌卖涨，就是说好的企业一般调整了20%—25%就到了合理价位，在极端不乐观的市场环境下，也就再多跌个5%—10%。像这种波动我们经历多了，也就习惯了。

说老实话，我们也不知道什么时候是底、是顶。若知道，我们肯定会规避风险。

问：像贵州茅台这样的股价高达200多元、市值将近2000亿元的股票还没有被高估吗？

翟敬勇：我认为贵州茅台可能算是目前A股市场最有钱的上市公司了，有40亿元现金在银行里"趴着"，2007年的预收账款就高达25亿元。

茅台未来20年时间保持20%的复合增长是没有问题的，短期10年之内保持30%的年复合增长也没有问题。

所以，我认为贵州茅台能在200元撑得住，而其他上200元的股票就不好说了，因为有些做出来的东西始终是撑不住的。

问：你的意思是要重点关注企业的现金流？

翟敬勇：现金流才是企业的硬气所在。对于投资者来说，做股东就是当老板，要看你投资的企业从哪里挣到的钱，又花到什么地方去了。

很多人建议茅台应该把这40亿元现金拿去投资、打新股，而我们则不同，就盯着茅台，让他们别乱动这些钱，放在银行里挺好。

因为一个人或是一个团队，去做你最熟悉的事情一定能成功。如果做不熟悉的事情，亏钱的概率就很高。包括我们自己也是这样。

我们的经验是，投资一定要靠自己，靠两条腿去寻找。

问：现在有种观点，认为做价值投资就不需要关注价格了。

翟敬勇：这是错误的想法。如果是这样，巴菲特也不会频繁买卖股票了，就我们所知，巴菲特每年也是要买卖很多股票的。再比如，他1元多买中石油，10元多卖出，有什么错呢？

很多人都将价值投资理解为"只买不卖"，包括认为但斌就是这么做价值投资的。其实，他们只理解了但斌其中的一层意思，并不清楚他的第二层意思。

所谓的"只买不卖"，是指在一个企业高速增长的时候，即便短期估值高了，可以用时间来弥补，不用卖。而当企业不增长的时候，企业估值高了，该卖还是要卖的。

如何获取稳定的财富

问：从你的博客上我们了解到，你们在 2007 年开始的时候，预期收益率是 25%，后来调整到 50%，而 2008 年的计划是只打算挣 20%。如果像你说的股指目前在半山腰，最后还会出现一次疯狂的上涨，是否也应该调高收益率呢？

翟敬勇：我们是在 2004 年到 2006 年取得持续收益的基础上，将 2007 年定为 25% 的回报率预期的。一般情况下，这个数据是相对保守的，2007 年我们的实际回报是 130%—150% 之间。

2008 年提出 20% 增长是要让我们自己清醒，不能贪婪。从长期看，像最近两年这种高回报率的现象是不可持续的，投资者千万不要把这当作一种常态。

问：如何看待最近的"八二"行情？很多人认为 2008 年是一个讲故事的年份，有题材、有故事的股票会表现更加突出。

翟敬勇："八二"现象的出现很正常，这主要还是和投资主体不成熟有关。比如有些基金经理为了业绩考核，就会局部放弃蓝筹股的稳定收益，注重短期利益，追逐市场热点，投资高风险、高回报类的品种。

我认为，真正的价值投资还是应该去投资成熟的大型企业，这类企业具有稳定性、持续性、品牌性、抗风险能力强等特点。

比如青岛啤酒，2007 年啤酒企业的原材料价格翻番，从表面上看，青岛啤酒的利润会受损，但实际上这也正是龙头企业兼并、收购抢占市场的大好时机，而小企业就不行了。因为高通胀会加速行业整合，尤其是低毛利的行业。

问：如你所说，这些好股票都是用两条腿跑出来的。能具体说说你都跑了多少家上市公司？

翟敬勇：这三年，我基本上已经跑了三分之二的中国，除了东北三省、西藏、台湾外。2005 年我跑了 100 多家公司，2006 年跑了 50 多家，2007 年由于事务性工作多了，跑得少了一点，也有 50 家吧。

跑上市公司的主要目的，就是要找出未来可能成为龙头的上市公司。因为未来不会一成不变的，即便现在享有龙头地位，如果不前进，就可能被其他企业赶超，所以需要不断跟踪观察。

跑上市公司还有一个好处，就是向成功人士学习，这是成长最快的捷径。而且在跑上市公司的过程中，能更好地体验各地的经济发展水平，更加全面理解中国的经济和企业。

问：我们知道，巴菲特多半是通过业绩报表来决定投资哪个企业的，而你做价值投资为什么要跑大量的上市公司呢？

翟敬勇：这个要区别来看。巴菲特年轻时也是经常跑公司的(他投资美国政府雇员保险公司——GEICO时曾专程去拜访当时的GEICO公司总裁)，而现在巴菲特已经积淀了厚重的投资素材和人生阅历，更多的是企业去找他，而不是他找企业了。

首先，国内的环境和美国也不一样。目前，由于投资主体的不成熟，国内上市公司的很多情况并不能在报表数据上真正反映出来，而且与欧美发达国家相比，企业的违法成本也不同。因此，在中国有很多事情需要亲自睁大眼睛去看，才能搞清楚。

其次，去调研还可以消除一些投资上的偏见。以前我们是不关注低毛利率企业的，现在不同了，这主要是去格力电器的实地调研，改变了我对低毛利率企业的看法。

我们发现，往往毛利率低的企业，管理层就起到了至关重要的作用。而这种从竞争中走出来的企业，生存能力更强，后劲更足。基于这点，啤酒行业也是我们重点关注的。

再次，通过实地调研上市公司，尤其是在股东大会上与上市公司管理层，也就是与企业掌舵人之间的思想交流，通过看细节、看眼神、看状态，你会发现更多在报表上反映不出来的东西。对于那些不太好的公司，你就可以采取惹不起躲得起的策略，先走为上。

总之，我认为，投资就和交朋友一样，花三五年的时间去跟踪观察都是值得的。

在这么多年调研上市公司的过程中，我也深深感受到：所谓的成功人士，不仅包括市场中的投资高手，更包括做企业的"高手"们。

和成功人士为伍、和成功人士合作、让成功人士为你打工，这才是获取稳定财富的关键。

◎ 弱市中寻找优秀的企业

> **发表时间：** 2008年8月
> **发表媒体：** 和讯网
> **采访记者：** 陈晓燕

进入2008年8月中下旬，绩优蓝筹中报披露集中爆发，投资者本期望大市值公司压轴来保持中报行情的延展性和力度，然而8月1日到18日，短短13个交易日内，上证指数又跌去500余点。

当前股市是超跌还是反映了企业盈利下滑的预期？未来宏观政策又将对企业行为产生哪些影响？如何在错综复杂的宏观环境和产业环境中寻找伟大的企业？投资者如何从企业财务报表中把握有效信息。

8月20日上午10点半到11点半，和讯网特约榕树投资管理有限公司首席执行官翟敬勇，将他多年来的投资感悟及公司调研等与网友分享。

政府应出台经济刺激方案

问： 访谈还未开始，就有热情的网友开始提问，首先请翟先生回应我们热情的网友吧。摩根大通龚方雄称，中国政府决策层正在审慎考虑一项总金额为2000亿—4000亿元的经济刺激方案，"包括减税、稳定国内资本市场和支持国内房地产市场的健康发展等措施"。

这份由摩根大通首席经济学家龚方雄撰写的报告透露，该计划的资金规模相当于国内生产总值（GDP）的1%—1.5%，"而且，这一数字并不包括用以支持四川地震灾区重建的5000亿—6000亿元的支出"。翟先生怎么看这件事情对股市的影响呢？

翟敬勇：我觉得很正常，减税对中国的制造业会有比较大的促进作用，中国是高税收国家，连续几十年，中国财政收入增长是我们GDP的两倍以上，这是不正常的。

我们的财政主要来自税收，在全球经济放缓，国内经济也开始放缓的时候，国家开始减税也有利于缓解企业的压力，这是我们现在看到的对企业的影响。

另外，国内资本市场目前跌幅已经超过60%，短短10个月跌幅超过60%，可能是全球第一了。这样短期内大幅大跌，如果政府不管，对中国经济，特别是金融系统会起到崩溃的恶化作用，国家是不会让国内的资本市场崩溃的。

国内的房地产市场如果任由其下跌的话，对地方经济也会产生很大的负面影响。

连续的下跌，不给大家理由的下跌是非理性的下跌，世界上任何国家、任何政府都不会漠视这种情况出现。

所以，我们看到新华社不断发社论，管理层不断发利好，但市场好像一点反应都没有，这是大家由于恐惧导致的漠视，政府只能出最后一招，就是拿钱买股票。

问：您认为跌到什么点位，政府应该拿钱出去买股票？

翟敬勇：现在就应该拿钱，否则就要崩盘了。

业绩下滑趋势出现，中报披露加速股市下跌

问：此时，您对上市公司接连公布的中报应该有所关注。巴菲特根据上市公司业绩报表来决定投资哪个企业，您怎么看业绩报表对投资的作用呢？

翟敬勇：中国人对巴菲特好像有一个误解，巴菲特现在是78岁，40岁的时候也是大量跑上市公司，因为投资需要阅历和经验值来判断的，巴菲特现在肯定不用跑上市公司，因为肯定有上市公司去找他。

在中国如果只是单纯看报表去投资的话，亏钱的概率还是比较高的。看报表要和行业的属性、管理层的品性结合来分析。

行业属性需要通过同行或者它的上下游去了解这个企业在行业中的地位。管理层需要跟他面对面地接触，通过不断地跟他接触，了解管理层是否可信。只有管理层可信，它的报表才值得认真去拜读。如果管理层不值得信任的话，你去投资可能就会出大问题。

2008年股市跌幅出人预料，好坏齐跌暴露市场不成熟

问：翟先生，您之前有没有预料到2008年大盘跌幅有这么大呢？

翟敬勇：年初《证券市场红周刊》采访我的时候，我就讲过，叫"2008年战略撤退"，因为当时市场还比较热，就不敢用这个题目，而是用了一个比较柔和的题目，叫"两条腿跑出来的价值投资"。

我们对目前市场的跌幅在2005年就有预判。为什么呢？股权分置改革对中国是一个重大事件，为什么股权分置改革会被大家热炒呢？因为国内很多投资机构、投资者有一个短期的误区，认为有一个时间差。

因为股权分置改革、"大小非"减持是有锁定期的，大家就认为我把时间差渡过去就OK了。事实上是怎样的呢？"大小非"支付对价之后，人家就可以有权流通了。当经济向好的时候可以拿一拿，可以不减持，一旦经济不好的时候，他们的成本又比较低，肯定是拼命卖的。

所以，在2006年和2007年的上涨是不正常的，我们就提出"2008年战略撤退"。

这次中国股票市场下跌速度是我们没有预料到的，还有一点没有预料到，就是好坏一起跌。

原来想的是，由于股权分置改革会导致中国股市"二八分化"，这是证券市场走向成熟的标志，时间是好企业的朋友、坏企业的敌人。随着时间的推移会体现出好企业的优越性。

这次给我们一个很大的教训，好企业在某些阶段比坏企业跌得还多，这说明我们的股市还不成熟，投资者也很不成熟，大家喜欢一拥而上，一哄而散，这对中国资本市场长期建设是不利的，中国也需要进行制度的完善。

希望国家今后有对冲制度，在提高证券违法成本方面能有大的推动作用，就可以避免资本市场好坏齐跌的情况了。

熊市能买到便宜股票，但要对企业有很全面的把握

问：您觉得牛市和熊市对于投资者的区别在哪儿呢？

翟敬勇：从牛市熊市区分来看，以企业经济周期来判断牛熊，对短期的趋势还是不在意的。如果进行技术分析，牛熊还是有很大区别的。

对长期投资者来说，熊市是最开心的，因为他可以拿钱买到最便宜的筹码，一旦景气周期上来的时候，他可以赚很多钱。如果是趋势投资者，就很喜欢上升周期，因为在上升周期，他买了就可以获得"博傻利润"，下跌的时候把它卖掉就可以了。

所谓"牛熊"，是相对于不同类型的人来说的，这是没有标准答案的。

问：你们公司的投资策略是怎样的呢？

翟敬勇：我们是以价值导向为投资方向的，所以喜欢熊市，一个东西原来10元，现在跌到6元，我肯定很高兴，跌到6元，我可能先买个30%，如果跌到5元，我可能买到40%，如果跌到4元，我可能买到80%，如果跌到2元，我可能全部买进去了。

这要取决于你对企业、对行业属性有很高的把握。如果没有这样的把握最好不要这样去做，因为中国的股市是赌性非常强的股市。在2006年、2007年，大家可以看得很清晰。

我们一般劝个人投资者，如果没有专业技能，最好不要想在股市上暴富。不妨买大家耳熟能详的好企业，虽然让你赚不多，但至少不会让你破产。

地方财政维稳和供求关系影响，房价难以大幅下降

问：您最近有没有买股票？

翟敬勇：我们一直在买。

问：买的是什么样的股票？

翟敬勇：买的是大家不看好的股票。

问：是银行股吗？

翟敬勇：地产。

问：为什么会买地产股呢？

翟敬勇：我们判断中国整个经济周期没有改变，大的方向没有改变，这说起来是老生常谈了，第一城市化进程没有改变，第二家庭小型化趋势没有改变，刚性需求没有改变。

在需求没有改变的情况下，对住房一定会有很大的需求。从博弈的角度来看，除了深圳以外，房地产的土地拍卖收入，是各个地方政府最大的一块收入。如果房价不维持在稳定的基础上，那么地方政府的财政就很难维系。

我们可以看到，当房价下跌幅度相对过大的时候，各个地方政府就会出台激励"救市"措施，比如说最近成都市政府，因为汶川大地震导致的房屋购买量下来了以后，就重新采取了救市措施，所以成都6月、7月份的房子销售就有明显的回升。长沙市政府针对购房出台了很多措施。后续还有陆陆续续的，包括厦门和其他政府都在不断出台楼市的扶持政策。

另外，房市和股市不一样，当房市短期供求发生改变，或者大家觉得房价过高，不愿意买房子的时候，发现开发商主动降低开工比例和开工速度，这样就可以减缓房地产供求关系。

前三个月我跑过成都、江苏、广东、武汉这些城市的房地产市场，给我的感觉，下半年中国房地产投资速度会明显放缓，这跟我们股市是类似的逻辑，如果要让股市涨起来，就减少发行股票的速度，这样

供求关系就可以缓和。

现在我们的股市明显不可能，因为"大小非"已经出来了就不会收回去。房市不一样，开发商需要银行资金，国家宏观调控一收紧，获得银行的资金就比较困难，开发商就会缩减开工的速度。像万科已经缩减了开工的规模和速度，上半年降19%多的开工规模，可以预计下半年的开工速度会同比放缓30%以上。

在供求关系发生改变的时候，今年下半年中国房地产市场可能会进入低谷。因为房地产可售房子供给大幅减少，需求没有变化的情况下，在2009年下半年、2010年的时候，我们房地产市场供求关系又会发生大的改变，这时候房价可能会再次掉头向上。

对我们来说，别人不要的时候就我们来要喽。所以，我们是买跌卖涨，趋势投资是追涨杀跌，这是不一样的操作方式。关键是我们对投资的企业要有把握。

选定企业不是马上就买

问：翟先生，像您刚才提到买了地产股，在买这个股票之前，如何圈定您要投资的地产企业呢？

翟敬勇：比如说万科，我们最初关注它是2002年，之后就一直在跟踪。跟踪的同时，要去看它的楼盘情况，跟内部人员进行交流，另外要去找同行。

我跑了保利、金地、招商地产、金融街，开会的时候，我们都去问他们一个问题：怎么看待万科。从这些竞争对手那里，都透露出非常让我震惊的词语，就是万科这帮人太优秀了。能看得出来，连同行都非常敬佩他们。

选定了企业之后并不是说马上要去买，我们在什么时候开始投资万科这家企业的呢？是在2004年年底。

问：观察了两到三年之后才买的。

翟敬勇：2004年7月21日买的，从人民币采取浮动汇率开始。当时我们判断人民币要升值，受益最大的是地产，那时候去买它肯定不会错的。

我们长期养成了一个习惯，投资一个企业的时候，要跟踪两到三年，投资完之后，我们再持续跟踪3—5年，整个持股周期一般是8—10年。

问：投资到现在，中间有没有卖出过万科？

翟敬勇：没有，反正跌了就买，没有卖过。

问：您觉得现在这个点位还可以买吗？

翟敬勇：我不好评价，我个人非常喜欢这个管理团队，我自己有钱就买，这不能引起误导，因为个人喜好不一样。

如果我喜欢这个管理层，喜欢王石这个团队，喜欢跟他们打交道，每次去开股东会的时候，我就觉得是一种享受，觉得把钱交给他们打理会更放心。至于这个价位高不高我不知道，只是我有钱就会继续买一点。

问：您刚才说你很喜欢王石和万科的管理团队，能给我们描述一下这是一个什么样的团队？

翟敬勇：今年关于"王十块"这个事，我认为很多人对他有误解。基本上万科每一次股东大会我都去，我们对它还是比较了解的。

2000—2007年，王石的收入是1980万元，具体数字我个人不太记得，他个人就捐了1210万元。我们自己拿良心衡量一下，有谁能做到这样的大气？一个企业里无私无欲的灵魂人物对企业会起到激励作用。

万科的中层干部都是桀骜不驯的才子，但为什么都愿意在万科这个团队里工作呢？通过跟他们交流，我发现他们很喜欢这种企业文化。

我们自己也在思考这个问题。因为我们自己也在做企业，把有才能的人凝聚在一块儿。这帮人更多的不是看重金钱，而是看重平台，看重自己发挥才能的机遇。

这次我去万科成都分公司遇到赵华先生。他原来是华润置地的营销总监，到万科自愿降了两级，到成都分公司做了总监。我当时就问他这个事情，他说华润领导层有变化，原来华润是万科第一大股东，他对万科的文化非常喜欢，觉得在万科很开心，所以短期内的职务不会去计较。那天我们几个人大概聊了三四个小时，觉得非常舒服。这就是万科管理的团队。

对于这样一个管理团队，这样一个做事方式方法的团队，我想我们应该给予它足够的信任，这是我们非常看重的。

参加股东大会应有备而去

问：翟先生，您刚才提到很多次，有一个字给网友印象特别深，就是"跑"。您这么多年大概跑了多少家上市公司？

翟敬勇：大概200多家，不到300家，去开股东大会的次数有300多次了。

问：是不是基本上每一次都是在开股东大会？

翟敬勇：我一年大概有一半的时间在上市公司转悠着。

问：我们可以看网上直播的股东大会或者实际的记录，为什么您每次都要到现场呢？

翟敬勇：这有几个前提，第一，我个人认为我的水平很差，我们的阅历和能力跟不上。各个上市公司的董事长、总经理平常难得有空，但一般在股东大会的时候都会在。像王石，除了2006年芝加哥雪灾回不来，一般王石都会出席股东大会。跟这些高人学习，让我们对投资、对社会的认识会有比较好的提升作用。

第二，开股东会的时候，会场的气氛不一样，各个不同专业投资者和非专业投资者提的问题角度和看法也不一样。

第三，在现场，你可以看到直播当中看不到的东西。就像我们看奥运开幕式直播，在鸟巢现场和电视前有没有区别呢？这是最关键的。

我还是建议大家，在中国目前的状况下，如果想走长期投资这条路，最好能坚持去参加上市公司的股东大会。

问：要注意哪些细节呢？

翟敬勇：要做好充分的准备，要对这个企业非常了解，就像内行看门道，外行看热闹一样。

昨天听说主持人参加了今年6月招行的股东大会，我也参加了。我发现这次去招行开股东会的人提问的水平比前几年明显下降，因为很多人一知半解，去了就提，但股东大会给你提问也就半个小时，最多也就一个小时时间。所以，我希望去开股东大会的人把提问准备得精细一点，让大家都有机会提问。

这是要注意的，我们一贯也是这样要求自己的。一般去哪家上市公司之前，我们会查找很多资料，找出想要问的东西，去了之后就直接把这些问题抛出去，获得解答就可以了。

问：那么今年6月份参加招行股东大会之前，您准备了什么样的问题呢？

翟敬勇：我去招行恰恰没有准备什么问题，因为我们非常信任这个管理层。在2006年年度股东大会上，我写了一个小结——像这样的管理层，交给他们就放心了，很多问题他们都会解决的。

问：你想要的，他们已经替你想到了，是吗？

翟敬勇：对。我们去的时候，有一些朋友已经准备了问题，这样我就不用去提问了，去听一听，看一看，感受一下就好了。

因为像招行、茅台、万科、华夏城，这些公司我们都去了很多很多次，已经没有什么太多的疑问了。如果说有疑问的话，我们都已经陆陆续续地把它弄清楚了。

"行业和管理层"是选择好企业的两个标准

问：我们看到近期翟先生出了一本书，这本书是国内首本以股东大会调研为主的书，名字叫《寻找伟大的企业》。在这本书中，我看到您考察的公司，包括食品、饮料、公用、地产等很多市场关注的行业，具体到公司，您刚才也提到了茅台、招行、万科、同仁堂、上海机场，等等。

您考察下来，认为谁最有潜力成为伟大的公司？衡量一个好公司的指标有哪些呢？

翟敬勇：至于谁能成为伟大的公司我不知道，如果知道我就是先知了。只是这些公司有成为伟大公司的苗头，但未来的事情谁也不知道。

我们为什么选择书的名字叫《寻找伟大企业》，"伟大"两个字是不能随便用的。

1978年以来中国是整个转型的社会，整个社会在变革，经济体制在变革，政治体制也在变革，可能有些人为了追逐真理，甚至付出生命的代价。所以，我认为用"伟大"两个字一点不为过。

至于指标，我们选择有两个标准：一个是行业要好，行业未来有大的发展前景。第二是管理层。比如白酒，大家普遍认为是夕阳行业。2005年，我和一个朋友聊白酒、啤酒、红酒行业属性的时候，他说白酒是夕阳行业不能投，看中了红酒行业，投了张裕，我们投了茅台。

当时我没有办法说服他，因为我没有数据。但我越往北方跑，越发现白酒文化非常盛行。我们刚刚从内蒙古回来。内蒙古人每天都喝白酒，他们很好客，劝酒的水平也很高。一顿饭下来，好几瓶白酒就没有了。

我举这个例子，是给大家分享一个印象。我们这几年每次去茅台的人，不管看好还是看坏茅台，每次走的时候，大家都要不约而同地在茅台买酒带回家，包括基金经理、个人投资者都是这样的。这是我看到的最奇特的现象。至于茅台酒的同行，他们去茅台调研，完了就走了，没有带产品走的。

这也可以反映出茅台在大家心目中的地位。所以，这是茅台股价在100元以上的重要理由，是大家对这个产品认可。

另外，好企业一定要有好的管理团队。我始终相信管理团队是非常重要的，一个好的管理团队可以化腐朽为神奇，一个非常差的管理团队能把一个优秀的企业变成没人要的企业。在考察当中，我们对这块观察得比较多。

通常我们去观察上市公司，是听其言，观其行。今年他跟我们说的是什么东西，我会记下来，隔半年、一年之后，我再看它实现了没有。如果连续都是实现的，那么这个管理层肯定是值得相信的。如果他忽悠的这个东西，过了半年变成另外一个东西了，这样的管理层是不可信的。

对于不可信的管理层，最好的办法就是不要去惹他们，这样就可以回避掉很多陷阱。

投资很简单，如果你不买这家企业，它就不会对你进行伤害。如果你买了它，有可能给你带来高的回报，也有可能给你带来巨大的伤害。

我个人理解，万科、招行这两个管理团队是值得我们信任的。但每家企业都是有瑕疵的，并不是哪家企业都是完美的。

我们投资的时候，关键要看管理层的缺点和瑕疵，是原则性的还是非原则性的。如果是原则性的错误，就不要碰；如果是非原则的，反映到资本市场，就会适当地给你提供一个绝佳的买入机会。

问：发现好企业就需要买入，您怎么选择买入和卖出的时机呢？

翟敬勇：我们买入和卖出比较简单，发现一个好企业就持续跟踪，看到企业基本面发生质的变化就考虑买入，买入之后会长期跟踪，会有一些指标，这些指标是我衡量它是否达标的标准。当它达标的时候，我会继续持有；认为它增速会放缓的时候，就会卖出。

去年我们就把上海机场卖掉了，上海机场是我在 2003 年买入的，2007 年卖掉的。去年它的股价已经严重透支了未来的业绩增长，我们是在 36 元多的时候卖掉它的，这是我最近五年来卖得比较好的一只股票。

下一轮中国经济主导行业仍将是地产

问：您认为下一轮中国经济主导行业会是什么呢？

翟敬勇：我认为是多元化的，主导的还是地产。因为中国城市化进程没有改变，中国住宅刚性需求没有改变。所以，我个人认为，大家还是要承受高房价的压力。

寻找伟大企业 拥抱新经济

因为不管大家愿不愿意承认，房价是进入城市的一个门槛，这是市场最有效的自我淘汰机制。不管国家怎么去调控，最终还是扶持大型房地产企业的思路，所以，地产是中坚力量。

另外，制造业在产业整合的时候会集中到更加优秀的企业，比如家电最优秀的企业格力电器，未来我们认为它可能会发展得更好。

问：最后请翟先生送我们网友一句投资心得作为访谈的结束语。

翟敬勇：我想说的就是"做正确的事情，把事情做正确"，谢谢大家！

◎ 经济正迅速复苏，机会将全面开花

发表时间： 2009年4月
发表媒体： 《证券市场红周刊》
采访记者： 江涛（笔名江红雷）　马曼然

在短短不到一周的时间里，翟敬勇已经两度从深圳来到北京。前一次是参加天坛生物的股东大会，本周则是参加国投电力的股东大会。

他笑言："今年来北京的机会要比往年多了，因为央企重组的力度加大了很多，我们需要多到这些上市公司进行调研。"

翟敬勇信奉"用两条腿跑出来的价值投资"，即便在行情非常低迷的2008年，他也依然坚持走访上市公司，相信眼见为实。

近一段时间困扰很多投资者的一些疑问，如当前中国宏观经济的回暖是反弹还是反转？企业"去库存化"进展是否顺利？充裕的资金流动性能持续多久等？也在他的实地调研中逐步得到一些化解，并有了新的判断。

与此同时，翟敬勇对于在实战中未严格执行自己在2008年年初提出的"2008年战略撤退"投资策略的做法并不讳言，坦承"这是一个

大笑话"。

2008年这段不寻常的经历，让他对价值投资有了更深的理解，也更坚信中国经济复苏的步伐比预期还要快，2009年的证券市场将会全面开花。

中国经济依然处于长期上升周期中

问：2008年股市"非常态"的震荡是否给价值投资理念带来了严峻的考验？

翟敬勇：考验还谈不上，应该说给国内的价值投资者们提供了一个完善投资理念的机会，就像出海的船只有在大风浪中才能检验其是否结实的道理一样。

2008年熊市带给我们的经验教训大致体现在三个方面：第一，全球经济是一体化的，当一个经济体出现大调整时，其他的经济体也会遭受损失，很难独善其身。

2008年年初，我之所以提出"2008年战略撤退"，主要是考虑到欧美经济有继续恶化的趋势，而欧美经济一旦出现问题，他们可能会从新兴市场抽离资金，香港股市受到的影响可能会大一些。我们对国内经济的判断就过于乐观了。

第二，我们以前认为，"当危机来袭时，一般的、劣质的企业会受到影响，但好企业不会受到影响"。而事实是，危机之下，好企业也会受到影响，且好企业也会犯错误。尤其是一旦在危机环境下犯错误，市场将会把利空放大。

第三，投资还是要严格执行价值投资的准则，也就是说买股票时，一定要留出足够的安全边际。

问：2001—2005年也是一轮大熊市，难道那时你们没有积累到足够多的应对熊市的经验吗？

翟敬勇：尽管2001—2005年中国股市也出现了较长时间的下跌，但与这次相比还算不上熊市。

因为当时中国经济向好，很多企业的盈利处于上升周期。而如今这轮熊市不仅体现在股市上，同时更体现在国民经济上。像这次股票、原油、汇率、大宗商品等价格下跌的速度之快、幅度之大，我们确实没有经历过。

问：与上一轮熊市相比，这轮熊市是虚拟经济和实体经济都出现了问题。

翟敬勇：是这样的。通过研究我们发现，上轮中国经济的顶峰是1997年东南亚金融危机，2000年又遭遇了互联网泡沫，经济的见底回升一直拖延到2003年"非典"危机之后。应该说，2003年是中国实业崛起的一年。

2003—2007年是一轮新的上升周期。中国经济的这次调整是内外部因素共振形成的。

尽管这轮调整比想象得惨烈，但其性质依然是长期上升周期中的一次阶段性回调。我判断，中国经济将很快复苏，未来成为世界第二大经济体的速度会超出市场预期。

中国优势正在吸纳全球财富

问：判断依据是什么？

翟敬勇：最近我们在调研企业时明显感受到，全球财富向中国转移的速度并未因金融危机而减慢，反而在加速。也就是说，中国企业的竞争力越来越强。

比如汽车业，美国现在三大汽车巨头都衰退了，而国内像比亚迪汽车，一天能卖一千辆，主力车型F3供不应求。另外如重工业的三一重工，在经济调整时积极开展海外收购。

这些行业属于充分竞争的行业，企业盈利靠的是实力，一个重要的原因，就是这些企业的管理层把中国优势发挥得淋漓尽致。

问：你所谓的"中国的优势"是什么？

翟敬勇：第一，廉价的人力资源成本。比如，比亚迪汽车的外观更新速度非常快。他们的新员工一进厂，就能得到一辆比亚迪汽车，让每个员工都能参与产品的创新和研发。而国外汽车的研发则是专门成立一个研发团队，这个成本就会很高。

第二，生产成本的急速下降。发达国家的"去杠杆化"造成的虚拟货币量的萎缩，撤去了石油等国际大宗原材料价格的泡沫。而大宗原材料价格的回落，让全球的通胀消失，这对于制造业大国的中国来说，是特大利好。因为成本的快速下降，可以抵消人民币升值对出口的负面影响，对中国企业提升出口竞争力有极大的促进作用。

第三，中国的人力资源成本在2009年也有较大的下降，这将给劳动密集型的制造业带来机遇。

2009年对于美国也是一个比较大的机会，他们通过印钞权向全球转移通货膨胀，化解自身内部的风险，在通胀压力逐渐消失的情况下，经济从萧条进入复苏的可能性也比较大。由于原油价格的快速下跌，将给俄罗斯、巴西、澳大利亚等以资源为主导的国家带来相当大的压力；欧洲一些国家由于人口老化，社会高福利的压力也将持续。

因此，2009年经济最先复苏的两个国家很有可能是中国和美国。

问：有可参考的具体指标印证吗？

翟敬勇：首先看全国的用电量。目前全国的用电量已经恢复到去年同期的60%—70%。另外一个指标是国内原油和钢材的供需情况。

据我了解，去年11月份时，武钢股份有30%的员工在家休息。但是今年1月份，他们又都恢复上班了，且武钢的铁矿石库存也基本上消耗殆尽了。

当前有很多人看到今年二三月份钢材价格先往上调而后又向下调时，简单地将其理解为中国又没有需求了，经济还将出现新一轮下滑，这是不准确的。实际情况是：3月份钢材价格再次往下调，说明钢铁企业的库存已经消化得差不多了，而新进口的铁矿石价格已经从高位回落了50%以上。

生产钢材的成本下降，自然会导致产品价格的下调，但这并不意味着需求的下降。而国内物价的大幅下降，有利于缓解国内的消费压力，对中国的内需有较好的促进作用。

股市已率先复苏

问：看来你对中国经济还是比较乐观的。今年的股市也会相对乐观吗？

翟敬勇：2009年对于投资者来说将会是比较幸福的一年，很多坏的因素都在2008年发生了，各个行业的小概率事件也都在2008年发生了。

2008年是资金比较匮乏的一年，2009年的资金可以用泛滥来形容，不过这些资金需要信心的注入。从2008年11月份开始，政府就不断地注入信心，目前来看，股票市场已是所有行业中最先复苏的一个。

问：你参加的股东大会比较多，见到的机构投资者也比较多。他们是否也对股市的信心有所增强？

翟敬勇：虽然每个人的判断不同，但有一个点可以确定，即大家的信心正在恢复。最近我去上市公司参加股东大会，随便哪家公司，都有几十号人在调研，均超过了主办方（上市公司）的预期。

还有就是公司高管的信心。例如：比亚迪的高管就很有信心，有些啤酒龙头上市公司的高管也很兴奋。据了解，今年一季度国内的啤酒行业将增长10%，远远超出他们的预期。这主要得益于中西部地区销量的增长和原材料价格的下降。

但高档白酒和红酒因售价太高，在经济出现调整的情况下，消费者对价格的敏感度会上升，从而影响到销量。

图4.1 历年荣获的私募基金业奖杯（2）

第三部分

从传统经济向新经济转型时代的投资

2012年以后，中国经济进入到一个需要重新调整的新阶段。在观察中国经济转型的过程中，茅台是一个不可或缺的观察指标。

第 5 章　资本市场需要重新适应经济发展的规律

中国资本市场第一轮真正、实质意义上的大牛市，是从 2005 年上证指数跌到 998 点开始的。

这个大牛市的一个大背景，是当时中国股市的股权分置改革，也就是全流通。国有股份持股比例大的实控人的股份，与在二级市场流通的少量的财务股东进行对价交换。

但是，我们可以看到，在这一轮牛市行情启动之前，从启动股权分置改革以来，实际上是跌了几年时间。

背后的原因也很简单，就是资本市场需要在一个阶段去重新适应一个经济发展的规律。为什么这样讲？

因为中国在 1998 年刚刚经历了亚洲金融危机，虽然扛过了危机，但是也受到重创。同时，中国经济本身也在进行自我消化和调整。但是，有一个最大的规律没有改变，就是中国的城镇化、重工业化没有改变。

自从 1978 年恢复高考以来，截至 2020 年，我国有超过 2.1 亿大学毕业生。2021 年，高校毕业生达到 909 万。大量廉价的高素质劳动力逐步加入各大行业。

随着政策逐步宽松，政府不断支持优质公司上市，比如像 2001 年茅台登陆资本市场，当年它的规模实际上是非常小的。

虽然它有巨人品牌，但是贡献的收入和利润在当时非常之小。茅台作为中国消费升级的品牌，在第一线观察的我们，确确实实看到在 2006 年茅台出现了供不应求的状态。

但是随着企业的发展，这家公司的人事发生变动，比如当时的总经理因为贪污受贿进了监狱。所以，我们也应看到在企业发展过程中企业治理的重要性。

◎ 互联网经济对传统经济的巨大颠覆

回到大的宏观经济背景，因为中国的制造业、中国的产业链在全球处于中部位置，在 2004 年、2005 年以后，全球进入到一个以互联网经济为推动的发展模式，这是对传统经济巨大的、快速的颠覆。

首先被颠覆的是类似于沃尔玛、苏宁易购、武汉中百、永辉超市等，这一类传统商业被逐步渗透和蚕食。

这个背后原因是什么？是因为科技的发展对原有落后生产力的替代。所以，中国在全球的产业链上属于中间偏后的位置。这是什么原因？

中国是一个巨大的制造大国，我们叫 made in China。它的优势来源于什么？来源于廉价的高素质劳动力和大量的服务于"三来一补"经济的、只有中小学文化程度的劳动力所构成的竞争优势。

所以，中国也是在经历新一轮从纺织、家电、鞋帽逐步向重化工、高端精密制造迁徙的过程。

在迁徙过程中，以美国为首的一些发达国家，因为新旧经济的冲突，资本带来的狂热，就带来了经济危机的冲击。

2007 年，美国的投行开始陆陆续续出事，标志性事件就是雷曼公司的倒闭，引发了全球金融危机。

随着全球经济危机的蔓延，全球的需求在放缓，中国的需求也在放缓。中国作为产业链中最为重要的供给方，也必须要创造大量的内需，以缓解局势。所以，当年的政府领导人推出了 4 万亿计划，把中国的制造业推上巅峰。

2012 年以后，因为超发货币，整个中国经济进入到需要重新调整的时候。于是中国在新一届中央领导集体的领导下，进入到一个新的调控阶段。

◎ 茅台是中国经济转型中不可或缺的观察指标

我们认为，这个调控阶段和欧美国家是一致的，就是新经济对传统经济冲击的开始，在投资上就要相应转型。

在转型阶段，中国的消费也受到一些冲击。2012年《八项规定》颁布以后，茅台的销售一落千丈，五粮液等公司下调出厂价，贵州茅台的股价也出现了巨大的跌幅。

我们为什么在转型期要拿茅台来研究？我们看到的是什么？看到的就是茅台不仅是一个酒，而是演变成了一个符号。在这一轮经济从宏观到中观到微观的调整过程当中，茅台的管理层是非常优秀的。

以时任董事长季克良为代表的管理层，凭着过人智慧，进一步稳固了茅台的社会地位。

茅台酒自新中国成立以来，就是党和国家领导人以及社会名流追捧的非常重要的饮品。2012年因为《八项规定》颁布，纯洁了政商关系，在一定程度上对茅台的销售产生了短暂冲击。

但是，酒只是人与人之间沟通的媒介。所以，要观察茅台酒淡出公务接待之后，我们的商务接待，还有富裕起来的一部分人，他们的消费是不是有承接力？

这个时候，我们看到茅台经过接近三年的转型期的调整，很顺利地从政务消费转移到商务消费。这个转变是其他消费品不具备的能力，在中国也只有茅台。

这要感谢茅台的管理者，因为他们理解中国社会，理解中国的消费人群，所以坚持不下调出厂价。

茅台在2012年把出厂价上调为819元后，通过买3吨茅台即送一个经销商资格的优惠措施，吸引富裕的中国人群大量购买茅台酒，提升了茅台的销售业绩。

经过 2013 年到 2015 年的三年调整，茅台酒在 2016 年迎来了价格的顺利上涨，走出一个相对比较陡峭的上升曲线。

这意味着中国从重化工到新经济的转化过程当中，一批新的具有消费能力的人群开始出现，我们看到消费增长的背后是经济的增长。

所以，在观察中国经济转型的过程中，茅台是一个不可或缺的观察指标。无论谁赚钱了，都可能追求高品质的生活，而茅台正是满足高品质生活的一个高端消费品。所以，它是一个观察社会变迁、观察社会财富聚集的非常重要的方式。

从 2004 年至今，我们对茅台这家公司做了长期的观察，在这一篇章中，我们节选部分茅台股东大会的调研纪要。

实际上，通过我们所做的这些长周期的观察，你会发现这不仅仅是在看一个企业，还是在观察一个社会、一个民族、一个经济的走向，这是非常重要的。

尤其是茅台，在 2019 年、2020 年的两次贵州茅台年度股东会上，我们榕树投资就茅台管理层治理的问题提出了一些观点，实际上这也代表中国进入到一个新的阶段。

很多企业在转型的过程当中，他们需要与资本市场进行有效对接的方式和方法。

◎ 跟着时代走，跟随引领潮流的公司

在中国从传统经济向新经济转型的时候，美国实际上已经陆续崛起了一批引领世界的、优秀的互联网企业，比如像苹果、谷歌、Facebook、亚马逊等公司，从很小的市值演变成可以富可敌国的市值。

这背后是什么？是新经济的力量，是互联网 2.0 版本时代的新经济对整个世界经济的主宰力量。当然，中国也当仁不让地诞生了一批优秀的互联网企业，像阿里巴巴、腾讯。

阿里巴巴的发展最早始于马云先生推广黄页开始，而且他本身也

不是学互联网专业的，只是抓住新经济的脉络，通过他的智慧，构建了一个大家共享、更想要的商业模式。

阿里巴巴从 B2B 业务到 B2C 业务，打通了支付业务、信用体系、金融业务，做了很多人做梦都没想到的、都不敢想的事。同时，阿里网上销售的模式，也激发了同样一批敢于拥抱新经济的人。

比如京东、拼多多这类公司都在崛起，包括重点在东南亚布局的跨境电商 SHEIN，这类公司就是把原来传统的线下销售模式搬到线上。

这背后是什么呢？是年轻的一代习惯了互联网的线上生活。

所以，在我们的投资生涯当中，我们意识到要跟着时代走，不能再停留在传统的时代。

我们也可以切切实实地感觉到，在中国经济从机械重化工业向互联网网上消费引领潮流转变的趋势下财富的变迁。

这带来的是什么呢？一个重要的变化，是这些互联网优势企业的社会聚集产出能力更强了，同时对传统产业的打击是非常严重的。

中国政府在 2010 年开始启动国有企业的兼并重组，到 2015 年，对钢铁行业、煤炭行业进行供给侧结构性改革。

实际上，一个国家的发展，在这个时候确确实实需要一个强有力的政府，来推动过剩产能的整合、兼并重组。

我们作为投资人，必须把这些任务交给政府去运作，而我们要做的就是跟随这类引领潮流的公司，研究它们的商业模式，研究它们在未来社会组织变革时的先进理念。

◎ 坚定不移地拥抱引领时代潮流的公司

随着互联网的快速发展，在中国互联网产业链上又诞生了一批优秀的公司，比如顺丰、圆通等快递公司，他们让社会运转更有效率。

随后可以看到，随着中国居民对网上消费的认知度越来越高，接受程度越来越高，延伸到其他领域，比如打车、餐饮领域，都有一批这样的公司开始崛起。

这实际上意味着在中国产业转型的过程当中，我们有一批承上启下的公司，我们要去坚决地拥抱它们，坚定不移地去研究它们。

在本篇里面，我们还选取了两家非常有代表性的公司——阿里巴巴和腾讯。

腾讯非常值得去研究，因为这家公司最早靠一个社交领域的免费产品，也就是QQ，居然市值超越了中国移动，成为中国上市公司市值第一的互联网公司（2016年9月5日，在港交所上市的腾讯控股的股价收盘于210.20港元，市值达到19898亿港元，而中国移动的市值则为19667亿港元。腾讯市值首次超过中国移动，成为亚洲市值最高的公司——编者注）。

这家公司的发展起伏也非常有意思。市面上关于这家公司的研究也非常之多，而我们研究这家公司只是想从治理结构上来看，这家公司就是守拙文化，也是最值得我们去欣赏的。

为什么说守拙文化是最值得欣赏的呢？因为这家公司也曾经去做过搜索引擎、外卖、打车业务，最后在马化腾先生的主张下，把这些业务全部卖给一些合作伙伴，通过股权交换，成为这些企业的股东，比如京东、拼多多、美团、滴滴打车。

我们可以看到，不管是什么样的企业，专注的力量一定会让这家企业发展得更加健全，更加完善，更有市场竞争力。

我们可以看到，这家企业在顺应新的发展方式的时候，交往方式从QQ顺利过渡到微信。现在微信已经成为中国老百姓，甚至中国政府不可或缺的产品。

我们还可以看到，在新冠疫情来临的情况下，公司推出了网上虚拟的视频会议系统，极大地缓解了社会的焦虑情绪。同时，也和阿里一道推出了一个网上支付体系，完成了在线上购物、支付、交换整个一系列的功能。

可以预见的是，像腾讯这家公司，在未来很长一段时间，就会像我们过去习惯的煤气水电一样，成为社会组织中不可或缺的社会因子。

所以，我们认为，在经济转型中，这些企业都是推动中国经济从传统的机械重工业时代，向互联网经济、人工智能时代转型的一个重要的推动力。

图 5.1　在《林园炒股秘籍》系列新书研讨会上演讲

第 6 章　转型经济时代上市公司调研篇

◎贵州茅台（600519）调研节选

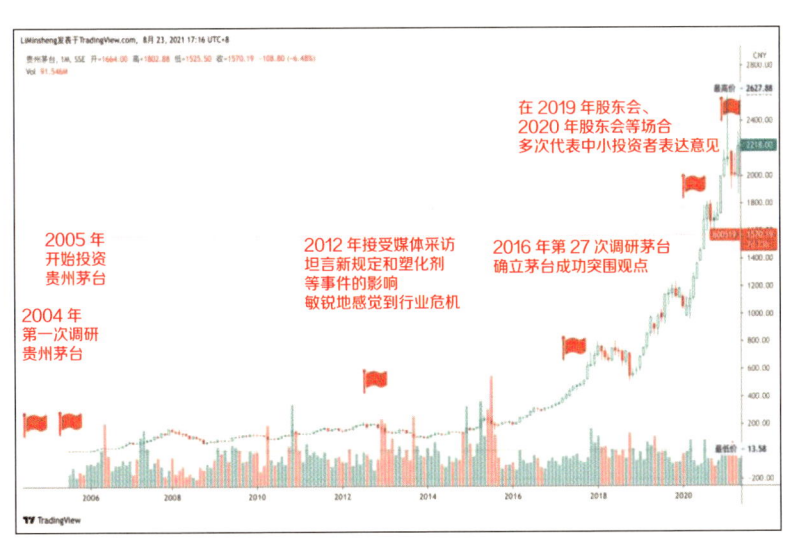

图 6.1　调研贵州茅台的重要节点

贵州茅台 2004 年年度股东大会调研纪要

调研背景

时间：2005 年 6 月 29 日（星期三）
地点：贵州省仁怀市茅台镇茅台集团 22 楼会议室
管理层：季克良董事（简称季）、袁董事长（简称袁）、乔总经理、谭伟利副总经理（简称谭）、谭定华财务总监、樊宁屏董秘、刘和鸣监事会主席、戴传典集团副总（简称戴）
会议主题：讨论 2005 年公司经营情况，以及公司的利润分配方案

调研关注点

1. 未来对茅台发展不利及有利的因素；
2. 茅台消费税比五粮液高的原因；
3. 茅台的酿制过程和生产周期；
4. 茅台的品牌及营销定位；
5. 茅台保持核心竞争力的策略；
6. 茅台往上游选址的战略考虑。

管理层和股东交流纪要

问：未来外部环境的变化对公司发展的影响如何？

季：未来对茅台发展不利的因素有：1. 廉政风暴的影响；2. 私家车数量的增长；3. 两极分化的加剧。

对茅台发展有利的因素：1. 加入 WTO 后商贸活动的快速增长。2. 居民收入水平的提升。我们要做到让普通的中国人一个月的工资可以买

图 6.2 请季克良董事在茅台酒瓶上题词留念

一瓶茅台酒。3. 中国有庞大的人口基数。就算在中国 1 亿城市家庭中，每家一年喝一瓶茅台，一年就喝掉 1 亿瓶酒。（1 亿瓶就是 5 万吨酒，目前茅台只能供应 7000 多吨高度酒——调研者注）

问：公司 2005 年的业绩增长如何？

季：我们产能的销售扩张已经开始体现，恰好 2005 年度销售周期包含了两个春节（白酒的销售一般在春节前一个月。2005 年 2 月 9 日过春节，在 2005 年 1 月份形成一个白酒的春节销售高潮。2006 年 1 月 29 日过春节，在 2005 年 12 月份又开始了一个白酒的春节销售高潮——调研者注），一季度销售大幅增长，估计四季度的销售也将大幅增长。2004 年我们投入了一条新的灌装生产线，生产"瓶颈"得到了解决。

问：公司 2004 年扣除老酒的消费税返还，公司实际的消费税是 16%，五粮液是 10%，为何公司的消费税要比五粮液要高？

谭：我们购买完集团的老酒总计 5028 吨，所有退税全部返还，

2003年返还7000多万元，2004年返还1.2亿元，2005年还有5000多万元返还。对于这一块，我们基本上是交多少返还多少。

我们的产品销售和老酒返还的税收是两个不同的概念。我们目前执行的是25%的消费税（销售给销售公司），销售公司再卖给其他公司就没有消费税了，只有增值税了。至于五粮液的情况，我们不太清楚。

袁：我补充一点，粮食白酒都是25%的消费税，很多企业为了避税，都通过建立销售公司降低税收。五粮液年销售10万吨酒，但它大部分都是酒精勾兑酒（用薯干酿制），薯干的税收比粮食低得多，所以它的税收就低；另外，五粮液的销售产品还有糖、药、饮料等，这些产品的税收很低，所以综合起来，它的税收就比我们要低。

问：能否把茅台的酿制过程及生产周期介绍一下？

季：茅台的制作是这样的：制曲40天，陈曲6个月，投料后要9次蒸煮、8次加曲、堆积发酵、7次取酒，最后出酒需要一年；然后，储藏、勾兑需要3年时间；装瓶后还需要储放1年，整个生产销售周期历时5年左右。

茅台目前由酱香、窖底香、醇甜香3种香型组成。在1960年前，我们国家还没有区分香型，评酒方法比较简单、粗糙；周总理非常重视茅台的发展，派了工作队进驻茅台公司。

在1975年的第三次评酒会上，我们介绍了勾兑白酒的工艺和经验。勾兑既是技术，又是艺术。为了保证茅台酒的品质，我们把不同的香型、不同浓度的酒进行勾兑，而且一直是用纯粮固态发酵的方法进行勾兑。这个工作我们几十年如一日，始终放在生产的重点位置。

问：请介绍一下公司的品牌、营销定位。

袁：我们的品牌定位是绿色有机、蒸馏酒、国酒；我们的产能在2003年达到1万吨，2004年1.15万吨，2005年1.2万吨。

对于营销定位：我们的53度产品主要是销售给成功、富贵人士；而茅台王子酒、迎宾酒等是大众型。

问：公司在开源节流方面有何考虑？

袁：我们坚持"两个务必"（即"务必使同志们继续地保持谦虚、谨慎、不骄、不躁的作风；务必使同志们继续地保持艰苦奋斗的作风。"），坚持艰苦奋斗、艰苦创业，管理费用在2005年已经下降。

问：公司在固定滑坡等方面投入1.7亿元是否过高？

谭：大家也看到了，我们的酒厂是处在峡谷之中，就是平时都有山体滑坡，一旦工程施工会加剧滑坡的出现。我们从20世纪80年代就开始分批治理滑坡现象。此次的治理经费是我们经过了多批专家组的反复论证所作出的预算。

问：公司在核心竞争力的保持上有何策略？

袁：我们将从品质、品种、文化、工艺、环境方面做出努力。周总理曾批示茅台：赤水河上游100千米不允许建化工厂。年初环保组来测量赤水河的水质时，他们也给出了优质的评价。

季：100千米不建化工厂确保了茅台用水不会受到污染，但不是说这100千米都可以酿制出茅台酒。我们特意划出了2.7平方千米作为原产地域的保护区。

2.7平方千米的产能，对于我们的市场需求是远远不够的，因为如果以一亿家庭一年一家消费一瓶茅台酒的目标看，就需要5万吨酒。为了扩大生产，我们在原产地上游1千米找出了三四平方千米作为新的生产地，但是能否达到和原产地一样的品质，这还需要认证。为了公司的可持续发展，我们还会继续努力。

问：我们建议可以实施管理层持股或实施期权激励制度。

袁：公司上市时我们就有这个想法，但是国家不允许。倒是这次我们的股东可以好好地设计一个合理的方案，到时我们再探讨。

问：公司目前2万吨的产能是否需要向上游扩延？

戴：不用，目前公司的生产地就完全可以满足产能2万吨的要求。公司把沿河一段买断，主要是为了垄断，采取排他性竞争策略。公司往上游选址，主要是先考虑酒窖的建设，另外对生产车间的扩产的需求。

上游生产的酒能否和目前保持一致的品质还是未知数，异地生产已经试过很多次，在遵义、内蒙古等很多地方都尝试过，均以失败告终。

茅台酒的生产需要用本地的土质、本地的高粱、本地的水，还有本地的气候。可以说，公司的发展绝对没有问题，公司的问题主要是人事的变动。

调研感想

我们在6月27日晚就抵达了茅台镇，狭小的乡镇弥漫着酒糟的味道，一个小镇就有100多家小酒厂。

茅台的制酒车间都是沿河而建，酒窖建立在半山腰。茅台镇因为处在峡谷之中，一年中又很少下雨，给人一种闷热的感觉。

茅台集团是贵州省最大的企业，整个集团有2万人左右。公司的接待任务很重，公司的本地消费水平和贵阳的消费水平相比还很便宜。茅台人很热情。

28日上午，我们参观了茅台的"国酒文化城"。该文化城被列入上海吉尼斯大世界之最——世界上规模最大的酒文化博物馆。之后，我们参观了茅台的第二生产车间酒的酿制过程。

茅台伴随着共和国的成长而发展，经历了四代中国领导人的更迭，企业也经历了三代领导班子的更换。如今，茅台实现了周总理的愿望，达到了年产1万吨的目标。作为中国的国酒，茅台正在走出国门，走向全球。

投资亮点

产能逐步扩张，销售量稳步上升；
公司走高端路线，推出年份酒，提升盈利空间；
未来三年，净利润保持30%以上的增长；
库存酒面临价值重估，提升净资产值；
股改进一步提升公司投资价值。

贵州茅台 2005 年年度股东大会调研纪要

调研背景

时间：2006 年 5 月 11 日（星期四）
地点：贵州省仁怀市茅台镇贵州茅台股份有限公司会议室
管理层：袁董事长（简称袁）、乔总经理（简称乔）、吕仁怀副总经理、谭定华财务总监（简称谭）、樊宁屏董事会秘书
会议主题：讨论 2005 年公司经营情况，以及公司的利润分配方案

调研关注点

1. 分红率偏低的原因；
2. 为何不通过配股或者增发进行再融资；
3. 系列酒中如迎宾酒、王子酒的经营模式；
4. 与五粮液营销模式的不同之处；
5. 直销酒店的销售模式及战略考虑；
6. 茅台酒价格比五粮液酒市场价格低的历史渊源及涨价趋势；
7. 茅台定位到底是奢侈品还是快速消费品；
8. 茅台酒的香型分类及销售策略；
9. 如何处理和渠道商如麦德龙的利益之争；
10. 和法国干邑世家的合作进展及战略考虑；
11. 对专卖店的选址定位考虑。

管理层和股东交流纪要

问：公司的管理层激励何时实施？

袁：管理层激励需要先通过股改。股改完成以后，由贵州省国资委决定，之后再实施。至于如何实施激励由国资委决定。

问：公司的分红率只有30%，远远低于老窖的70%，全兴的90%，公司是如何考虑的？

乔：我们承诺每年的分红率不低于30%。我们目前1000吨的生产能力需要4亿元的投资，自从上市以来，我们一直是坚持每年1000吨的产能扩张，而市场的需求在不断加大，每年1000吨的产能扩张已经远远不能满足市场的需求。

我们从2006年开始计划扩增产能2000吨，需要投资大概要八九个亿，而生产销售周期是5年。我们必须保证质量，所以每年的投资规模比较大，计划以后每年增加2000吨的投资规模。

我们的投资基本上都是自有资金，没有再从市场上筹集资金，分红率也一直保持稳定。现在茅台处于快速发展期，而其他酒厂都有闲置产能，比如五粮液就有30%的闲置资产，他们没有发展，自然会有较高的分红。而我们每年要新增八九个亿的投资，所以我们的分红要兼顾发展的需要。2006年新增的800多吨销量，是远远不能满足市场需求的。

袁：我补充一点。我们是在坚持保证质量的前提下去销售，不挖老窖，不用新酒。我们不能因为市场需求旺盛就不考虑质量。我们必须保证质量，充分考虑市场的需求，将在2006年至2011年加快生产步伐。

问：对于公司不断扩张的产能，是否能够考虑以配股或者增发的方式进行？

乔：再融资的考核标准之一是公司的银行贷款要达到一定的额度，我们基本上没有银行借款，所以不能再融资。

问：能否对公司系列酒中，比如迎宾酒、王子酒的经营模式介绍一下？

乔：大家谈的系列酒主要是我们在2002年收购了距离我们50千米远的习酒。当时收购的时候，它就有5000吨的生产能力。系列酒的储存时间比较短，我们认为其发展是有空间的。

有点需要说明，我们发展系列酒并不是需要重新定位，而是考虑到我们的发展，迎宾酒、王子酒保持了 30% — 40% 的增长。

如果以单品来衡量，我们的高度茅台酒市场份额已经达到了第一，超过了五粮液，而单品不管是销售量还是销售收入都超过了五粮液。

我们两个公司的差距就在于系列酒。茅台 2005 年总共销售 15000 多吨，而五粮液达到 23 万吨。五粮液的系列酒多而杂，既有经销商又有自有品牌，我们发展系列酒只准备发展 6 个系列，而且都是不带"茅台"字样的酒。

2005 年开发了 1 个，2006 年还准备开发 2 个，而不会走五粮液的老路。我们就 6 个品牌，实行个性化营销。

不过，大家要注意，系列酒毕竟不是茅台，它没有茅台的文化底蕴，没有茅台的忠实消费群，消费市场需要培育、需要营销，而且新创的品牌需要时间培育，盈利需要时间。比如我们 2005 年借着神舟六号发射成功而控股 50% 的"神州"酒，经营就不太好。我们也尝试学习五粮液采购品牌买断的方式。

不过，我们就这 6 个品牌，而我国的白酒区域性还是比较强的。现在发展这 6 个品牌，就是充分考虑了各个地方的消费特性，而进行有针对性的、区域性的开发。

问：公司直销酒店的销售模式是怎样的？

乔：未来的消费市场还是集中于大超市、大卖场。我们考虑建立茅台专柜，这样对于我们的形象宣传比较有利，同时也有利于系列酒的销售。

对于直销酒店，我们考虑由经销商去做，经营的主体就是经销商。为了保证渠道来源，我们对于经销商的酒店销售还是要监管的。

目前做酒店不太容易赚钱，不过毕竟酒店又是消费的主要场地，酒店的主要麻烦是拖单、跑单、进场费，等等，另外还有酒店的提成。比如在浙江的一些酒店，他们承诺年销售 300 万，但是酒店要提成 12%。

我们茅台酒的价格透明度高，经销商的利润空间比较小，公司正在考虑经销商的利益，打算给予适当优惠。我们这样做是想通过终端的销售起到示范性的作用。进酒店和卖场，茅台和五粮液是不需要缴纳进场费的。

问：公司的价格消费体系是如何考虑的？为什么不能超过五粮液的价格？

乔：我们的市场化经营启动比五粮液晚，另外，假冒伪劣、香型障碍等，都对我们的价格产生了一定的影响。

不过，市场的价格是由供求关系决定的，原来的终端销售价格和五粮液相差80元。但是，2006年提价后，现在3个城市的终端销售价格比五粮液高，其余的相差也就只有10元左右。

我们相信，到2006年春节，茅台在我国70%的城市销售终端的价格将会超过五粮液。

对于目前五粮液低价酒的提价行为，我们不知道是好还是坏，还需要观察。就拿五粮液的低价酒尖庄来说，现在卖3.5元，提价后5元，而低端消费者非常在意价格。尖庄提价后，消费者会算账，5元买尖庄还不如再加1元或者2元买皖酒王等地方品牌的酒。

问：公司的法定公益金不再计提，如何处理以前的公益金？

谭：我们的法定公益金只有5000多万元，都将转到盈余公积金。

问：茅台酒的最终定位是奢侈品还是快速消费品？

乔：我们茅台走的是高端化的路线，陈年酒系列的推出，确立了我们第一高价酒的地位。当前，市场的需求和供给已经严重失衡，现在严重供不应求，我们认为这对于提升茅台的形象起到了较好的作用。

对于价格的提升，我们认为提升价格是要讲科学方法的。五粮液2003年提价失误给我们提供了较好样本。提价的效果是好还是坏，需要市场检验，提价必须考虑经销商的利益，必须要经销商赚钱，还必须要得到消费者的认可和适应。比如我们春节后提价，等到明年春节时，消费者经过一年的适应也就接受了我们的涨价。我们也不能因为供求失衡，而进行不顾消费者感情的提价。

袁：我们的年份酒现在被市场炒作得比较厉害。有些地方把20世纪80年产的茅台酒，从我们的出厂价28000元/瓶炒到了40000元/瓶，15年的茅台酒，从900多元/瓶炒到1500元/瓶。

问：公司酒的香型是如何划分的？

袁：我们股份公司是以销售酱香型为主，集团还有红酒、啤酒、浓香型酒系列。至于大家提到的销售价格，我们从1997年开始降低销售价格，销售价格由198元降到了168元，从那以后，我们的销售价格一直低于五粮液。

我们的销售策略主要体现诚信经营，要让消费者觉得消费茅台酒物有所值。

现在全国有4万多家酒厂，2005年销量达到320万吨，而销售主要向名牌酒集中。有一些企业的酒的销售价格虽然提了，但过不了两年就又下来了，而茅台的价格从1997年以后稳步上涨。

实践是检验真理的标准，实践是检验酒的价格的标准，不用两年，茅台酒的价格一定会稳步上升。我们的销售坚持"健康、绿色食品、有机食品"。

问：能否给年份酒进行定位？年份酒的销量如何？

乔：我们计划2010年产能达到2万吨，销量达到1万吨—1.2万吨。年份酒的出厂，需要根据老酒的量决定，根据可持续发展、科学发展、长期发展的原则。

为了长远利益，公司会统筹考虑，在确保质量的前提下销售年份酒。我们不会因为市场需求旺盛而不顾质量进行销售。

问：公司和麦德龙的销售纠纷如何处理？（指麦德龙被"停售"茅台酒事件。2005年国庆节以后，在麦德龙超市的促销商品中，茅台酒的售价为285元，甚至还出现了276元的超低价。而按当时的市场价，53度500ml茅台酒的价格一般是328元或338元。有经销商坦言，麦德龙的茅台酒促销价格已接近出厂价。这样的价格不仅破坏了茅台的高端形象，还打乱了一些区域市场的整体价格体系，引起了很多经销商和销售人员的不满。基于以上种种原因，2005年年底，茅台酒厂做出了对麦德龙断货的决定，禁止自己的经销商向麦德龙供货。市场需求与产能"瓶颈"之间的矛盾被激化——编者注）公司以后如何处理和渠道商的利益之争？

乔：商场和超市是将来销售终端的主导力量，而商场、超市为了利益竞争的手段有很多种，其中，价格战往往是最主要的竞争武器之一，名牌产品又是他们打价格战的首选。

麦德龙的销售模式采用一个单品一个价格的销售模式，而采购又是统一一家采购。他们的主要采购渠道来自我们在山东和上海的经销商，而我国各地的茅台酒的销售价格在不同地方的销售价格不同，麦德龙的销售价格是全国一个价，所以，它的销售在价格低的地方就没有竞争力。

它采取低成本的销售对公司的产品形象有一定的负面影响，不过影响不大，主要是因为它采取会员制的方式进行销售。另外2005年只卖了100多吨。

当我们得知这个消息之后，就通知我们的经销商断了麦德龙的货，让它重新坐到谈判桌上。

2006年，家乐福已经和我们签约，麦德龙也将和我们签，这对于我们系列酒的销售较为有利，也维护了我们的销售体系。

问：大卖场对经销商的冲击？

乔：卖场都是由经销商供货，公司统一管理。

问：公司和干邑世家的合作进展如何？（2005年12月，贵州茅台由具有142年历史的法国干邑世家卡慕集团"引荐"到全球20多个国家的免税店，一时间引来无数关注与喝彩——编者注）

乔：卡慕集团刚刚又来了茅台，他们选定了"茅台、古越龙山、中华XO"作为"中华国酒"的品牌推动，进入全球系统的免税店。但是免税店的经营费用较高，另外还有较高提成，比如香港机场的免税店要求我们将销售收入40%的差价归机场所有，这对我们不利。我们2005年没有进入香港机场，2006年初步决定把年份酒推向香港机场。

我们2005年已经合作了22个免税店，主要走大的、效益好的免税店，他们专门给我们做了一个专柜。卡慕的销售非常有优势，他们做到了全球免税店的唯一供应商、小批量的特质，不具备复制性，这制造了一个新的商业理念，对于我们的形象宣传有较好帮助。

昨天（2006年5月10日）有人来谈，准备配合CCTV的纪录片《玄奘之路》，贵州茅台作为全程赞助商，把"中华国酒"作为主要宣传对象。

问：公司专卖店的选择能否有相应的定位？

乔：我们专卖店的选择对经销商一般都有要求的，一般是100万人的城市建一个，对于店面的位置我们会考核的。公司自己做的专卖店由于房租、水电、成本等考虑，可能会降低一些环境要求。

另外，我们600多个专卖店的地址有好有坏，比如昆明和新加坡的专卖店就在比较高档的商业区。对于地址的选择，我们以后会进一步考虑环境、消费人群等要素。

调研感想

茅台高度酒2006年预计销售7500吨左右，2006年的净利润同比增长35%以上，每股收益3.2元（除权后1.6元）应该有保障（2006年年报显示，贵州茅台2006年净利润增长34.47%，每股收益达1.5937元——编者注）。预计2007年将继续保持30%以上的增长。

贵州茅台经营情况调研纪要

调研背景

时间：2006年11月21日（星期二）
地点：北京

调研感想

我们对贵州茅台近期的经营情况做了调研，和公司管理层进行沟通交流，了解到茅台近期销售旺盛，公司自身的供应跟不上，造成了公司预收账款大幅度增加。

公司销售旺盛，目前申请成为公司经销商的中间商较多，公司对于经销商的审批门槛大幅度提高。

公司产品的供不应求，主要是公司坚持不挖老窖、不卖新酒，目前公司只剩下 1000 多吨酒可以卖，年份酒基本上没有货，需求非常之大，导致零售市场的价格节节攀升，53 度酒售价已经上涨至 378—388 元（中小客户批发价），年份酒的价格上涨幅度更大。

公司目前的股权激励方案还不太可能出台，国资委和企业之间的矛盾，导致股权激励方案出台的阻力较大。目前公司 2007 年的销售量已完成。

贵州茅台 2006 年年度股东大会调研纪要

调研背景

时间：2007 年 5 月 31 日（星期四）
地点：贵州茅台股份有限公司
管理层：袁董事长（简称袁）、季克良集团董事长（简称季）、谭定华财务总监、樊宁屏董事会秘书（简称樊）
会议议题：主要讨论 2006 年公司经营情况以及利润分配事宜

调研关注点

1. 提高市场占有率的战略考虑；
2. 账上 44 亿多元现金的使用方向和十几亿未分配利润的财务安排；
3. 茅台酒的定价和提价策略；
4. 茅台酒的世界营销策略及相关事件营销；
5. 高端白酒的竞争战略及 2010 年的产能和销售额目标；

> 6. 茅台酒批发价和零售价差异大的主要原因，以及对经销商的选择标准和利益维护；
> 7. 何谓茅台文化酒；
> 8. 新的酿酒基地的选择，以及公司对是否找到新基地的答复。

管理层和股东交流纪要

问：公司如何提高市场占有率？

袁：我们从1999年就开始提出工程营销，把酱香型当作一项系统工程。1999年时，全国的白酒销量330万吨，当时我们占的比例很小，现在我们酱香型的比例在逐步提高。

白酒分为酱香型、浓香型、清香型、兼香型，这些酒种里面，酱香型的工艺最复杂。

五粮液的营销能否成功还需要观察，它的工艺比较简单。四川除了郎酒外，都是浓香型的酒。浓香型酒的香型不到500种，而酱香型酒的香型达到1200多种。这几年考虑到不同层次的消费需求，我们推出了茅台王子酒、迎宾酒，2007年以来王子酒、迎宾酒供不应求。

问：公司目前是否考虑收购酱香型的酒厂，比如郎酒？

袁：我们的收购只能在贵州省内收购，已经收购了贵州的习酒。如果我们要跨省去收购，那是需要贵州省委、省政府批准的。

问：公司茅台酒的定价和提价策略是什么？

袁：我们从1999年开始提价，到2007年2月给经销商的合同价已经达到358元。

我们的定价原则，主要是根据理论和实际的情况综合而定。

原则1：用市场来调整资源。我们的生产工艺特殊，导致产品供不应求，只能采取提价的措施。

原则2：有利于给股东最大回报。

原则3：产品的价格和品牌的价值相匹配。茅台是国酒，是有机食品，是世界上最好的酒之一，自然它的价格也要上去。

原则4：提价要考虑市场和经销商的利益。我们提价前都会征求市场和经销商的意见。

原则5：有利于回报社会的原则。我们要承担社会责任，不但要给股东回报，还要给社会回馈。我们的销售收入增加了，国家的税收也就增加了。

原则6：公司生产成本的不断上涨。我们所需要的原料是当地的红高粱，由于土地资源稀缺，加上周围的小酒厂和我们抢原料，因此，我们的收购价格每年都要上涨。我们一定要让农民觉得种高粱比种大米划算，目前他们卖一斤高粱可以买一斤多大米。

问：公司如何考虑酱香型的普及教育？

袁：我们还是坚持低成本扩张的路线，而且已经开始。我们收购了贵州的习酒。

问：公司的销售策略中有世界营销，公司是如何做的？

袁：世界营销，主要是利用国内外大市场进行营销。

1997年，我们利用香港回归，生产了回归纪念酒，我们在每年的五一、十一、春节等大型节假日都会去促销。

2007年，季总和我去参加博鳌论坛，我们就生产了一批博鳌专用酒，大会的专用酒都是我们的茅台酒。

我们通过大事件进行营销，比如，2007年建军80周年，我们会利用这个机会再营销。

问：公司在高端白酒的竞争策略是什么？

袁：2006年中国的白酒大企业的销量为390万吨，200元以上的高端白酒只有5万吨左右。我们的口号是"酿造高品位的生活"，2010年要达到2万吨产能，销售额达到100亿元。

这些年我们在不断地稳步提高产能，从500吨到1000吨再到2000吨的扩产，我们的目的就是要稳居高端白酒市场的市场占有率。

问：公司对文化酒是如何理解的？

袁：我们从1999年开始提出茅台文化酒，我写了一篇《迎接文化酒的春天》，当时，没有相关的资料可以查询。我们给它下了个定义，文化酒就是中国文明的浓缩，是对中华民族历史、政治、经济的综合反映，白酒承载着中华民族的发展印记，茅台酒又是特殊的白酒，是民族的象征。它历史悠久，工艺特殊，在中国的历史上，对政治、经济做出了重要的贡献，茅台酒又是绿色食品。

现在全国形成了文化酒风，这是好事情。我觉得要让大家喝白酒，首先得从思想入手。很多白领吃西餐，不就是接受了西方的文化吗？文化影响习惯，是人类文明的结晶。

问：公司发现了新的酿酒区吗？

袁：这是我们季总经过深思熟虑、长期考察发现的。

樊：这个酿酒区是公司战略规划的一部分，我们一直推行新万吨工程，往赤水河上游发展。

季：既然不违反信息披露规则，我就告诉大家吧。我们2003年实现了万吨产能，当时就在考虑公司的可持续发展，考虑公司的发展规划、土地储备，公司必须要发展。

2003年底全国经济工作会议之后，董事会就提出新万吨工程和100亿元销售计划。这够我们发展7—10年了，但这以后的发展呢？那就必须有新的酿酒基地。

茅台酒是不能离开茅台镇生产的，我对茅台镇并不熟悉，花了很长时间。当时谭总监就陪着我到处找。

1983年，我当厂长时的搭档——已经退休了的老书记，他给我建议了一个地方，我们去看了后确实比较好。接下来，我们要考察是否具备生产茅台酒的各种条件：朱砂土、赤水河、海拔高度等都达标。

那个地方离这里只有二三千米远——我们现在扩产已经要往上游延伸3千米了。那里的植被和这里也很相似，气候条件都一样，现在只是缺少我们几十年、几百年培养的微生物，但对这些微生物的培养我们很有经验。

综合考虑，我们觉得新的酿酒区生产出来的茅台酒和现在的酒不会有差别。从长远来看，我们是找到了新的可以生产茅台酒的产地。

我觉得也应该告诉大家。

调研感想

茅台是非常透明化的企业，公司的运作非常规范。公司新的2万吨产能的确定，可以保证公司的销量达到4万吨。而销量达到4万吨要到2025年。也就是说，从保守的角度来看，茅台销量高速扩张还有20年时间。

公司产品的定位是高端市场。高端白酒的价格会随着通货膨胀的上升而上涨。茅台在过去8年的时间里，价格基本上是7.5%的复合增长。茅台酒的严重供不应求，决定了2007年、2008年将继续高速增长。

预计2007年、2008年将保持40%以上的复合增长。未来20年保持20%的复合增长是没有问题的。

目前公司的人事危机已经过去，投资公司的时机又来临了（作者写下本文的2007年6月1日，贵州茅台股价收于110.44元，10月24日创下199.00元历史高点后，随大盘进入调整，但走势明显强于大盘，在2008年1月15日，又创下230.55元历史新高。之后，贵州茅台的股价长期盘踞在"A股最贵"的宝座上，从百元股"股王"到千元股"股王"。虽然也有过一些比较大的回调，如2009年5月股价一度跌到75元，但整体保持着上涨趋势。至2021年2月18日，创下历史高位2608.59元，总市值达3.3万亿元——编者注）。

投资是一项系统化的工程，100元左右的茅台是值得投资的

分析研判

发表时间：2007年6月24日
发表媒体：榕树投资内部月刊十四期
发表作者：翟敬勇

巴菲特语录一：如何成为一个优秀投资者

读一切你能拿到的东西，使你对投资对象能有全方位的思考、不同的观点。重要的是，要想什么是超越时间而有意义、有价值的东西。当你考虑要不要买一只股票时，你要想你是否会买它整个企业，你为什么会买它整个企业，而不仅仅是它一部分股票。这个问题会帮助你更好地理解股权投资中的风险与机会。

巴菲特语录二：理解你所考虑投资的产业（企业）是降低风险最好的方式

（以上两段投资语录，是根据2007年5月5日巴菲特在伯克希尔·哈撒韦公司股东大会上的发言整理——编者注）

看到媒体披露2007年5月5日伯克希尔股东大会上巴菲特的经典语句，我忍不住借用了。其实，这些话在巴菲特每年的年报里都有提到，这些就是投资的精髓。以后我们可能很少向外披露我们具体投资的品种，但是，我们认为，投资的思路和方法是可以和大家共享的。

投资首先就是要学习，"读一切你能拿到的东西"

社会是个大学堂，要想提高自己的投资眼界，在中国，我的理解就是要多跑上市公司。

有很多人跟我说："你跑上市公司有啥用？人家巴菲特从来不去上市公司。"

我的理解是，巴菲特他老人家已经跑过很多上市公司了，接触了无数的管理层，他的阅历和知识以及现在的声誉和地位已经不需要去上市公司。

另外，在美国的违法成本非常高，企业不会轻易违法，美国大部分企业的年报是值得信赖的。

我们国家处于高速发展中，很多制度都在变革中；企业也处于发展期，不稳定，必须要盯紧。我们唯一可以做的，就是相信我们自己的眼睛。

再者，我们自己的生活阅历和知识有限，必须不断地跑，不断地把各种知识装入大脑，跑上市公司参加股东大会是最快的学习途径。

在中国目前的环境下，单凭书面资料判断一个企业，失误的概率较高。所以，我们必须坚持跑上市公司，全国各地跑，下一步还要准备全世界跑。

要在生活中学习

中国疆域辽阔，各个地方的生活习惯是不一样的，长期在一个地方就很容易对某些事情产生偏见。

我们最初开始投资白酒企业的时候，就有个上海的朋友跟我说，白酒的消费量是下降的，行业在萎缩，不能买白酒股。

事实是什么呢？除了上海、江浙、广东以外，中国的白酒文化和白酒市场非常大，越是往北走，你越是能感受到中国的白酒文化之盛行（我已经跑遍了中国三分之二的地方）。如果我不去各地跑跑，不去感受一下，是不会有这样的体会的。

对于白酒企业的选择，很多朋友问我们为什么只选择了茅台一家。茅台的质量和盈利模式是其他企业所不能比拟的，短期看不出差距，10年后，我想茅台的优势将会非常明显地体现出来，目前茅台酒的严重供不应求已经说明一切了。这些判断其实很多都基于我们普通的日常生活。

时间是最好的称重器

投资时考虑的时间周期不一样，考虑的因素就不一样。时间是最好的称重器，投资的企业能否经得起时间的考验，取决于你投资之前考虑的因素是否全面。

投资之前，要考虑你投资的企业所属行业的时间周期。随着科技的发展，行业周期变得越来越短，如何避免行业的周期对于企业产生的冲击是比较关键的。

投资最后还要考虑投资的资产以及企业生产的产品能否抵御通货

膨胀。目前来看，我们认为地产可以抵御通货膨胀，虚拟有价证券可以超越通货膨胀。

生产奢侈品的行业、金融、公用事业、食品饮料、地产等行业的企业的产品价格具有弹性，这些企业有着共同的优势特征：低成本高毛利、产品价格可以随着通货膨胀而上涨。

我们在2004年投资过汽车股，之后慢慢思考，最后明白过来，这个行业不能投，所以亏钱撤出来了。3年后，再回过头来看，我还是比较庆幸我们撤出得比较及时。

2004年我们投资的贵州茅台，3年后就已经证明我们当初的决定是正确的。

如果把时间压缩，就会发现10年、20年后的今天，我们考虑的投资其实就是为了抵御通货膨胀或者超越通货膨胀。从这个角度来分析，就可以淘汰很多行业和企业。

许多行业的周期在互联网的推动下变得更短了，互联网催生了更多新型行业，也加速了许多行业的消亡。我们要尽可能地选择能够生存50年至100年以上的行业。

为什么会有这样的考虑？主要是企业的发展需要时间、对于企业的认识需要时间。只有足够的时间，才能让企业的优势体现出来。

当优秀的企业建立起完整的制约体系，管理层的更迭就不会对企业的发展产生致命的打击。

买整个企业，而不仅是一部分股票

"当你考虑要不要买一只股票时，你要想你是否会买它整个企业，你为什么会买它整个企业，而不仅仅是它一部分股票。"这是投资估值中最重要的一个环节之一。

首先，我们要看这个企业值多少钱，你看好它，是否愿意出这个价钱购买（市值＝市价＊总股份）。

比如，2004年我们对茅台估值的时候，认为它值75元/股，而当时的股价只有30元左右，所以，我们丝毫没有犹豫就买入了。

2007年我们还在买，很多人问原因。我们不妨简单算笔账，目前茅台市值在1000亿元左右，扣除存货价值还剩550亿元左右（5年内把6万吨全部卖完），以目前茅台的产能，10年后就可以把本金全部收回。也就是说，15年后就可以把投入的1000亿元收回本金。

茅台生产工艺的特殊性决定了没有竞争对手能打垮它，百年的品牌使茅台的商誉价值得到非常好的体现，从某种意义上讲，是没有办法估价的（每年的估价都不会一样）。

估值的第二步，就是计算投资回报率。很多人喜欢用贴现的方法来计算，我个人理解那些都是精确的错误。

企业是在动态发展的，不能用静态的数据来测算。我们喜欢用成长性来测算（不同的行业的算法不一样，有些行业是不能用成长性来算的）。

茅台的确定性最高，计算也比较简单。我们预计茅台未来20年的净利润保持20%的复合增长是不用担心的。以2006年净利润计算，到2025年，茅台的净利润接近600亿元（每股收益64元左右）。

假设2025年茅台不增长了，按照高现金流企业的价值评估，我们只给出10倍的市盈率，那么，茅台的价格到600元也是比较合理的。

另外，我们还没有计算每年茅台的现金分红，对于我们成本降低的速度也有影响（每年的分红不一样，没有办法计算）。

从价值和成长性综合考虑，我们认为，100元左右的茅台的价格还是比较便宜的，还是值得投资的。

降低风险最好的方式

"理解你所考虑投资的产业（企业），是降低风险最好的方式。"对于这句投资格言，我们的理解就是投资股票要像自己投资实业一样。也就是说，要想着自己就是这个企业的老板，我们要投资的企业应该是低成本高毛利，产品的价格具有弹性空间，企业的盈利能够持续得到保证，企业的竞争优势会随着时间的延续而不断加强。

作为一个优秀的企业家，一定是在企业顺风顺水的时候，考虑陷入低谷时能否抵御风险，投资具有上述特征的企业，将能从大的方面化解我们投资的风险。

从产业的发展角度来讲，有些刚性成本较高的行业是政府必须发展的，这些产业可以解决政府的税收、人民的就业，等等。但是，对于我们投资人来讲，是不能够投资的。

那些行业有政府的财政资金、社保基金、公众基金投资，他们对于盈利的要求较低，比较适合投资那些回报率较低、刚性成本较高的行业。

投资还必须考虑经济周期的变化以及政治风险。

经济的发展有周期性变化的规律，衰退—复苏—繁荣—崩溃的经济周期的变化，不是以某些利益集团的意志为转移的，而是市场竞争的必然结果，是自然界发展的必然规律。

中国经济在发展过程中也一定会出现下行情况，什么时候出现下行情况我们不知道。应付下行情况的最好办法，就是选择那些在经济下行情况中不倒闭的企业。

当真正的下行情况来临之时，没有谁能够保证企业屹立不倒。唯一的办法就是自己要提前做好准备，选择那些能够经得起风雨考验的企业。

比如，我们对于投资茅台的风险，主要就是担心万一茅台被炸了，这个企业不复存在了。

至于酒卖不动的风险怎么考虑？我们的理解就是，大不了都库存起来，员工放假，企业有能够支撑3—5年的费用足以应对经济下行情况；只要茅台酒的质量不出问题，企业是不会倒闭的。

目前中国经济正处于资本市场大发展的时代，是财富快速聚集的时代，也是财富两极分化加速的时代，政治体制改革也在深化之中，而财富的汇聚将给中国带来一些意想不到的变化。

但是作为长期的一项事业，必须要考虑这些风险。从某种意义上来讲，要尽可能地回避一些容易引起政治风险、带来灭顶之灾的行业和企业。

投资一定是专业投资人士的竞技游戏

我们判断,未来 10 年后,中国的资本市场将真正成为中国经济的晴雨表。

目前的资本市场还不能有效地反映中国的经济发展,在目前成长的 10 年中,中国资本市场的风险和机遇是对等的。

投资绝对不是随便一买一卖这么简单,而是一项系统化的工程,也一定是专业投资人士的竞技游戏。

要想在未来的资本市场上获取收益最好的途径,要么把资产交给真正的专业人士打理,要么自己变成真正的专业人士。

对于中国的资本市场,我们既不能太乐观,也不能太悲观。发展中的资本市场就是高成长伴随着高风险,前景光明,道路坎坷。

贵州茅台 2019 年股东大会调研纪要

调研背景

时间:2020 年 6 月 10 日下午
地点:贵州省仁怀市茅台镇茅台国际大酒店
管理层:董事长高卫东等

调研关注点

公司的股东文化。

管理层与股东的交流

由于突如其来的新冠疫情原因,本次股东大会的安排和往年有些不同。

问：很多小股东不是冲着两瓶酒来的。我们作为小股东，作为消费者，我们希望能欢天喜地地回家。在股东文化上，请问高总，如何让我们小股东有回家的感觉？

高：对于股东文化，从理性角度讲，股东是投资人，但我们一直认为，支持茅台、关心茅台的股东就是自己人。所以，大家的目标应该是一致的。但由于今年内外形势的挑战，在股东文化上，茅台肯定有需要完善的地方。

调研感想

本来按照以往股东会的常规，中小股东在这时候可以和董事会以及管理层进行一定时间的沟通交流，抒发情感或者对经营问题提出疑问。

但是，今年的股东会确实不同寻常，整个会议只有我代表榕树投资获得全场唯一的提问机会。

图 6.3　股东代表翟敬勇在茅台股东大会上提问

我希望高总能够不要着急离场，可以和小股东们在一起有一定的交流。但今年可能因为高总刚接任，交流时间有些短，也有些不同寻常。

虽然我的发言获得了不少在场中小股东的支持，但是这次股东会的沟通交流时间非常短暂。

贵州茅台 2020 年股东大会调研纪要

调研背景

时间：2021 年 6 月 9 日下午

地点：贵州省仁怀市茅台镇茅台国际大酒店

管理层：董事长高卫东（简称高）等高管

调研关注点

1. "十四五"期间的产能扩建；
2. 账上现金的高效利用；
3. 系列酒的发展思路。

管理层与股东的交流

高卫东董事长先发言：

自己是 2020 年 3 月来茅台工作，经历了这不同寻常的一年，感慨很多。

第一，做到不平凡不容易。2020 年公司克服疫情冲击，在行业内率先复工复产，完成主要目标，主要指标稳固增长，生产质量稳中趋优，品牌影响力持续增强，连续 6 年蝉联烈酒第一品牌。

第二，责任重、使命大，茅台是飘香世界的名片。

第三，对未来充满期待，能够深切体会到股东对茅台的支持。

问："十四五"期间是否有产能扩建？

高：按照产能规划，预计今年茅台酒的产能可以达到5.53万吨。

"十四五"期间，茅台酒能否再进行增产扩能，要进行严苛、审慎、科学的论证和研究。

茅台是高度依赖酿造环境的企业，现阶段更应该考虑生态环境承载能力和资源匹配，否则，可能因为我们盲目的追求规模和数量，而失去了最为重要的品质要求。所以，我们现在正在委托国内最专业的机构，结合"十四五"规划，帮助我们进行全方位的研究和论证，对于论证后的结果我们会以适当的方式告诉大家。

问：公司账上现金很多，怎么考虑现金的高效利用？

高：上市以来公司持续采用现金分红方式，上市20年累计分红1214亿元，是募集资金的61倍，优于同行。

大量的货币资金是为了抵御风险，应对经济下行风险带来的不利影响。公司在资金运营方面，会把股东利益放在第一位，在确保安全的情况下，实现回报率的提升。

问：系列酒的发展思路？

高：系列酒是公司产品体系重要组成部分，"十三五"为培育酱香酒消费，公司提出"双轮驱动"战略，优化丰富产品体系，深入系列酒大单品。

目前王子酒销售超过40亿元，其他汉酱、赖茅、大曲等销售额稳定在10亿元，逐步形成了以茅台王子酒为核心的产品集群。

近年来公司有序推进酱香酒3万吨技改工作，2020年度新增系列酒设计产能4015吨，接下来按目标有序推进，分期分批投产。

2021年是"十四五"开局之年。今年的经营目标：一是营业总收入较上年度增长10.5%左右；二是完成基本建设投资68.21亿元。

董事会的主要工作很多。一是坚持"质量第一、效益优先"，把牢产品质量每一道关口。二是持续做好市场营销，持续强化经销商管理，维护茅台酒正常市场秩序。三是做优做强品牌文化，讲好"品牌故事"，不断提高产品竞争力和品牌影响力。四是大力夯实主业基础，稳步推进3万吨酱香系列酒技改及配套项目建设；建好管好茅台酒用高粱种植基地，加强茅台酒用小麦采购管理，确保原料供给和质量；开工建设"十三五"中华片区酒库续建工程等建设项目。

翟敬勇发言：目前包括我们股东在内的消费者是买不到每瓶1499元平价酒的，如果按照市场价买，得3000元/瓶。我们都知道茅台酒的出厂价是969元/瓶，这中间的利润被谁赚走了？

不过即使以1499元/瓶的价格计算，粗略估算，去年茅台公司的净利润应该在650亿元以上，但实际上去年茅台净利润仅为460亿元。

我们希望公司重视销售环节。茅台酒的质量管控肯定是没问题的，但现在市场上茅台酒一瓶难求，买不到酒。

图6.4　作为股东代表在茅台股东大会上提问

这种双轨制很容易滋生腐败。比如，在今天开会的茅台国际大酒店，股东这两天来参加股东会根本住不进去。我咨询了一下才了解到，原来在茅台大酒店住宿，一人可以获得以 1499 元的价格买到两瓶飞天茅台酒的资格，转手以市场价卖了，净赚一瓶酒的钱。这就吸引很多人专门来酒店做套利买卖。

我们看到，2020 年有的白酒公司的利润远远超过了茅台，但从茅台的真实销售来看，我相信茅台的销售增速是远在其他所有白酒之上的。在报表和实际情况不相符的情况下，我希望茅台管理层从国有股东和中小股东均衡利益的角度考虑，制定一个茅台平稳、高速发展的战略。

总的来说，目前这种销售价格体系，不管是什么原因造成的，确实造成了我们股东利益大量的流失，阻碍了公司平稳高速发展。希望公司能够重视。

调研感想

由于 2020 年年度股东大会上提供给中小股东沟通交流的时间很短，在各大财经媒体的纷纷关注之下，公司对于本次股东大会的准备工作看起来比去年要精细不少。

由于国内国外疫情的多次反复，有一些经常来参加茅台股东大会的朋友这一次没有来到现场，但是深圳和国内很多圈内投资界朋友依然不辞辛苦亲自来参加会议。

我在股东大会上提出的问题虽然没能得到管理层的当场回应，但还是希望能够行使中小股东的权利，引起公司管理层的重视，维护中小投资者权益。

图 6.5　历年荣获的私募基金业奖杯（3）

◎ 腾讯控股（00700）调研节选

图 6.6　调研腾讯的重要节点

2006 年腾讯实地调研纪要

调研背景

时间：2006 年 6 月 13 日（星期二）
地点：深圳飞亚达科技大厦腾讯五楼会议室
管理层：投资者关系处总经理陈慧芬（简称陈）

调研关注点

1. 客户的分类；
2. 公司的成本构成；

3. 消费群体的忠诚度；

4. 网络游戏的生命周期；

5. 被恶意收购的可能性。

与管理层交流内容

问：公司如何对不同年龄层的客户进行分类？

陈：公司的 QQ 用户群有 2.12 亿人，90% 是 30 岁以下的年轻人，其中 50% 是 16—20 岁的青少年。

我们的消费品主要面向青少年，主要是贴近用户群的电子宠物。后期我们会逐步把这些消费品转移到移动用户，不过先要在互联网上进行测试。

3G 出来后，我们肯定会转移到手机用户上。我们把自己定位于消费行业，只不过产品是虚拟的。

问：公司的成本主要来自哪里？人力资源成本占到多大的比例？

陈：公司的研发占 9.8%，营销费用占 12.4%，人力资源成本占营业收入的 18.5%。人力资源成本与研发、营销有一部分是重叠的。

问：公司的品牌延伸？

陈：公司的品牌授权一家公司在做。去年开始渗透到一些领域，主要是贴近于我们用户群的领域。

问：公司开发的电子宠物，用户是否必须通过 IM 进入？

陈：用户用宠物一定要用独立的 QQ 号码进入，这主要是为了方便用户。另外，人有沟通的需求，QQ 提供了一个现实和虚拟相结合的平台。

QQ 有人气，用户使用 QQ 有更多需求内容，于是我们开发出更多适合用户需求的内容。

问：消费群的消费忠诚度有多高？公司新增用户数占公司新增激活用户的 50%，是否意味着用户数量在下降？

陈：QQ的用户群中重复登记的较多。我们统计过，平均一个用户有1.5个QQ，重复的QQ让我们很难确定用户的变化。

问：网络游戏的生命周期较短，客户的流动性有多大？

陈：QQ幻想的人数快速下降是必然的。刚推出的时候，用户增长很快，最高有60万人同时在线。

游戏的用户分为三类：享受免费午餐的、专业玩家、没有玩过的。享受免费午餐的用户等我们开始收费的时候就走了；专业玩家进来发现不太好玩或者不值得付费，一旦收费也就走了很多；最后一类没有玩过的，一旦玩上瘾之后，就变成了我们的付费用户。所以，我们预计后期用户人数将减少一大半。

我们进入网游领域就是来学习的。大型网游开发到投入的周期需要18个月时间，我们今年不会有新的网游推出。

问：公司的收费渠道？

陈：公司的收费主要通过移动运营商。目前，我们和运营商是8.5∶1.5的分成比例。

对于运营商是否继续提高分成，只能由运营商决定，我们必须挂靠移动的平台；另外就是通过预付卡，通过银行。

现在银行的内部架构还没有完成，我们要和它们进行外网连接还需要时间。

我们的在线网民使用的是代币卡，QQ会员服务是通过移动收费的。

问：公司未来的发展重点？

陈：一方面是主营增值，另一方面要看市场的客观环境。

问：公司被收购的可能性？

陈：我们有员工持股计划，也有回购计划。另外，我们的公众持股量在26%—27%之间，被恶意收购的可能性不大。

调研感想

公司优势：利用互联网平台进行增值服务；利用QQ的用户群实现

品牌延伸。

公司劣势：公司的用户群主要集中在青少年身上，容易引起法律风险；客户群的稳定性差，忠诚度低；盈利模式还没有固定，还需要观察。

腾讯控股 2012 年度业绩电话会议调研纪要

调研背景

时间：2013 年 3 月 21 日
地点：电话会议
管理层：公司高管

调研关注点

1. 游戏业务营收动向；
2. 从 PC 向移动端转型期的业务变化；
3. 微信的商业化进程。

管理层与股东交流纪要

问：管理层能否谈谈 2013 年游戏业务营收的动向？比如《地下城与勇士》及《穿越火线》等大型游戏目前的发展趋势？今年有哪些游戏发布计划？用户向移动端的转移对你们的休闲游戏有何影响？

答：就我们所有的游戏而言，事实上，我们拥有非常好的游戏产品组合。从某种程度看，我们拥有十分强大的休闲游戏平台，其规模已扩大至网页游戏，并取得了不错的成绩。

在高级休闲游戏中，《英雄联盟》获得了巨大成功。在第一人称射击类游戏中,《穿越火线》也是其中佼佼者,该游戏的营收也在增加。而在大型多人在线游戏(MMOG)方面,《地下城与勇士》表现也十分强劲。

与此同时,我们自主研发的《御龙在天》及《轩辕传奇》等游戏,也是很好的补充,为营收做出了较大贡献。

因此,在游戏业务方面,特别是在电脑游戏领域,我们拥有很大优势,能够建立非常多元化的平台,将动漫游戏(ACG)、在线游戏(MMOG)、休闲游戏及网页游戏等类型全部融入其中。

对我们而言,未来重要的是继续把握新类型游戏,这也是我们积极与大型游戏开发商签约的原因所在。

在手机游戏方面,我认为,这个市场充满机遇。未来人人都将拥有智能手机,到时智能手机或将相当于游戏掌上机,这对我们而言,是个巨大的机会。

手机游戏市场发展的成熟还需要时间,因此,我们不仅要建立平台,还要开发游戏,并为游戏开发合作伙伴建立一个生态系统,无论是在开放平台或者代理经营,都能够与我们进行合作。这需要做很多工作,不过,我们认为,手机游戏市场是一个新机遇,而这个机遇应当好好把握。

问:能否谈谈各游戏部门的ARPU值(每用户平均收入)?(ARPU即Average Revenue Per User,指的是一个时期内运营企业平均每个用户贡献的业务收入,其单位为元/户。从计算的角度看,ARPU值的大小取决于两个因素,即业务收入和用户数量,业务收入越高,ARPU值越大。同时,ARPU值也反映企业的用户结构状况。当用户构成中高端客户占的比重越高,ARPU值就越高——编者注)。

答:MMOG游戏的ARPU值介于每季度120—175元,高级休闲游戏则介于每季度60—125元,QQ空间和QQ秀等会员服务的ARPU值约为每月10元。

问:腾讯的游戏业务增速有所减缓,在PC端使用方面有大量数据，而在过去几个季度，微信的表现十分强劲。管理层说到了从PC端向移动端的转型期，这是否说明，由于使用移动设备的时间更多，用户使用PC端应用程序的时间因此越来越短，这样的趋势是否向低利润率业务扩散？另外，网络游戏业务同比增长35%，明年（2014年）其增长率是否会超过35%？还是说会有所放缓致使利润率降低？

答：关于用户在PC和智能手机上的活动——其中一些用户活动是关于通讯和搜索等，我认为，随着用户在智能手机进行搜索和交流频率的增加，其中既有增量，也会有PC用户行为的转变。

在游戏业务方面，我们认为，增量相对较大。如果一名玩家喜欢上网与朋友一起上线玩射击类游戏，通常玩家会选择大屏幕、浸入式环境体验及强大的处理器。到目前为止，我们还没有看到第一人称射击游戏和《地下城与勇士》这类游戏在移动手机平台推出。

根据我们的游戏数据显示，《英雄联盟》的全球峰值用户数已有500万，就PC游戏而言，这一数字十分出众。

关于营收预期，通常我们不会提供游戏业务的营收增长预期。不过，我认为，你提到的游戏营收只涉及我们以桌面客户端游戏为主的游戏业务。

通过我们的社区和开放平台，我们是中国最大的网络游戏发行商。另外，我们还是中国营收份额最大的手机游戏发行商。所以，各游戏部门不同，桌面客户端游戏增长减缓但未停止，手机游戏和网页游戏的增量则有所扩大。

我还想强调，我们倾向于以长久的角度来看待我们的业务。

在目前阶段，货币化及支付方面仍存在障碍，平台也尚未构建，而移动平台热门游戏也没有踪迹。不过，我们认为这些都只是暂时的。即使在PC游戏市场，如果一段时间没有热门游戏出现，整个行业都会因此受到牵连。我们的工作是发掘出热门游戏，让用户享受到游戏乐趣，壮大整个行业的规模。

如果从娱乐行业整体来看，网络游戏仍是单位时间费用率最低的娱乐方式。我们对行业整体的发展持乐观态度。就短期而言，很多行业的增长取决于是否有大热产品出现。

问：微信平台若想实现商业化，还需要具备哪些条件？商业化进程是否会在今年启动？

答：我们并不急于进行商业化，而是希望继续增建微信平台，确保微信用户拥有卓越的通讯及社交体验。这也是我们的首要任务。

至于在商业化方面的一些测试，我们相信，只要拥有一个强大的微信平台，从长期来看，我们就能够实现商业化。这正是我们从 QQ 业务及在其他市场中取得成功的企业那里获得的经验。

我们仍将视用户体验为首要目标，如马化腾先前所说，我们正在为微信设计游戏平台，预计将在未来数月内进入测试。

至于我们进行全面商业化的时间，则取决于我们何时能够达到让用户满意的使用体验，因此，这还需要时间。

腾讯控股微信用户破 2 亿的投资价值分析

分析研判

发表时间：2012 年 9 月
发表媒体：榕树投资内刊第 77 期

微信用户破 2 亿，移动互联网分量最重的门票

微信推出仅 14 个月，到今年（2012 年）3 月份注册用户达 1 亿户，仅过 6 个月，用户数已经突破 2 亿，接近 1/4 的 QQ 用户。

我们认为，微信的出现形成了一种新的业态，它做到了 QQ 未曾做到的事情：

1. 借助 Appstore（iOS、Android、Symbian、WP 等）实现了国际化；

2.整合了手机通讯录，并反向整合了QQ，相当于将高中低用户一网打尽，而且都是真实的关系链；

3.微信信息的曝光率达100%，用户已经是24小时在线；

4.手机的移动性打通了线上线下的隔阂，基于位置信息的服务呈现快速增长。

也就是说，腾讯借助微信走向了国际化，并且具有真实的关系链、曝光率高、随时随地的特性。随着微信开放平台的引入，基于微信衍生出的周边产品将会充实整个微信的生态链。可以说，腾讯拿到了移动互联网分量最重的门票。

突破支付"瓶颈"，全面绑定财付通

拿到门票之后，怎么收钱、能收到多少钱将是我们重点关注的问题。从最直接的路径看，微信与财付通未来将呈现深度整合的状态，二者的结合既解决了困扰移动互联网的支付难题，也让财付通借助微信的力量在移动支付端找到了突破口。

从合作方式上看，目前微信已经整合了"摇一摇""二维码""微生活会员卡"等基础工具，完全有可能衍生出基于以上工具的购买或者支付模式，譬如"摇一摇"转账付款、"二维码"扫描购买等等。

支付"瓶颈"的突破，对于微信的生态链将注入持续的动力。

提升目标价至300港元，重申买入评级

我们仍旧维持早先的判断，腾讯仍然是我们互联网行业的首选公司之一，腾讯的互联网平台以及移动互联网平台仍旧具备极强的可扩展性。

我们略微提升公司的目标价至300港元，相当于2012年和2013年的33.1倍和25.5倍的P/E，重申买入评级。

腾讯的三大疑问与思考（节选）

分析研判

发表时间：2018 年 8 月 6 日

发表媒体：榕树投资内刊第 148 期

发表人：李仕鲜

游戏业务能否持续支撑腾讯的庞大体量？

3 年前，游戏业务和社交网络广告业务是腾讯的两大支柱，时至今日依然为腾讯贡献了主要收入。

在 PC 端游戏时代，腾讯有《地下城与勇士》《穿越火线》《英雄联盟》三张王牌，游戏收入保持着高增速，游戏收入占总收入的比重最高点时达到了 60% 以上。

2014—2015 年后，随着移动互联网的兴起，PC 端游戏开始往移

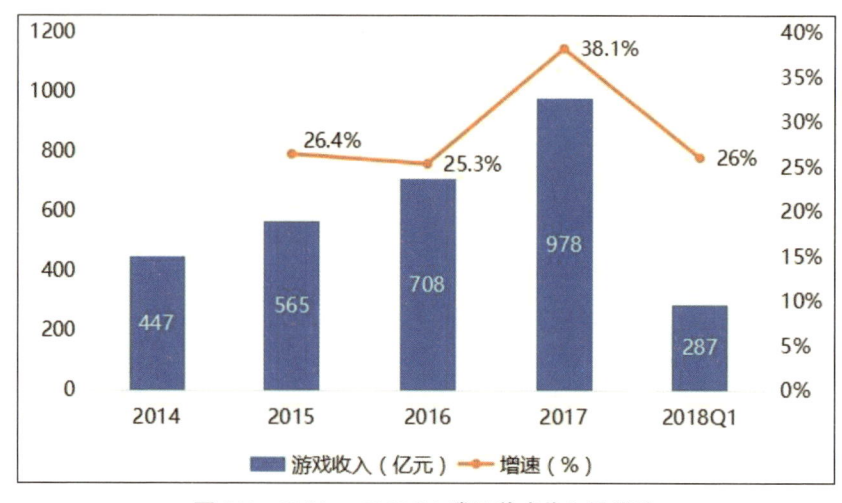

图 6.7　2014—2018Q1 腾讯游戏收入及增速

动端迁移，这个时期腾讯将自己的 PC 端游戏改成移动端，但效果不是很好，游戏收入年均增速维持在 25% 左右。

直至 2017 年，腾讯旗下的《王者荣耀》手游爆发，全年霸占下载榜榜首位置，月流水达到 30 亿元，成为全球历史上最赚钱的游戏。

当年腾讯游戏收入实现 978 亿元，同比增速提升至 38.1%。进入 2018 年，随着《王者荣耀》的降温，游戏收入增速开始放缓。

在腾讯的收入结构中，游戏的收入比重逐年降低，2018 年第一季度，公司游戏收入占比降至历史新低的 39.1%。不过，腾讯现在可以逐渐扔掉游戏这只暴利拐杖，并仍然能保持优异的业绩增速。

腾讯在游戏领域已经牢牢占据霸主的地位，腾讯和网易两家游戏巨头的市占率在 2018 年第一季度达到惊人的 90%。在《王者荣耀》逐渐降温的情况下，"吃鸡类"游戏接踵而来，未来腾讯将继续引领游戏市场的方向。

投资者曾担心腾讯短期内游戏业务可能会下滑，但 2018 年第一季度财报数据再一次证明了腾讯的游戏实力。

第一季度腾讯游戏业务实现收入 287 亿元，同比增长 26%，其中手游业务实现 68% 的高增速。

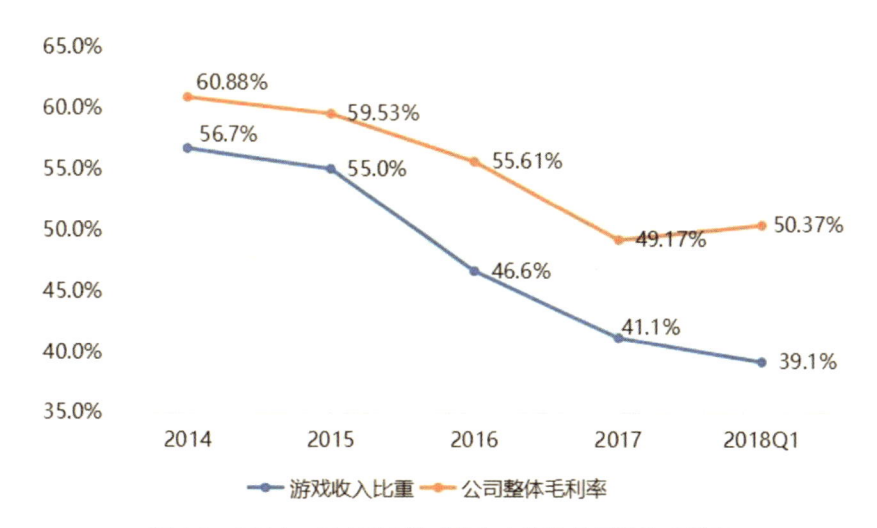

图 6.8 2014—2018Q1 游戏收入占比及公司整体毛利率

图注：红色代表爆款，橙色为第三方研发。

图 6.9 2018UP 发布会公布了 16 款手游

预计未来腾讯游戏业务仍将继续保持较快增速，游戏将能继续支撑腾讯的庞大体量。

（UP 发布会是指腾讯互动娱乐年度发布会，是对外公布最新品牌战略、曝光游戏新品及发布大作最新资讯的年度盛会——编者注）

腾讯是否变为一家投资公司？

在腾讯的财务报表中，有一个科目是"其他收益净额"，大体反映了公司在投资方面的收入。

除 2015 年外，2013—2018 年腾讯的投资收益呈逐年增长态势。其中，2016 年是公司投资快速增长的起始年，该年投资收益增速达到 91%。2017 年公司投资收益增速为 4.6 倍，创出新高。

我们根据 2018 年一季报的投资收益乘以 4 来估算全年投资收益，得出的结论是 2018 年依然可以达到 51% 的增速。由此看来，腾讯在投资方面取得了不错的成绩。

由于投资收益是算作净利润的，那么我们来看投资收益在净利润中占的比重如何。

在 2013—2018Q1 间，腾讯的投资收益占净利润比重逐年提高，其中 2017 年这一比重由此前的个位数跃升至 28%，提高了近 20 个百分点。

2018Q1 进一步提升至 34%。

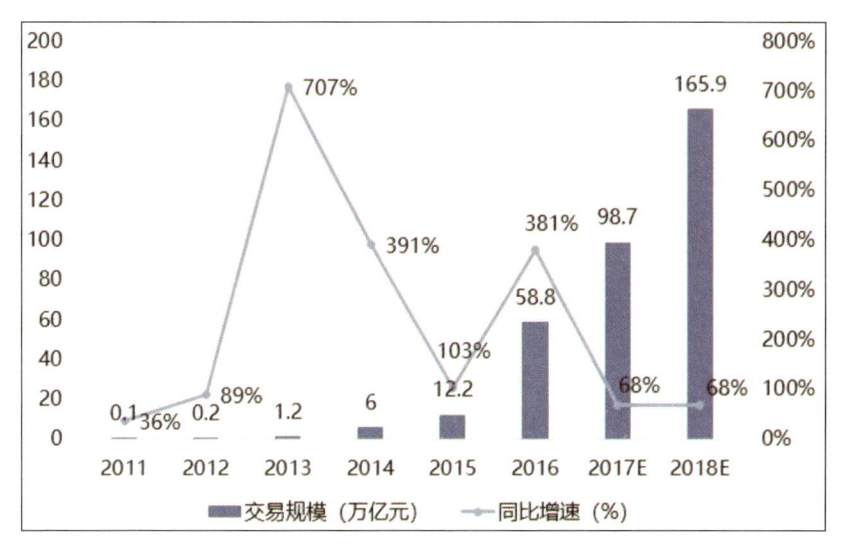

图 6.10　2013—2018Q1 腾讯投资收益及增速

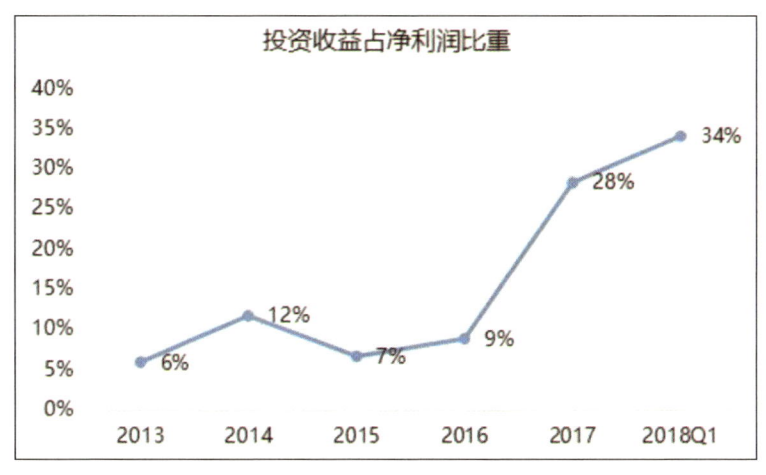

图 6.11　2013—2018Q1 腾讯投资收益占净利润比重

由此，有人会怀疑腾讯的净利润高增长是不是注入了投资收益的水，那我们就来脱去投资收益这层华丽的外衣，看看腾讯真正的身材是什么样的。

2014—2016 年，腾讯含投资收益的净利润增速和扣除投资收益的净利润增速基本一致。但在 2017 年，两者出现明显背离。2017 年腾

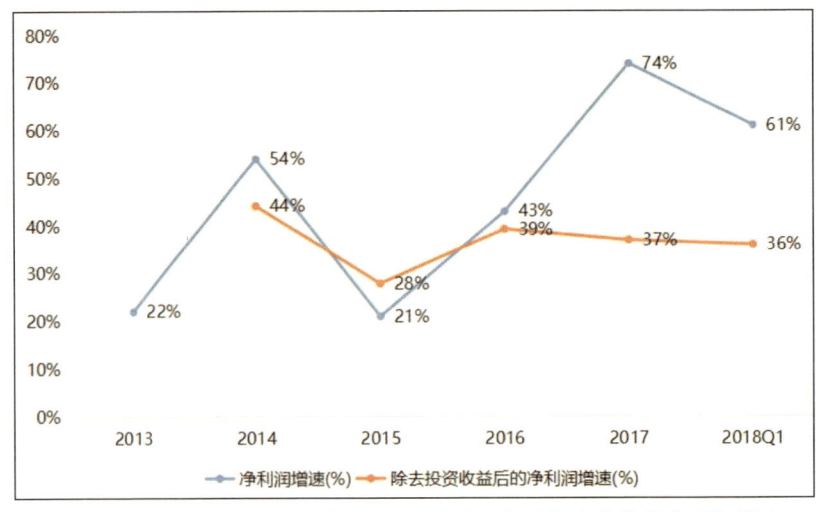

图 6.12　2013—2018Q1 腾讯净利润增速及扣除投资收益的净利润增速

讯净利润增速为 74%，扣除投资收益的净利润增速仅为 37%，相较于 2016 年还有 2% 的下滑。同样，2018Q1 净利润增速明显高于扣除投资收益的净利润增速。看来，脱去这层外衣后，腾讯近几年没怎么"胖"。

　　腾讯之所以能够大手笔地进行投资，源自账上现金越积越多。根据公司财报显示，其账上现金及存款近些年来快速增长。截至 2018Q1 公司账上现金达到 1425 亿元，是 BAT（百度、阿里、腾讯）三家中最多的一家，腾讯的投资规模也是 BAT 三家中最大的一家。

图 6.13　2014—2018Q1 腾讯账上现金及存款

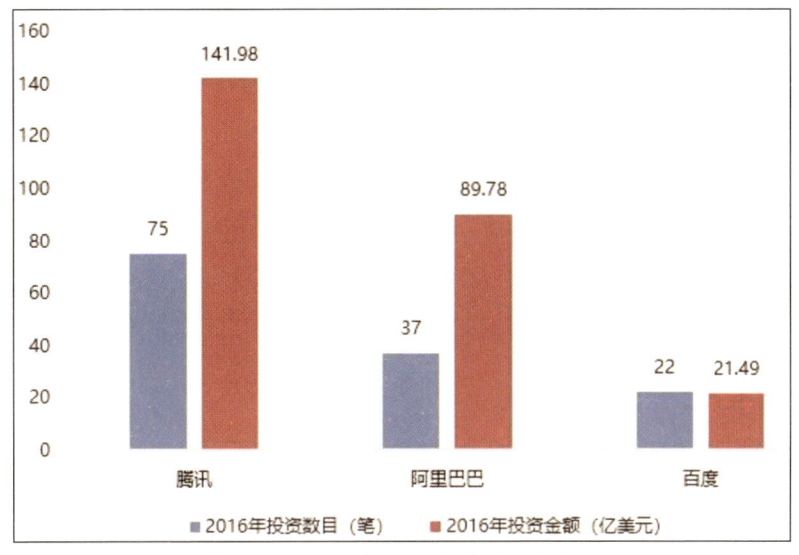

图 6.14　2016 年 BAT 投资数目与金额

很多人开始质疑腾讯是不是变成一家投资公司了，我们的观点是：腾讯的投资收益不是公司最初始的目的，而是公司通过资本连接互联网领域后所产生的结果。

腾讯投资的京东、滴滴、美团、起点中文网、猫眼、大众点评、永辉超市，等等，都是与其战略密切相关的。通过资本的链接，腾讯投资的各个领域和腾讯原有的社交生态和泛娱乐生态可以实现很好结合，丰富原有业务品类。

此外，腾讯已经处在时代的风口浪尖，这一位置使得腾讯对于任何新兴的领域都必须占有优势，不能错失任何一个领域，否则就可能会被时代所抛弃。例如，最近头条系下抖音的崛起令腾讯不安，腾讯就马上推出自己的短视频平台"微视"。

因此，从一定程度上说，腾讯的投资收益"装饰"了腾讯的业绩，这些投资带来的不仅仅是收益，还有腾讯在社交与娱乐领域地位的巩固与提升，也会进一步拓展腾讯的商业版图。且对于互联网巨头腾讯来说，这样的投资具有持续性，这样的收益在一定程度上说也具有持续性。

微信支付、腾讯视频、云计算等新业务能否打开腾讯未来的增长空间？

根据 2018Q1 财报，包含支付和云服务的其他业务收入达到 159.62 亿元，同比增速为 111%。这一领域的收入规模已经接近社交网络业务的 180 亿元。按照这一增速推演，在今年（2018 年）内该业务收入将超过社交网络成为仅次于游戏的第二大收入来源。

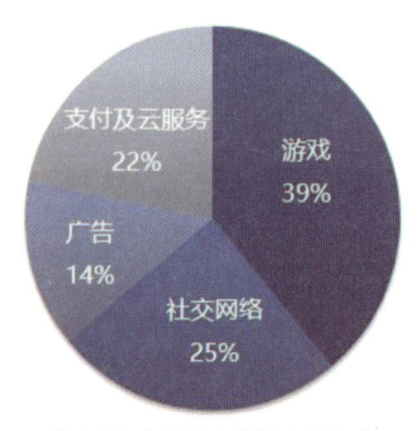

图 6.15 2018Q1 腾讯业务构成

在支付领域，腾讯的主要收入来源包括线下支付和转账手续费。根据艾瑞咨询统计的中国第三方移动支付交易规模，2017 年将达到 98.7 万亿元，市场体量巨大，且仍将保持 50% 以上的高增速。

在这一领域，微信支付与支付宝处于垄断地位，其中微信支付的市场份额已超过 50%。

此外，微信钱包中虽然有借贷、理财、保险等金融产品，但运营效果与支付宝仍相差甚远，未来该领域将有巨大的增长潜力。

腾讯战略投资的京东、滴滴、美团、起点中文网、猫眼、大众点评、永辉超市等流量聚集地，都为腾讯提供了丰富的流量入口，而这些应用的在线支付都将通过微信支付实现。随着腾讯投资的互联网公司越来越多，微信支付的渠道也将不断增加。

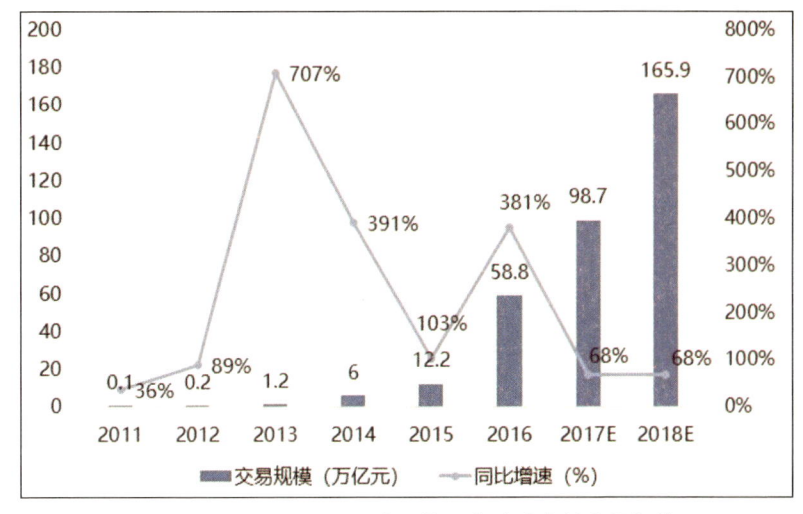

图 6.16 2011—2018 中国第三方移动支付交易规模

根据胡润研究院发布的《2018第二季度胡润大中华区独角兽指数》，蚂蚁金服的估值达到1万亿元，位居首位。蚂蚁金服和微信支付在线下支付的体量相当，因此可粗略判断微信支付的估值也应在5000亿元之上。

研究总结

在未来较长的时间内，游戏业务仍为腾讯收入的基石，且腾讯在游戏领域的霸主地位确定无疑。

腾讯的投资收益在一定程度上增厚了公司业绩。通过资本实现各产业的连接，将使腾讯构筑起强大的商业版图，显著提升腾讯的竞争壁垒。

腾讯视频、微信支付和腾讯云等新业务将接力原有的游戏和社交业务，成为腾讯打开更大成长空间的突破点。

综上所述，我们长期看好腾讯，并认为腾讯在我国互联网领域的卓越竞争力将无可撼动。

依旧看好公司长远发展——腾讯 2019 年一季度业绩分析点评

📝 **分析研判**

发表时间：2019 年 5 月 15 日
发表媒体：榕树投资内刊
发表人：李仕鲜

2019 年一季度业绩点评

腾讯 2019Q1 总收入 854.6 亿元，同比增长 16%，环比增长 1%；非通用会计准则下净利润 209.3 亿元，同比增长 14%，环比增长 6%。收入与外资投行的预测基本相符，净利润略优于外资投行的预测。

从各项业务情况来看，腾讯除原有的增值服务业务与网络广告业务外，首次披露了金融科技和企业服务业务，该项业务包含了微信支付和云服务收入。

公司将该业务单独披露，表明公司对该项业务的重视，并且该业务也正以 30% 以上的增速快速增长。

目前，增值服务业务收入占比为 57%，金融科技和企业服务业务收入占比 25%，网络广告业务收入占比 16%，金融科技和企业服务业务已经成为腾讯第二大业务支柱。

腾讯 2019Q1 游戏业务收入 285 亿元，与 2018Q1 持平，相较于 2018Q4 有 18% 的增长。

在端游方面依靠《地下城与勇士》，在手游方面依靠《王者荣耀》。另外，2019Q1 末上线的《完美世界》手游也有一定的贡献。《和平精英》在 5 月初变现后，预计将会推动 2019Q2 游戏业务收入大幅增长。

社交网络收入 204.6 亿元，同比增长 13%，主要来自视频、音乐等的会员订阅费，增长已经大为放缓。

腾讯金融科技和企业服务业务2019Q1收入217亿元，同比增长44%。虽然较2017年的翻倍增长已经放缓，但仍然能保持较快增长。该业务主要来自微信支付和云服务的收入推动。

预计最早今年（2019年）、最晚明年该项业务将取代原来的游戏及社交业务成为第一大业务支柱，腾讯此前广为诟病的依靠游戏赚钱的模式将发生巨大转变。这也是腾讯当前从2C业务转向2B业务战略规划的一个标志。

从长远眼光来看，腾讯业绩正在逐渐摆脱对原有游戏业务的依赖，逐渐向支付和云服务新业务过渡。虽然公司整体毛利率有所下降，但长远来看对公司是长期利好。

虽然腾讯在游戏领域占据70%的市场份额，享受着70%的高毛利率，但是躺着赚钱的生意容易让公司自废武功。在当前游戏市场已经成熟的情况下，再想在游戏行业有翻倍增长几乎没有可能。

腾讯在支付和云服务领域的开拓相当成功，未来将长期成为公司发展的新动力。站在当前时点，依旧看好腾讯的长远发展。

腾讯收入增长的底层原因——2019年末对腾讯的投资价值分析

分析研判

发表时间：2020年1月
发表平台：榕树投资年会发言
发表人：李仕鲜

在5G的商业应用中，我们依然认为腾讯有很大的优势。

腾讯一直以来都是互联网行业的龙头，上市以来也为投资者赚取了非常丰厚的回报。2007—2017年，腾讯的投资收益是200倍。

近两年腾讯的表现一直不佳，市场的普遍质疑是互联网用户红利进入末期，未来的增量空间在哪？未来 5G 时代腾讯能否依然保持龙头地位？

我们不妨回顾腾讯的发展历史，来找寻问题的答案。

腾讯的发展穿越了两个时代，一是 PC 时代，二是移动互联网时代。如果以 iPhone4 的推出作为划分 PC 时代和移动互联网时代的分隔符的话，2004 年腾讯的收入仅有 4900 万元，2010 年腾讯收入达到 196 亿元，增长了 400 倍。2010—2020 年，腾讯收入由 196 亿元增至 3500 亿元，增长了 18 倍。

未来在 5G 时代腾讯还能否实现 10 倍以上的增长呢？我们需要思考腾讯收入增长的底层原因。

我们认为腾讯最核心的优势就是社交，社交为腾讯带来了用户，也带来了收入。互联网公司都是 2C 的模式，他们的衣食父母就是用户，他们的收入也都来自用户，腾讯拥有用户的方式就是社交。

腾讯在社交领域一直都保持着垄断性，从原来的 QQ 到现在的微信均是如此。放眼全球来看，社交都具有垄断性，如海外的 Facebook，社交领域往往都是一家独大。

为什么会产生这样的现象呢？一是人和人的社交需要在一个相同的频率上，就像我无法和阿拉伯人社交一样，因为语言不通。

在互联网世界，相同的频率代表着需要共用一个软件，大家都选择腾讯，就像我用微信无法和一个用子弹短信的人社交一样。

二是社交具有极强的壁垒和护城河。举个例子，当我们 3 个人都用微信的时候，第 4 个人进来和我们社交也就一定要用微信，然后逐渐蔓延到第 5 个、第 6 个……会产生裂变式的扩张。

当大家都使用微信后，再想变更个软件，替换成本是巨大的，就和我们换手机号码一样。所以，腾讯的社交才能跨越 PC 时代和移动互联网时代。

因为社交，我们可以看到腾讯 2001 年以来用户数快速增长，目前已经达到 11 亿的用户体量。有了用户之后，变现就是水到渠成的事情。互联网企业普遍都会进行广告变现，腾讯最大的特点是进行了游戏变现。

全国的游戏市场规模大概 2000 亿元，腾讯游戏一年的收入就超过 1000 亿元，占比达到了一半。很多人会误解腾讯在游戏制作上很厉害，其实，腾讯的游戏收入来源都是游戏发行，在本质上是在用户流量上进行游戏推广，也是基于用户的变现。

除了娱乐领域，还有一个用户需求是微信可以做的，那就是支付需求，而且市场空间巨大。

2018 年，全国社会消费品零售总额 38 万亿元，第三方支付市场规模 2280 亿元。这是一块巨大的蛋糕。腾讯和阿里各自收购了很多零售类公司的股权，实际上都是在争夺用户支付入口。

在底层技术上，云计算是 5G 时代的大趋势，很多公司不仅自己的服务器需要上云，后来发现云还可以进行对外销售，如亚马逊最先发展了云计算业务。

云计算就如同水电燃气一样属于公共事业，可以为公司提供持续的现金流。亚马逊目前 9000 多亿的市值中，有 36% 的估值来自云业务。

目前，云和支付是腾讯业务结构内增速最快的业务领域，2018 年一季度到 2019 年四季度，单季度收入翻了近 1 倍，已经替代广告，成为腾讯第二大收入来源。

回归本源，腾讯的核心和壁垒在社交，依靠社交腾讯积累了大量的用户。未来 5G 时代，依然还是需要在用户身上进行变现，因此，腾讯在 5G 时代依然具有极大的优势和增长空间。

坚守价值投资实现丰厚回报——写于腾讯市值突破 7 万亿大关之际

分析研判

发表时间：2021 年 1 月 26 日

发表平台：榕树投资公众号

发表人：李仕鲜

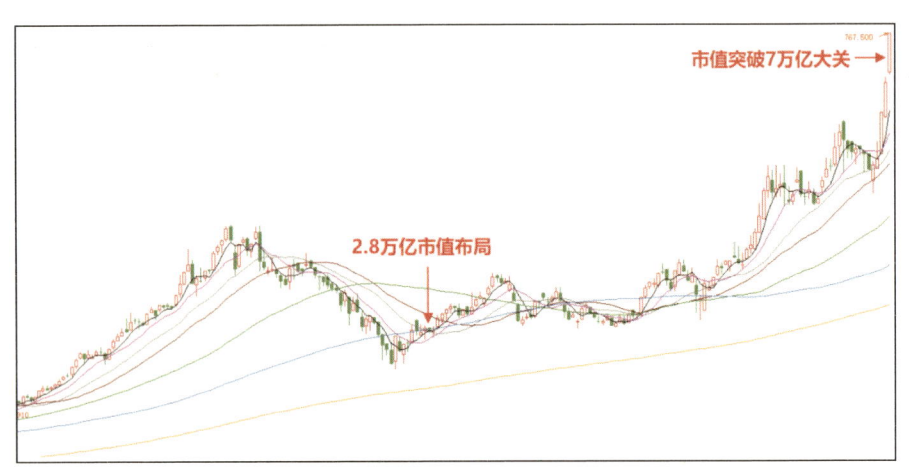

图 6.17　腾讯控股 2017—2021 年 1 月股价走势

近日，腾讯股价创出历史新高，总市值突破 7 万亿元大关，其中 1 月 25 日单日涨幅超过 10%，实现了 2018 年以来的完美逆袭！基于对腾讯公司长期价值的深度理解，我们于 2018 年末重点关注腾讯，近两年实现 1.5 倍涨幅。

我们认为腾讯微信的价值在于：

1. 时间是人最宝贵的资产，腾讯微信使用人数最多、使用时间最长，巨额流量通过广告商业变现持续具备赚钱能力。

每天有 10.9 亿用户打开微信，3.3 亿用户进行视频通话，7.8 亿用户进入朋友圈，1.2 亿用户发布朋友圈——这些内容里面有 6.7 亿张照片，1 亿条短视频内容，3.6 亿用户阅读公众号文章，4 亿用户使用小程序。

微信支付、企业微信、微信读书、搜索，微信支付成了"钱包"，成为日常的一种生活用品。

2. 公众号、小程序、视频号、直播、拍一拍、浮窗功能、音乐等都将引领腾讯继续创造辉煌，在互联网世界是强者恒强，赢家通吃。

近日，微信创始人张小龙在"微信之夜"披露一些关键数据：

（1）微信小程序：小程序日活跃用户达到 4 亿，人均使用小程序个数同比增长 25%，人均小程序交易金额同比增长 67%，有交易的小程序数同比增长 68%。

（2）微信搜一搜：月活跃用户超 5 亿，用户习惯已经成形，内容更加多元化，将通过融入多场景链接微信各个生态。

（3）微信支付：支付使用用户数超 2.4 亿，每日使用笔数达千万级。

（4）微信小游戏：MAU 超 5 亿，商业规模同比增长 20%，游戏品类逐步向中重度拓展。

腾讯在疫情后呈现新的变现，微信变现空间正在逐渐被打开。在疫情催化下，微信的小程序、搜一搜、支付与游戏业务多点开花，逐渐培养起用户的使用习惯，摆脱了此前单纯依靠朋友圈与公众号广告的变现模式，现在的变现模式更加多元化。

微信已经从单纯的社交 APP 向生态平台性 APP 转变。现在微信涵盖社交、资讯、搜索、支付、电商、娱乐等功能，用户黏性和壁垒越来越高。

我们认为，以长期资产配置角度，腾讯应属于战略性配置标的！

◎阿里巴巴（BABA）上市公司调研节选

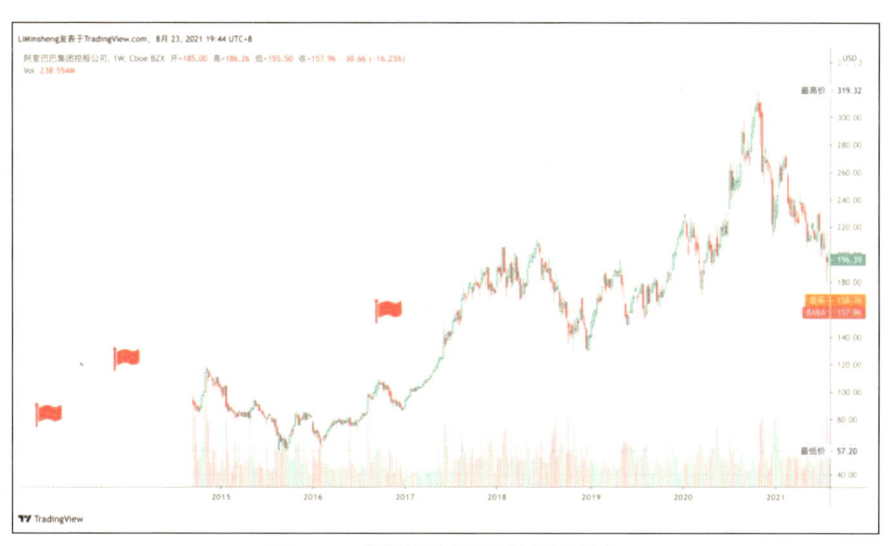

图 6.18 调研阿里巴巴的重要节点

寻找伟大企业
拥抱新经济

马云：重塑平台、金融和数据三大业务——2012年阿里巴巴网商大会纪要（节选）

📝 调研背景

发表时间： 2012年9月

发表媒体： 榕树投资内刊第77期

发言人： 阿里巴巴董事局主席马云

记录人： 翟敬勇

2003年，我第一次开始思考做网商大会的时候，整个淘宝网的交易不到1亿元，今年淘宝网的交易会超过1万亿元，变化1万倍。

网商从一个概念到落地，到今天变成中国主要的一个商帮力量，在改变着、影响着中国。

大家知道1万亿元是什么概念？这1万亿元相当于中国排名第17的省份的GDP。全中国超过万亿元人民币GDP的省只有18个，去年陕西省的整个GDP就1万亿元。

中国必须发展市场经济，而市场经济的主导力量是人，是企业家精神。今天淘宝和阿里们看到最大的力量是在淘宝上面的660万卖家，看到阿里巴巴几千万的买家和卖家，这些才是真正的企业家精神。

只有发挥这些人的企业家精神、创造力，这个市场经济才能真正起来。

未来几年，我们会专注电子商务的几个重要的趋势：

第一，小就是美（Small is beautiful）。

这次大会，我们看到小就是美。几年前我去了一趟日本，一个很小的店，门口挂了一个牌说本店成立147年。我就很好奇，跑进去一看，一个卖糕点的小店。

店里的老太太说：我们这店开了147年了，现在就是我们两夫妻和一个孩子打理，日本天王也买过我们的糕点。她的脸上洋溢着特别幸福的笑容。我相信企业做得好比做得大更为幸福。

中国文化讲，宁为鸡头、不愿凤尾，在中国的文化、东方的文化里，做小企业更有味道。未来的企业，小就是美，小和好更关键，更加灵活。

为了小而美，我们在公司内部做了决定，将全面推出"双百万"战略。何为"双百万"战略？我们将全力培养100万家年营业额过100万的网店。

有人说我想做10个亿，很好，我们支持你，为你鼓掌，但是我们的重头戏是帮助100万家。因为我们相信，一个年营业额100万的小店，他有可能会请上两三个人，这样我们就能又多解决三四个人的就业问题。

但是我们觉得企业做到超级大，是一个变态，是不正常。做一般大是一个正常体系，就像人长得比姚明还高，本来就不正常；长得我这样的身材，也偏低一点。一般一米七十几是正常。

所以，中国的企业在这种规模下是最有味道、最好的，只要你持久，小企业因为你幸福，因为你好这口，你就会不断地创新。

第二个趋势，我们将从 B2C 全面挺进 C2B，必须进行柔性化定制，真正为消费者解决问题，真正做到个性化制造，这将会是未来三年到五年社会的必然趋势。

第三个趋势，我们必须建立起消费者和制造业的和谐关系。

我特别反对价格战，价格战不仅伤害了商家，也伤害了消费者，所以，不赚钱的企业在未来是很难生存的。

我们希望大家在保护好消费者权益的情况下，能够真正做到商家有钱赚。如果商家没钱赚，就不可能持续的发展，我们今后要拼的是信用，是特色，是服务，而再也不能拼价格。拼价格是20世纪的玩法，我们不能再用这个办法去玩。

根据这些趋势，阿里巴巴集团将会分成三块主要的业务。

第一块业务是平台战略，我们内部称为七家公司，为"七剑下天山"。阿里巴巴的国外、阿里巴巴的国内、一淘、淘宝、天猫、聚划算、云计算，我们称为内部的"七剑"，建立平台经济，为所有的小企业建立一个机会的平台。

我们将自己转型，2013年1月1日开始，整个阿里集团将自己转型，将由自己直接面对消费者变成支持网商面对消费者，内部的"七剑"都建立平台经济，为所有的小企业建立一个机会的平台。

我们很难直接面对几亿消费者，因为我们相信在座的网商，你们对消费者、对客户的热爱绝不亚于我们，你们对于客户的了解超越了我们。

我们不应该制定很多的政策，相反我们应该给你们工具，帮助网商成长，让网商们更懂得用最好的工具去服务好消费者。这是我们明年（2013年）开始进行的巨大改革。

这个改革也会带来很多的痛苦，但是我相信没有一个网商不希望自己的客户对自己的体验是好的。我们觉得淘宝网商未来的经济，是应该留给在座的网商们去决定，而不是我们去做决定。所以，拜托大家，我们一起努力。

我们的第二步，是如何让那些诚信的网商富起来。邓小平说让部分人先富起来，我们希望让有诚信的网商先富起来，阿里巴巴真是希望让信用等于财富。

几年前也是在网商大会上，我们说我们呼吁银行全力支持中小企业，但是银行有自己的难处。谁没有难处？所有人都有自己的难处，它们的模式很难让它们真正地去服务好网商、服务好中小企业。所以，阿里准备在这里全面挺进，不是因为我们想挣更多的钱，而是我们觉得在这个时代需要用互联网的思想和互联网的技术，去支撑整个社会未来金融体系的重建。

在这个金融体系里面，我们不需要抵押，我们需要信用；我们不需要关系，我们需要信用；我们不需要你挣多少钱，我们需要你踏踏实实为客户服务。

过去两年的试验告诉我们，我们近几百名员工完成了给 15 万家企业贷款的业绩，平均每家企业贷到的款是 4.7 万人民币，这只是刚刚开始。我们将会用最好的技术评价信用，帮助在座以及无数的网商群体们。因为你们是中国的希望和未来，对未来的希望，我们做出的只有努力和帮助。当然，帮助大家也是帮助我们，我们不希望亏本，也不会亏本，不赚钱是不道德的。

在阿里巴巴组织部会议上，我们讲得很清楚，我们赚钱是为了做更多更好的事情，今天我们都跨过了靠赚钱来证明自己的时代，在座的每个人，你们还在这个时代。我理解，赚钱没有错，没有羞耻感，不赚钱，经营企业不赚钱，那才应该有羞耻感，你应该去做公益比较好。

当然，做公益也要有商业的手法，我一直坚信公益的心态、商业的手法，只有这样配合，你才能走得久、走得长。

所以我们的第二个阶段就是金融，第三个阶段是数据。我在公司内部为阿里巴巴 10 年以后的梦想感到兴奋，感到骄傲。我们中国人将做生意称之为下海，下海其实不容易。几十年以前，很多渔村的人拿了一票破船就下海，根本不知道会不会有暴雨，根本不知道哪儿有鱼群，所以，我们看到沿海有很多寡妇村，很多人下海，同样十个下海九个死。

如何能够更好地帮助下海的人、创业的人？我们觉得数据将发挥最为关键的作用。我们希望大量的数据能为国家建立一个（全新的）气象预报台。

一次汶川地震，举国为此悲痛。一次金融地震，上千万的家庭都会受到影响，我们只为此惋惜。

自然地震很难预测，经济地震是可以被预测的。大量的数据可以告诉我们，世界经济在发生什么，中国经济在发生什么。

假设我们也有一个气象预报台，给国家宏观指导、给当地政府宏观指导、给主要机构宏观指导，我相信会给很多出海的人带来依靠。假如我们为每个小企业装上一个 GPS，为每艘船装上一个雷达，我相信你出海的时候更有把握，死亡率会大大降低，数据将会影响着世界。

我们不是想占有这些数据，数据假如说不是用来分享，数据就是一堆数字，一点意义都没有。

在座的各位，为了我们自己，也为了我们下一代的商人，我们必须去思考这些问题，并且从今天开始去努力。

不要害怕你失去什么，你要害怕的是你给了别人的东西是假的，或者没有给别人东西。所以这是我们未来要发展的三个阶段，平台、金融和数据。

移动购物市场的现状和前景

调研背景

发表时间：2013 年 9 月
发表媒体：榕树投资内刊第 89 期
发言人：淘宝商城前 CEO
记录人：许群英

零售发展的三个阶段

1.1995—1996 年开始出现连锁零售经营，第一家大卖场在广州开业，1996—1999 年连锁大卖场、百货大发展的时期，谁进的比较早，谁就有优势。

2.2004—2006 年，电商开始进入视野，ebay、当当、淘宝、京东的诞生，PC 端电商崭露头角。

3.2011 年至今（2013 年），移动购物市场，站在今天这个时间点看移动电商，就类似 2004 年看 PC 电商，1995 年看连锁经营，是未来发展的趋势，毫无疑问，还是价值洼地，不像 PC 端已经排排坐好，基本格局很难改变。

移动购物市场的发展进程

2011—2013 年的移动市场规模从 100 亿元发展到 1200 亿元。真正加速是从 2012 年开始，2012 年达到 550 亿元，今年（2013 年）应该能够达到 1200 亿元，主要有以下几个原因：

1. 智能手机的普及（中低端）；

2. 用户（1995 年后出生的小孩）习惯的迁移；

3. PC 端增长放缓，传统电商越发高涨的新进入成本。

科技的发展推动改革的方向不会变——蚂蚁科技暂缓上市解析

分析研判

发表时间：2020 年 11 月 4 日

发表媒体：榕树投资内部月刊第 175 期

发表人：翟敬勇

2020 年 11 月 3 日，蚂蚁集团港交所公告，暂缓 H 股上市。上交所也发布消息，决定暂缓蚂蚁科技集团股份有限公司科创板上市。

蚂蚁科技上市融资额高达 2400 亿元，作为科技创新龙头企业标的上市。遭遇如此变故，榕树投资管理团队对这件事情的观点如下：

有大量征信数据的蚂蚁科技颠覆了传统银行信贷业务，用更高的效率为中小微用户提供金融服务。蚂蚁通过线上金融的征信系统，快速降低开拓客户成本、坏账率，这是线下金融无法逾越的障碍，蚂蚁相对线下金融具有碾压性的优势。

金融是当前我国改革的难点，目前来看是改革遇到了一定的阻力。

反过来看，这对投资人是利好，给我们一次重新低价介入创新公司的机会。

短期而言，蚂蚁取消上市，短期对银行保险是利好，对科技创新是利空。中长期来看，改革的进程是科技推动的结果。

曾经滴滴打车也和传统出租车出现过激烈的冲突，出租车司机一度集体罢工，让城市出行瘫痪。我们看到，监管部门也曾表示要对这种新事物重点监管。

2020年11月3日，滴滴公布10月国内月活用户突破4亿，这是中国在创新领域的惊人创举。从滴滴打车过去的发展来看，我国政府一直都是支持创新的，也找到了为创新事物监管的平衡点。

蚂蚁的阻力主要来自传统金融业。传统金融的利益群体太大，呆坏账太多，短期休克式清理会引发灾难。蚂蚁暂缓上市，也有利于新旧交替的短期平衡，用时间换空间。

科技的发展推动改革的方向不会变，短期的阻力只是延缓了改革的进度。我们对蚂蚁科技上市并成为引领创新的科技企业依然有信心。

图6.19 在《林园炒股秘籍》系列新书研讨会上演讲

第7章　转型时代投资之媒体采访篇

◎ 一个技术分析师的醒悟（节选）

访谈背景

发表时间：2012 年 4 月

发表媒体：雪球网

采访人：云小纡

初识翟敬勇先生是在 2010 年 7 月，我们一起去一家江苏的医疗器械上市公司调研。在去程的飞机上，我们几乎聊了一路，从阿胶的驴皮到马应龙的肛肠医院，把中药老字号企业聊了个遍。

我发现翟先生是数据派，每说到一家企业时，他几乎都能很清楚地列举出一堆数据来，这让我以为他有理科背景，后来知道不是，心下颇为佩服。

一走进翟先生办公室，便看到角落里堆着几件户外的行李。他说下午 2 点要出海进行帆船训练，过阵子要去三亚打比赛。

我连说真是羡慕，这种状态恐怕也只有价值投资者才能拥有吧，交易型选手们很少会在开市的时间离开电脑。

他说投资的目的是让生活质量更高，牺牲了生活，陷入反复的追涨杀跌中去，就是本末倒置了，他很满意目前的状态。

像榕树一样稳健成长

问：什么时候开始筹备成立自己的公司？为何取名为榕树投资？

翟敬勇：2004年，但斌和钟兆明成立了东方港湾。受他们影响，从2005年开始，我就考虑从珞珈投资出来了。2006年4月，在但斌的帮助下成立了榕树投资。

在取名时，首先我跟合伙人定调是要选树种：一来树给人的第一印象是活得长，与价值投资比较切合；二来海外有红杉基金、橡树投资等，运作得很成功，我们也想向它们靠近。

当时想了两个名字，一个是榕树，一个是银杏，因为榕树在福建、广东是常见植物，本身不惹眼，感觉是稳重的和能扛风雨的，就确定下来叫"榕树"。

问：长时间拿住一家公司的股票真不是容易的事，你是怎么做到的？

翟敬勇：拿住股票确实不容易，一个基本前提是要对行业和公司有很深的理解。

对于认同价值投资的人来说，拿不住股票的原因，通常不是理念不够先进，而是没有看清楚事物的客观规律。

比如茅台最近的争议。不要去否认茅台的价值，茅台股票和企业是最好的，不要怀疑，更不要把它政治化。另外，也要了解公司管理层的想法。过去几年，我对茅台业绩的预测，跟公司最终披露的业绩基本上吻合，我跟管理层就像朋友一样。

再比如，我跟段总（段永平）平时聊得比较多，他买苹果的股票，我也买了。他快翻倍了，我却只赚20%就卖了，这背后的原因，就是对行业的理解和积累。

从铁杆技术派到纯粹价值派

问：每个人在投资过程中都会经历思考和转变，能具体谈谈你的经历吗？

翟敬勇：我在最早入行的时候，是自己动手画技术图表的，是不折不扣的技术派。

1997年，我跟我哥借了2万块做股票，完全依照技术分析的思路，3年后2万变成了5000。因为这个，我跟他打了好长时间的游击战，他回家我出门，他出门我回家，基于躲债心理不好意思面对他。这个事情给我很深的触动，心想：我在技术分析上那么用功而且水平也还可以，为什么还会输成这样？

另外，我也注意到，虽然我认识的人不多，但其中做技术分析的人当中，很少人有钱，而基本面投资派中身家上千万的人很多。我隐约感觉到技术分析可能赚不到钱，因此萌生了转做基本面分析的想法。

当时计划用3年时间去学习基本面研究，完成转型。那个时候，刚好但斌也在人生的低谷中，同样在向价值投资转型，我们两人的交往从那个时候开始比较紧密了。

不过，老实说，最初我们还是抹不掉技术分析的痕迹，试着用基本面结合技术面，就像现在有些人说的巴菲特结合索罗斯，但后来发现还是不适应。

2003年到2005年期间，我用基本面结合技术面来做决策，吃了很多亏，2005年时就彻底放弃了技术分析。

在彻底皈依到基本面投资之后，我帮助我哥做投资，从不到10万的本金做到现在（2012年）接近100万，算是连本带息地还了当年的欠债。

其实，用自己的能力帮助亲朋好友实现财富自由，本来就是我选择投资行业的其中一个目标，现在也算是实现了。

问：过去这些年对你帮助和影响最大的人是谁？

翟敬勇：带我入门的是但斌，影响最大的是巴菲特。

我虽然很早就知道了巴菲特，但深入研究他却是从2005年才开始的。

2005—2006年时，我把能找到的所有的巴菲特致股东的信都看了三五遍，知道了为什么在这个行业他能够这么成功。

后来又萌生了去奥马哈见见他老人家的想法。去年（2011年）去了一次，今年（2012年）还要去，未来每年有时间都要去。

他是神，真的是神。我希望他长寿，能活到100岁，这样我可以多向他学十几年，有他带路可以少走很多弯路。

问：去年（2011年）从奥马哈回来后有什么启发？

翟敬勇：参加巴菲特的股东年会给我很大震撼。

第一，看到巴老和芒格两个70多岁、80多岁高龄的老人，喝着可乐，在现场有理有节地回答问题，我就想我怎么才能达到那种状态呢？

第二，两三万人一起参加这个聚会，很多人是携家带口去的，这是个什么样的感觉？如果我们做一个公司，什么时候能有这种聚会？这两位老人是用什么办法把大家聚在一起的呢？

我想，我在那个时候才真正理解了什么是价值投资。价值投资就是生活的一部分，是一种乐趣。

从奥马哈回来之后，我很坚定地重组了公司，找了些志同道合的人一起做事情。

问：坚持这种投资方法最大的困难是什么呢？

翟敬勇：最大的困难来自市场的干扰和内心的认知能力，包括对情绪的把控。

老段（段永平）可以很潇洒地天天去打高尔夫，挣了很多钱，我现在还没办法做到这么潇洒，天天像卖小菜一样。

不过，总的来说，这种方法比其他流派还是好很多。其他流派折腾来折腾去还亏钱。

问：关于逆向投资，不知你怎么看待比尔·米勒的事情？

翟敬勇：2008年我跟几个朋友讨论过这个问题。当时比尔·米勒押注花旗和雷曼，巴菲特押注富国和高盛，前者倒闭了而后者赚了大钱。

比尔·米勒是做垃圾股发家的，人会有路径依赖，他过去屡次都赌赢了，这次依然是在赌。虽然这个下注不是没有道理，但没想到美国政府真敢放弃雷曼。而花旗过去那些年分分合合，并没有形成强大的企业文化。你无法想象逆着大势去赌这种公司的风险有多大。

巴菲特押注的那两家公司，富国是他很久前就持有的，巴老对于高盛的文化也是非常了解的，他关注了40年，一旦有机会，就下重注。

做逆向投资，企业的质地是我们真正要去关注的，低的价格并不是最重要的。也就是说，企业第一位，价格第二位。

在A股市场上，也有很多人愿意做垃圾股，但我不做。在20世纪90年代的时候，我买过100股粤金曼，后来这个公司消失掉了，另外一家公司深金田也是这样的情况。虽然我买得少损失不算多，但教训是深刻的。

我们是运动员而不是教练

问：你几年前出版过一本名为《寻找伟大的企业》的书，记录了大量的上市公司调研纪要和会议资料，谈谈你对上市公司调研的看法吧。

翟敬勇：我的调研经历是从在珞珈做投资工作时开始的，当时用一年的时间跑了110家上市公司，几乎一直在路上。

我的习惯是在调研之前尽量多看资料，准备好问题清单，调研完的当晚把纪要整理出来。那会儿经常是两三点钟睡，六七点钟起来，因为在做自己喜欢的事情，不但不疲倦，反而觉得很幸福。

调研时，我通常会关注公司的战略发展方向、风险点、管理层是否对公司现状有清晰的认识等。

当然，管理层所言是否属实只能以观后效，一开始姑且认为他们说的都是真的，半年之后再去审视。

另外，在调研中，我会刻意保持跟管理层的距离，不然不容易客观理性。我把你当朋友看，我就不会问不该问的事情；你把我当朋友看，就不会告诉我不该告诉的事情。

信息披露需要遵守一些法律法规，我们的信息来源主要还是公开信息，不搞内幕消息。

问：你已经有了这么多年的积累，现在还需要那么勤奋吗？

翟敬勇：还是需要的。我们要对自己定好位，我们是运动员不是教练。教练不用天天练，运动员每天都需要刻苦训练，不管是姚明还是林书豪。

有句话说成功是1%的灵感+99%的汗水，在投资里，1%是理念，而这99%的汗水是谁也替代不了的。

问：谈谈你比较擅长的行业吧。

翟敬勇：我认为对一个行业没有5年以上的跟踪，不能说对这个行业有了解。

我跟踪茅台这么多年，到2010年才敢说了解了白酒。所以，我还不敢说哪个行业是我"擅长"的，只是酒精、饮料这方面算是有一点认识吧。

我曾经想扩展到金融、保险、银行，但目前觉得看不懂，还是先退回来了。除此之外，地产懂一点，能源和煤炭也懂一点。2009年开始花了3年时间来了解医药行业，也有了一些感性的认识。接下来想去看看TMT（数字新媒体产业）。

性格剖析、未来展望与切实建议

问：你认为成功的投资人需要具备哪方面的品质？你的性格中有哪些有利的因素？

翟敬勇：诚实、正直、守信，最主要是正直，我们公司的文化就是要求每个人都要做到这几点。另外，乐观也很重要，不是乐观派哪敢在 4 毛钱的时候买东西。

上面几条我认为我都是具备的。另外，我自认为还有一个优势，就是和别人交往的时候，很容易获得对方的信任。

问：那么，你性格中的不利因素是什么，如何克服？

翟敬勇：我最大的缺点是刚愎自用，听不进反对意见。比如我以前很喜欢华侨城，如果有谁说华侨城不好，我就会跟他急。

刚愎自用的后果，是会一厢情愿地去维护一些本来可能未必正确的东西，这样违反了价值投资的客观理性。

怎么克服这些不利因素？很简单，亏钱了，大家不理你了，自然就会想办法去克服了。人一定要摔跤摔得很惨，才能明白哪些事情是不对的。

问：给个人投资者一些建议吧，请区分老中青三代人。

翟敬勇：年轻人要好好学习。走我们的老路，先打好基本功，拿点小钱去尝试，可以学技术分析、趋势投资，可以跟庄，这些我们年轻时都干过。只有在试过、对比过之后，才能找到一个最适合自己的投资方法。

中年要养家糊口了，就别去盲目地试了。长期持有一些耳熟能详的好公司，或是投资指数基金都行。最好是投指数基金，因为最终指数是要向上的，肯定比把钱存在银行要好。

我不主张老年人自己进行投资。股票总归是波动的，年老了要保重身体，尽量健康快乐地多活几年，在资本市场折腾，恐怕不利于身体健康。有钱的话，可以考虑委托专业机构做家庭理财信托，为下一代锁住财富。

问：可以推荐一些好的读物吗？书籍或是杂志。

翟敬勇：巴菲特每年致股东的信是最好的读物。另外，所有从不同角度阐述和分析巴菲特的书籍都可以看，包括《奥马哈之雾：我们是否误读了巴菲特》。

我自己目前最爱读的书是《穷查理宝典》，它更多地教我怎么做人。到了我这个年龄，更重要的是如何规划人生，如何给自己做减法了。

◎牛市刚起步，我已干到9.5成仓！——上半年收益超25%的私募价值投资牛人首度透露"骑牛"秘诀！（节选）

访谈背景

> 发表时间：2017年7月
> 发表媒体：《每日经济新闻》
> 采访记者：刘海军

这是价值投资的春天，也是投机者的冬天。今年（2017年）上证50与创业板指，前者持续上涨，后者持续下跌就可见一斑。

看来不懂价值投资的投资者是越来越难赚到钱了。为此，《每日经济新闻》记者（以下简称NBD）经过一番研究之后，为大家奉上一份价值投资牛人的独家专访。

他就是深圳榕树投资总经理翟敬勇，其有21年资本市场投资经验，专注于企业基本价值的分析研究，坚持长期企业实地调研，深入走访调研了超过500家上市公司。

数据显示，榕树投资旗下6只私募产品上半年平均收益超过25%，其中榕树文明复兴三期上半年收益率更是达到30%，而私募行业上半年平均收益为3.03%，公司的这个业绩在全国私募中综合排名也在第20位，深圳第二名。

牛市是否来了？是否可以加大仓位？中小创是否还会继续杀估值？如何选择潜力股？在这里，你能够寻到一份颇具价值的独到见解，本次独家专访可是干货满满的喔！

自下而上选股，热衷于调研

问：榕树投资今年上半年业绩很好，公司是怎么做到的？

翟敬勇：这个跟我们的投资体系有关，投资是有一整套逻辑体系的。

我们自下而上考察的公司和行业多。我自己走访上市公司13年了，调研超过500家公司，光2016年我就跑了七八十家。

这些公司大部分是我原来很熟的，如贵州茅台、伊利股份、五粮液等。我买入茅台股票之前就去过茅台公司两次，从每股180元就开始买。我们公司的研究员也是天天在上市公司转。这样，我们在一线就能够敏锐地把握到经济的反转点。

去年（2016年）5月我开始提出，中国经济开始转暖复苏。只有经济复苏了，各个行业的优质公司业绩才会好转，到目前为止，基本上验证了我们的判断。

如果有了这么一个判断，接下来的事情就比较好办了。因为我们做好自己要做的事情，买认为好的龙头公司，剩下的交给市场就行了。

要买行业龙头公司

问：公司此前的投资策略是怎么样的？

翟敬勇：我们每只基金配置的股票数量一般是15—18只，配置的行业是四五个。

我们2016年主要配置在消费、能源、互联网、医药、金融上。2017年我们的重心放在金融、能源上。每个基金配置的都是行业前三名的公司。比如，去年（2016年）在消费上我们配置了伊利、茅台、五粮液，还有山西汾酒。另外，我们重仓的中国神华没有复牌，如果按照公募的估值法，我们基金今年（2017年）上半年将近有30%的收益。

问：翟总之前提到了，以后要买就买各个行业的龙头公司，这个怎么理解？

翟敬勇：这个分两块讲，传统行业和新经济。

首先说传统行业。自从中国改革开放以来，经过这么多年发展，很多行业到了一个需要重新整合的阶段。很多企业不能再无序竞争，无序杀价了。

第一点是国家开始推行供给侧结构性改革，通过行政力量来让传统行业的大国企快速实行整合。比如南车和北车合并，中国神华和国电电力的合并等。南车、北车合并后，中车的竞争力是有目共睹的，现在中车市场占有率在全球达到50%。

我们看到好的一面，也要看到坏的一面。传统行业整合以后，行业就会出现龙头越来越强，而老二、老三等其他竞争者实力相对削弱的格局。从资本角度来讲，就只能买老大了。

在A股，这么多年的估值体系、投资体系是颠倒的，大家喜欢炒小盘股，搞操纵。现在搞操纵的基础没有了，导致越来越多钱开始降低收益预期，资金就移向了大蓝筹，而大蓝筹往往就是各个行业的龙头。蓝筹股从低估到合理估值是一个循序渐进的过程。很多人只看到茅台、五粮液的股价上涨，但仔细看下，宝钢、中国神华、海螺水泥等股价也都起来了。

第二点就是混改。比如最近云南白药、万科A的案例。

国有大股东（财务股东）加管理层实际控制人是目前中国经济体制下公司治理的最优结构。这样，国家愿意出让一部分股权，吸引一部分民营企业入驻，改变了原来大家对国企的印象：大国企体制机制差、效率低。

现在我们看到这些大国企既有国企控股的保值增值，又有了民营机制的激活，他们的竞争力更强了。

第三点是，去年（2016年）以来，证监会的监管趋严，让一些小股票、坐庄的、被操纵的股票慢慢打回原形，这也是今年"一九"现象产生的深层次原因之一。

其次看新经济。新经济是赢家通吃的。腾讯是一家独大，即使做手游也是，阿里也是一家独大。这就是为什么腾讯一直涨，市场已经给到 40、50 倍 PE 了。

A 股传统产业公司被压制时间太长了，比如中国神华，从 2008 年跌到 2016 年，里面的很多人被洗掉了。这次市场重新给他们一个机会，让低估的股票逐渐走向合理。

上证 50 还处于合理的位置

问：现在市场中小创股票在不断下跌，而上证 50 指数在大涨，很多人质疑上证 50 会不会调整，估值是不是合理？

翟敬勇：上证 50 不会一直涨，会有调整，这个是没任何质疑的。

我们讲一个比较简单的原则——好股好价，不符合你投资逻辑的，就不要买。比如说茅台，我们从 180 元买到 340 元，之后就没买，但最近茅台调整了，我们就准备再买点。我们会不断根据企业的基本面来做估值。

从目前来看，我们认为上证 50 还是处于一个合理的位置，甚至有些股票还是被低估的，资本将逐步填平价值洼地。

看好金融板块

问：大金融范畴，现在很多银行股保险股都在大涨，翟总怎么看？

翟敬勇：放在一个大背景下，中国经济目前各行各业资本过剩，2007 年年底的时候 M2 只有 41 万亿元，到今年（2017 年）年底，如果不出意外 M2 将达到 170 万亿元。

还有，我国 GDP 的增长从原来两位数变到现在的个位数，甚至还会降低，这意味着，我们货币使用效率在降低，带来的结果就是大家的预期收益率降低。

钱多了，就会找专业的人打理，所以未来资产管理行业会有很大的发展。未来五年，金融会跟互联网一样主宰我们的生活。

同时，金融的风险也很大，所以行业整合也是必然的。未来银行、保险、券商都会整合。金融行业高度统一后，保险混业经营是必然趋势，市场会朝这个方面做预期。所以，在这块，有些资金应做前瞻性布局。

还有从今年的市场风格看，大家会去选择更确定性的、市盈率很低的股票。因此，今年我们就看到了先涨保险、再涨银行，近期券商也启动了。从今年下半年到明年，我们更看好金融板块。

中小创杀估值还会延续

问：现在创业板、次新股中很多股票腰斩，怎么看这个现象？

翟敬勇：创业板很多处于新兴行业，但这个行业是赢家通吃。举个例子，网宿科技，以前做 CDN（内容分发网络）一家独大，随着它的客户如阿里巴巴、腾讯等收入快速增长，往上游切入，就把网宿科技给挤下来了。

网宿科技在 2009 年到 2015 年是有名的大牛股，但现在看它股价还在一直往下跌，实际上是商业模式受到了挑战，要杀估值。

我们看到格力、美的等公司的股价在涨，事实上，他们过去在家电行业二三十年里厮杀了多次后脱颖而出，已经没有竞争对手了，其股价就很稳定，而科龙电器、春兰空调都不见了。

所以，这次中小创和高估值的公司要经过一轮轮洗礼才行。大资金要避险，去哪里呢？只会去我刚才讲的一些龙头公司。

不可否认，中小创中有很多好公司，但对他们不利的是，现在不断有很多新兴行业公司上市，稀缺性已没有了，导致普通投资者的挑选难度加大，会降低对它们的估值预期。这样就把原来 A 股不正常的估值体系颠倒了。

比如在港股，腾讯有 45 倍 PE，在 A 股，中国平安、贵州茅台之前被压到只有 10 倍 PE，这是不合理的，不合理就要重新扭转过来。

今年 A 股港股化，很多中小企业会越来越被边缘化。所以，目前我判断，大部分的中小创公司杀估值还有一个延续过程。

现在的茅台不贵

问：翟总对茅台投资多年，对目前茅台这个位置怎么看？

翟敬勇：茅台的供应量是有限的，从长期看，如果出厂价达到了 1500 元每瓶，那利润将达到 1000 亿元。在现在这个位置，5000 多亿的市值是不贵的（2018 年 1 月 15 日，贵州茅台市值首度突破 1 万亿元大关，成功跻身 A 股市场万亿市值行列中。进入 2020 年 6 月后，贵州茅台股价一路突破 1500 元、2000 元等重要关口。7 月 6 日总市值即突破 2 万亿元大关。贵州茅台仅用两年时间，便完成了市值由 1 万亿向 2 万亿的跨越。但贵州茅台市值由 2 万亿跨越到 3 万亿，仅仅用了 7 个月的时间。2021 年 2 月 9 日，贵州茅台总市值首次突破 3 万亿元，股价又创新高逼近 2400 元——编者注）。

但买茅台和资金性质有关。如果你对收益要求不高，比如年化 5% 到 10%，这个位置上茅台是可以买的，如果对收益要求很高就没必要买了。

我判断，2017 年茅台对应的股价应该是 450 元到 520 元左右，这个是比较合理的位置。

牛市刚起步，尽量选 10 倍估值以下的公司

问：榕树投资接下来准备怎么操作？

翟敬勇：我们在中期会遵循好股好价原则做配置。

我们配置了一些低估值的地产龙头公司、龙头金融公司，还在关注优质的光伏、新能源、生物医药公司。

原来的消费股还会做些配置，但如果开新仓的话，配置比重就不会像原来那么高。接下来我们尽量往 10 倍估值以下的公司倾斜。

我们目前是9成5仓位，下半年到明年一直会保持这个仓位。因为我们判断牛市刚起步，而牛市就是要上仓位的时候了。

◎春江水暖港先知——投资理财节股票专场文字实录（节选）

> **访谈背景**
>
> **发表时间：** 2017年6月26日
> **发表媒体：** 雪球网
> **发表人：** 翟敬勇

我们在香港投资了很多年。作为老股民应该注意一点，2017年A股是一个典型的"一九"行情，香港出现了很多大牛股，一批批股票涨起来。如果有兴趣的人可以对比一下2003—2005年之间A股和港股的走势，A股和港股是一模一样的。

我个人在A股投资了20年，在香港投资了十七八年，经历了很多风雨。尤其是2008年A股投资人可能没有真正领略到熊市，但是在香港，你买的股票跌了90%后，还会再跌90%。大家有兴趣看港股中国铝业，这说明香港市场的残酷。

香港股市是一个亚马逊丛林，投资需要守拙

香港比较重视游戏规则，香港股市是一个亚马逊丛林。这么多年我们跟海外投资人打交道，深刻体会到香港这些能做空的人，绝对是人中之龙，精英中的精英。我们从来不敢低估他们的实力，这也是为什么我们要反复提到在香港一定要注意资金的安全。

因为体制的问题，导致代表中国新兴经济的很多公司都在中国香港地区和美国上市，而且这些新兴经济的公司代表了中国的未来。所以，如果要投资港股的话，这一类的公司一定要高度关注。

在香港你不需要找内幕消息，唯独需要守拙。

香港是一个可以在各个领域充分发挥你的优秀和聪明才智的地方，比如喜欢投机的人可以创设权证，每年有大量的权证可以让你买到好公司。也有一批人喜欢博弈，跟管理层博弈，跟市场博弈。

关键是作为个人要去投资香港股市的话，最好选择类似于巴菲特的做法，精选好公司，避免被诱惑。我们讲要相信常识，在香港，常识至少可以保证你不会血本无归。

要获得长期投资收益，需要对企业和行业的深入了解。其实在香港股市、在雪球上，有很多"头狼式"的人，即某一个人对一个企业研究得比上市公司董事长还要了解这家企业。

中国处在传统经济和新经济交替过程当中

第一点，现在香港股市已经进入中盘。按照我的理解，香港已经在牛市当中。什么叫作牛市？4块涨到14块钱不叫牛市叫什么呢？大家可能觉得自己为什么没有抓住这样的股票，那是你的问题，跟市场没有关系。

腾讯已经涨到280元了，背后有一个深层次的原因，说明中国经济已经复苏，在A股基本上买的是各个行业的龙头。

这是一个最基本的判断，这比任何媒体比任何报告都管用。我们关注中国经济是什么样的，中国经济复苏才是牛市的起点。

大家有兴趣可以看大宗商品。大宗商品2008年出现过山车式下跌，一直跌到2016年，长达8年时间，期间消灭了大量中国实业家。

这不只是中国现象，而是全球现象。当大家觉得要破产，全球再深陷危机的时候，说明整个经济触底了，中国处在传统经济和新经济交替过程当中。

今年（2017年）一季度，挖掘机、重卡这些公司基本上利润都是双倍的增长。常年以来，这些行业里面的公司基本都死掉了，就剩下几家，寡头利润就出来了。

新的经济周期导致了传统企业、龙头企业的盈利点快速增长，美的、格力利润增速一点不慢，不同行业龙头企业的增长速度都超过了市场预期。

关键的还是对中国来讲，我们的货币是超发的，简单地理解，2007年的100块人民币到今年年底变成了25块钱。所以，我们的房价是一个货币现象，在这样的情景下，一定会出现一个大牛市。

货币超发但上市公司市值并没有特别大增长，说明市值一定严重低估了，一定要把这些股票纳入囊中。

大胆地关注港股好标的

如果你们有兴趣的话，可以大胆地去关注港股。港股有很多这样好的标的，如果你们有信心拿个一两年，不敢说有100%增长，30%、50%的回报还是蛮可观的。

正好到2019年，整个A股市场调整差不多了，再把资金从港股撤出来，正好是一个完整的过程。

香港市场没有设涨跌停板，你会发现特别刺激。而且，香港港币是和美金挂钩的。全球货币中，美元是最稳定的币种之一，香港有大量代表中国新经济增长优势的企业，各种风格并存。

在香港一定要关注新经济产业，特别是各类平台型公司。腾讯股价已经280元了还要关注？没有办法。腾讯代表了新的中国经济的货币现象，承认也罢，不承认也罢，就是这样。

中国只会有一个腾讯，不会有第二家。不要去等腾讯第二，没有任何意义。

对于教育、体育、旅游，包括人工智能、新能源都应该关注，比如巴菲特投资比亚迪多年，买了基本不卖，就是看好一个产业，看好未来。

非常适合个人投资者去投资的还有三大航空公司——南航、东航、国航。

首先，新能源发展导致原油市场价格不会再出现大幅上升，原油价格市场可能会维持很长时间；

第二，中国高端制造业的崛起，比如大飞机，导致未来三大航资产采购成本会下降很快。这几十年来，三大航经历了从无序到寡头。从前景分析，中国GDP已经到了人均8000美金的水平，中国出境游增多，旅游业会快速上升，未来航空业客座率会非常高。

目前三大航A股和港股价差太大，从这个角度来讲，都是给你送钱的。

港股投资的风险提示

最后，我还是想提示一下风险。

第一，港股和A股有一个最本质的区别，港股跌起来那可真的是没底线，这一点我要反复强调。因为这么多年来，我们经历过很多这类事件，究其原因，港股是欧美资金为主导，每一次金融危机发生的时候，港股一定跌得最快。比如2008年很多中国公司的企业债券从100块钱跌到40块钱，这就是香港股市。

第二，亚马逊丛林法则。香港是一个很自由的社会，只要是不出问题，你赔了钱不要怨别人，觉得他骗了你。这跟别人没有关系，不要抱怨。因为没有涨跌停板，做多做空都是正常情况。

此外，当中国有大的政策变动时，一定是香港先知道的。在这个体系下，欧美资金主导的是一个亚马逊丛林法则。

20多年以来，A股市场靠消息、靠操纵养成了投机思维，在香港股市最好不要跟别人博弈。

第三，纠错要在第一时间。当你发现错了之后，一定要平掉空仓，当你做多也是一样，第一时间清仓，不要抱任何幻想。

千万不要想跌了 30%、50%，还能跌到哪儿？对不起，港股股市可以给你跌 99%，之后再合股再跌。

对于个人投资者，我希望在香港一定不要借钱炒股，如果是亏一点小钱无所谓，如果钱亏大了很要命。

最后，敢于拿住好企业。

◎新时代下 A 股市场悄然发生巨变，拥抱牛市买优质蓝筹股

访谈背景

发表时间：2017 年 10 月
发表平台：乐趣投资
采访人：江涛

中国股市变化之一：良币开始驱逐劣币

问：如今（2017 年）国庆长假刚过，外围市场走得也不错。进入第四季度，您怎么看当前的市场变化？会有些什么不一样的地方？我们先来总结下第三季度。

翟敬勇：第三季度整个中国经济确实非常好，到了 10 月中旬后，各项经济指标都会出来。现在外汇储备 3.1 万亿多，超出市场预期。大家一直担心的人民币汇率兑美元跌到 7 以后，现在回到了 6.6 左右，估计还会震荡攀升。

问：人民币还会继续升值，是吗？

翟敬勇：对，这是这两年股市一个最大的变化。

因为经过 2015 年的股灾以后，大家对中国 A 股心有余悸，特别

是高压反腐以后，牵扯到很多一些原来不规范的行为。上市公司操纵、坐庄等行为都受到严厉打击。包括过去很多中小公司的外延式扩张，因为证监会改变游戏规则以后，靠这种方式增长的盈利模式就不复存在，很多企业的估值就显得偏高，所以本身有个价值回归的过程。

那么在价值回归的过程中，从贵州茅台这些优质股票的走势可以看得很清楚。那就是我们国内的机构和投资人在抛售，但是大部分被国外的一些机构拿走了，茅台是最典型的。

问：新加坡政府进驻了茅台，成为第九大股东。

翟敬勇：对，那只是其中一个机构。我们今年去贵州茅台开股东会的时候，有一家英国的对冲基金就拿了3100万股，它的持股量超过我们国内所有的公募基金持股量。

从这些情况来看，整个中国股市发生了一个很明显的变化。过去几年都是劣币驱逐良币，今年开始良币驱逐劣币，这个现象非常典型，而这个变化实际上从去年就开始了。

优质的股票不断地芝麻开花节节高，而且这些企业无论是受益于供给侧结构性改革还是受益于经济复苏，它们本身的竞争优势越来越强。在这种竞争优势下，反而这些公司估值并不高。虽然看似股价在涨，但是市盈率并不高。

比如我们烟台万华这只股票，你要是按照今年（2017年）它的业绩，目前就11、12倍PE，所以它很便宜。茅台也是一样的，茅台今年如果有230亿元的净利润，那现在也就是30倍静态PE。明年如果增长30%的话，就是300亿净利润，对应当前的股价就是22倍左右PE。如果经济稳定的情况下，像茅台一般应该停在25—30倍PE。

问：这么看茅台还能上涨啊？

翟敬勇：对。我们看另外一个公司海天味业，它的估值从上市以来没有低于25倍PE，现在可是35倍PE。之前是因为市场情绪、经济的原因，把这些优质公司压制住了。

你看伊利，2016年跌到13倍PE，我当时去看就觉得应该回到20倍PE以上。那么，今年（2017年）的中报已经远远超出市场预期，上半年的净利润增速是 28% 左右，全年每股收益应该是在 1.1 元，现在的市盈率也就是 24、25 倍左右。

你说它贵吗？我们更多地要从中考虑到一个稀缺价值。

中国股市变化之二：以全球化标准选择企业

问：就像您刚才说的，现在市场是一个良币驱逐劣币的过程，而且上证 50 为代表的蓝筹股在今年上半年以来一直走的是一枝独秀。那您觉得在这种状态下，好的股票还会继续芝麻开花节节高吗？

翟敬勇：我觉得应该是这样的。因为这里面还包含一个变化。从海外和香港市场可以看到，腾讯从 2004 年上市，到现在涨了 500 多倍。可就是这样，公司上半年净利润还增长 50% 多，所以说大象跳舞也就很正常。

我们看企业会首先看到一个行业的变迁，但很多时候，人们在追逐热门行业的时候往往忽略了一点。因为你是做股东，要考虑回报价值，而股东回报价值最关键一点是考虑稀缺性。

垄断有几种：一种是政府垄断，比如高速公路、机场这种的垄断；另外一个是市场垄断，来自产品竞争力的垄断，比如苹果，基本利润占了行业的 90%，谷歌、亚马逊更不用说了。

那这些公司是便宜还是贵呢？要是按目前的市盈率，现在像苹果才 12、13 倍 PE，因为它的增长在那里。

我们投资实际上要反过来看，不能单纯看股价，而很多人喜欢的是看股价。

问：大家有恐高症。比如茅台过了 500 元以后，大家都觉得绝对价格是比较高的。不过，这也是现在市场发生的一些比较大的变化。就像您说的，像这种稀缺性的公司价值会不断凸显。

另外，对这些好的公司，现在也有很多外资机构不断在进入。目前上市公司的股东成分比起原来也有些新的变化吧？

翟敬勇：这是一个非常重要的影响，对国内投资人是一个颠覆。

以前我们的国门是锁着的，现在放开了，随着沪港通、深港通慢慢地放开。那么在全球一体化的环境下，包括后面会逐步放松外汇管制，以及明年推出的明晟指数（MSCI），这都是一个突破。

这些突破之后，你选择企业的标准就是全球化的标准。

比如国外看好中国，它看什么呢？如果看家电，它可能就看到格力、美的、海尔那几家，因为这几家的家电基本供应了全球。全球一年生产7亿多台家电，中国一共供应了百分之七八十，国外根本没法竞争。

所以从稀缺性来讲，你就想这些公司不仅仅是属于中国的公司，应该也属于全世界的公司。

我举茅台这个例子可能不大合适，可能国外不喝白酒，但是他们需要冰箱洗衣机空调吧？

这是很简单的常识。我觉得投资有时候靠常识就清楚了。

问：对，彼得林奇也说过投资你身边的公司，它的品牌你随处都可见。而且如果又像您说的这家公司在全球都能有一定的市场份额，其实是值得去投资的。

随着对外开放的力度不断加大，在全球化的格局下，对投资人来说，现在也应该用全球化的视角来衡量一个上市公司的价值。

翟敬勇：那是应该的。比如你投电动车，首先就应该选特斯拉，其次再选比亚迪。比如你要选软件搜索，首先选谷歌，接着再选百度。

现在中国最强势的是制造业，你看巴菲特投过的鞋厂都被中国干趴了。这说明产业转移非常迅速，我们从低端的制造业已经转移到高端制造业。

问：高端制造业主要包括哪些方面？

翟敬勇：像精密制造，比如汽车零部件、手机的精密零部件。

像大族激光做的激光设备就没有公司可以跟它竞争。

比如汽车电子以及和汽车有关的玻璃，福耀玻璃一家就占中国70%的占有率，即使放在全球，它的市场占有率也非常高。

再比如中国中车，合并以后在全球的市占率如果不出意外，大概是 70%—75%。

再比如我们造大飞机、航空母舰，这些都是高端制造业，包括美的收购的库卡就是机器人 AI 智能，这些都是我们的优势产业。

实际上，中国制造最强的地方是在有了这个产业链之后，我们有源源不断的人才。所以，一个企业、一个行业的竞争，关键是人才的竞争。

有了这个产业以后，慢慢经过几代人的培养，我们就有竞争力，总有一些优秀的人能把这个产业带到一个更高的高度。

所以我们可以看到，今年造的智能汽车，也许在某一个阶段就把传统汽车业颠覆掉了。

Made in China（中国制造），这是中国真正强于世界的一个源头。这也是中国能够加入 SDR（国际货币基金组织）的重要原因，相当于中国已经拿到全球的货币超发权，就是铸币权。

现在我们排在美元、欧元之后，占了 10%。也许随着中国的国力继续提升，这个排位会更靠前。

中国股市变化之三：正本清源，让社会财富不断优化

问：在一个这么大的背景变化之下，中国的证券市场也在发生巨大变化，可能很多人还没有感受到。

记得我们在上次访谈时，你也提到中国证券市场的牛市已经开启，而且一直到 2019 年可能还会有一个爆发期。

翟敬勇：那当然，实际上中国资本市场现在是在纠错。从我入行以来，最流行的就是坐庄操纵，那个时候大家觉得如果不坐庄的话，这股票就没得玩。

现在国家意识到不能再脚疼医脚、头疼医头，必须要抽刀断水从根上治，打击腐败，包括上市公司勾结资本市场操纵自己的股价，搞内幕消息，以及资本市场联手操纵坐庄的行为。

今年不单是打击现在的违法行为，而且要把两三年前你做的违法行为都给挖出来，这对原来资本市场上的大鳄是一个极大的震慑力。这也是目前 A 股很多股票很难涨起来的一个最主要的原因。

问：实际上现在证券市场也在做一个正本清源的工作。

翟敬勇：对。你看现在证监会一直压着 20 倍 PE 发股票，认为这就是市场的中枢，如果股价要炒高是你的事，跟我没关系，风险自担。

我觉得这当中的关键就是证监会修改的几条游戏规则。比如大股东套现要提前公告，套现也难了；再比如现在定增也很难圈到钱了，而要靠内功。

我们上市公司不能再把股民当一个待宰的羔羊，需要靠内生性增长，要有好的商业模式，要有好的治理结构。这些都是推动企业往前发展的一个最主要的动力。

中国股市变化之四：国有的体制 + 民营的机制 = 符合中国的最好的治理结构

问：那您看了这么多上市公司，也看到很多公司从小到大不断在走向成熟。你有没有总结过伟大的企业有什么共性呢？

翟敬勇：首先就是它的产品要有竞争力。所谓产品竞争力，就是它有好的商业模式，但是好的商业模式又由文化来决定，有好的治理结构。所以你会发现，好的公司都有很好的治理结构。

像万科从最开始的君万股权到华润，它拥有什么呢？国有的体制 + 民营的机制。伊利也是这样。

可以说，国有的体制 + 民营的机制，是现在符合中国的最好的一个治理结构。你看这次混改，云南白药的国有大股东降到 45% 的比重，就可以真正发挥民营的机制。

我们可以看到，这一次国家也是在不断拿这些优秀的企业去试点。比如像海康威视、烟台万华的大股东就是国有大股东，以民营的机制运作。

问：你的总结挺好的，就是国有的体制＋民营的机制，这样上市公司的活力才能不断迸发出来。

翟敬勇：那当然。所以经过时间的磨砺，我们可以看得很清楚，这些公司越来越走向巅峰状态，我们应该抓住这次机会。因为A股股灾之后把很多公司的估值杀得很低，现在这些优秀的公司刚刚从低估值回到合理位置。

它如果停滞不增长了，那就相当于一个固定的收息。比如，如果茅台不增长了，你固定收息就OK。但是它的量价还在增长，换句话说不可能在这个位置上停步。举个很简单的道理，中国一年现在有1100万吨酒的销量，而茅台的销量现在还不到3万吨，它的市占率是非常低的。

这就像当年万科经常讲我们在房地产市场才0.5%的市占率，要到5%的市占率就有话语权了。那现在万科到了5%的市占率，股价已经接近3000亿的市值。

所以我们在看到公司发展的过程中，也要确定这些目标，在一个比较大背景下不断往前推进。尤其现在互联网的进化越来越快，产业周期缩短，新的产业会逐步迸发出来。

中国股市变化之五：以产业资本思路买优质股

问：那你觉得在第四季度或者明年有什么新的产业值得我们特别关注的呢？

翟敬勇：我觉得最大的一个产业就是电动汽车，包括这次比亚迪很快在短期内就涨了30%—40%。包括苹果产业链中的柔性屏，一下子京东方的股价就起来了。包括我们从4G扩到5G，就像高速公路从3条车道扩到6条车道跑的车更多了，那我们视频传输更快。

在这个体系下，互联网已经到了一个繁荣期，就像腾讯、阿里都变成了传统企业，未来5—10年会变成像我们依赖的水、电、公路等，成为基础设施离不开。

所以这些公司会产生一个非常雄厚的现金流，后面的分红会让你很吃惊。如果这些就是你长期找到的一些优秀公司的话，可以让你赚得盆满钵满。

问：那这是一个非常长期的趋势。现在已经在第四季度，您觉得机会主要会体现在哪些方面？

翟敬勇：第四季度的机会第一个要回到业绩。你看最近消费又起来，说明市场情绪好转。包括医药、智能汽车产业链、电子产业链等，虽然国内 A 股没有特别优秀的软件类公司，但是也有一部分像石基信息、恒生电子等软件公司得到市场的重新修复。

目前国家已经定性房子是用来住的，所以我们可以看到限售、限购等措施不断推出。这有个好处，就是在去年（2016 年）10 万多亿的房地产市场资金中，今年到明年还有很大一部分钱会投入到股票市场。

这部分钱进来可以看得很清楚，就是买优质的股票，因为这些都是产业资本，所以会用产业资本的思路，有个 5% 的回报率就满足了。这一块会颠覆很多人的世界观。

因为金融市场的高压反腐刚刚开始，正本清源还没结束。一旦证监会发行新股将存量发完，新三板转板这是一个趋势，那我们股市的供给侧结构性改革也要开始。深交所已经说要严格退市制度，很多垃圾股该退就退，再重组也没有意义。

所以在现在的条件下，对于借壳上市的公司越来越没有太大的油水，这种游戏规则可能就越来越没有市场。

问：在这种情况下，投资者的思路也要做相应转换，就是真正好的东西我们一定要去关注，而不要抱着投机取巧、一夜暴富的心理。如果你还是抱着原有的想法，在这个市场里面可能就会做起来越来越难。

翟敬勇：但是从 2008—2015 年，炒重组、炒成长这一代从业人员要革自己的命也很难。

我们也要相信国家领导人治理国家的决心，既然说了要金融反腐，那你就不要去挑战这个底线。

问：所以面对这么一个变化的市场，投资思路也需要有更新。在节目的最后，你有什么要跟大家说的？

翟敬勇：我觉得牛市已经来了，大家拥抱牛市就行了。如果相信自己的能力，就买这些优质蓝筹股，因为这些股票都是耳熟能详的。

如果你觉得不相信自己的能力，那么把钱交出去，交给你认为值得信赖的资金管理人可能更好。

总之，你现在把钱放银行肯定是不行的，通胀就肯定会把你的钱吞噬掉。

◎ 买茅台10万变400万，不赚市场情绪的钱（节选）

访谈背景

发表时间：2017年12月
发表媒体：中央电视台《交易时间》特别节目《投资者说》
采访记者：胡元　周传凯
摄像记者：苏照宇　林君杰

痴迷股市7年技术分析，不赚钱后开始转型

今天的《投资者说》我们来认识一位业内资深的投资人士。

他曾经7年辛苦钻研技术分析，而后坚定地转型成了价值投资者。

他曾经一年调研110家上市公司，如今调研上市公司总数超过500多家。

他曾经在股灾中几乎身败名裂，而今却又辉煌重现。他究竟是谁？来看今天的《投资者说》。

这位在朋友面前交流心得的投资者，就是我们的主人公——翟

敬勇。

别看在朋友面前交流心得的翟敬勇精神满满，他前一天傍晚才刚从深圳飞抵上海。由于时间安排得很紧，一下飞机，翟敬勇就跟记者聊起了自己最近的行程。

翟敬勇：因为晚上深圳还有约，我要赶回去。这里聊完之后，今天（12月7日）上午长江证券还要来跟我们做尽职调查，调查结束之后就坐飞机回去。

一年走访110家上市公司，买茅台10万变400万

开始转型分析基本面的翟敬勇做了一个重要的决定，他从海通证券辞职去了珞珈投资。而这个决定，也是他人生中的一个重大转折。请接着看报道。

在证券公司干了一段时间后，翟敬勇还是觉得有所束缚，做了一个对自己很重要的决定，加入了当时对于他来说更为自由的珞珈投资。也就是从那时起，翟敬勇开始了调研上市公司。

翟敬勇：我在2004年的时候，一年跑了110家上市公司。我就天天跑，而且保证工作质量不落下。我经常晚上2点钟睡觉，所以我现在的生活习惯实际上是在那时候养成的。我早上可以五六点钟起床，没问题，因为我是满身斗志。

我去上市公司跟领导聊，聊完以后，晚上我会把所有今天对话的东西，全部复述出来，把它整理得好好的发给公司。

翟敬勇去过的上市公司已经超过了500家，调研上市公司的过程，给他打开了一扇全新的大门。他从与高管的聊天中，了解到一些财报上看不到的内容，从而印证自己对企业的判断。

就这样，翟敬勇几乎天天在外头调研，他习惯的投资方法也从技术分析转变到用上市公司的数据说话。也就是那时，翟敬勇开始了长达15年（截至2017年）持有茅台的过程。

翟敬勇：第一次（买入）应该在2003年的时候，它刚上市，在36

块钱买的，一买就跌了。但是我当时就认准茅台好，包括后面到珞珈打工的时候，每个月工资1万块钱，我就拿5000块钱买入贵州茅台的股票。大概是两年时间，我买了10万块钱的贵州茅台股票。

这个10万块钱买入的茅台股票，到2013年的时候，大概赚了40倍。

是什么原因促使翟敬勇能从茅台一上市就很坚定地长期持有呢？

翟敬勇告诉记者，小时候，如果家里过节的时候餐桌上拿出了茅台酒，一家人就会很开心。他就是从这一点开始理解茅台背后所代表的价值。

翟敬勇：你看我对茅台做销售研究，现在已经是15年了，我觉得应该还有点发言权。我们看一个总数，目前中国白酒一年的产销量大概是1100万吨，茅台在2017年也就销售了26000吨。那你算个总量是多少？我们讲10%的市占率是110万吨。1%是多少？就是11万吨。那它的2.6万吨占了整个市场多少？正是它的稀缺，这个市场是公平的。

翟敬勇每年分析财报数据，参加茅台股东大会，最终看准了茅台品牌的定位。他告诉记者，自己投资只关注数据，用数据说话，用客观的事实去选择标的。

翟敬勇：昨天（12月6日）我们就买了接近1个亿元的茅台股票。所以，现在简单去估，像茅台比如说25万吨的存货，你就按1吨200万元去算它的价值，那就是5000个亿。这5000个亿是可以去长期变现的。

它跟别的不一样，跟电视机不一样，那个存货是没价值的。不是有个笑话吗？有一个小偷，偷了一堆摩托罗拉、大哥大之类的藏起来，10年后出狱，准备靠销赃发个财，结果已成一堆毫无价值的破铜烂铁。

这虽然是个笑话，但是背后有寓意，取决于我们对一个企业长期价值的认知。茅台酒的生产工艺决定了这个存货是越放越值钱。

总结 20 年投资——要快乐

虽然翟敬勇在茅台这只股票上收益丰厚,但是在 2008 年和 2015 年股灾的时候,他的表现又怎么样呢?20 多年的投资经历,如今又带给他怎样的眼界呢?

虽然翟敬勇在走访调研上百家公司后,形成了靠数据说话的习惯。但是在 2008 年股灾的时候,他卖掉了云南白药和片仔癀,而选择了当时 PE 更低的华侨城、招商银行和万科,这一次行业方向的选择错误,让翟敬勇后悔不已。

翟敬勇:2008 年我的损失特别惨重,亏了 60%。2007 年的时候,我们管理的资金已经接近 5 个亿元的规模,到 2008 年底的时候,也就剩 5000 万元的规模了,那你想想损失多少了。

现在有一些老朋友说小翟真不错,可当时大家都觉得我们可能从此就 GAME OVER 了。

记者:那时候自己心里顶着什么样的压力?

翟敬勇:忘记了,都过去了,不好的事就不回忆了,有啥好回忆的。反正就是家里出事儿、客户撤资、合伙人分家,所有倒霉的事你都遇上了。最后我去西藏,差点就死在西藏了。

记者:为什么?遇到什么?

翟敬勇:高原反应。

记者:为什么想到去西藏?

翟敬勇:朋友约着去玩,但这个实际上也是一个排解压力的方法。从西藏回来以后,让我彻底就放下了。

人生,你死过一回就 OK 了。很多人没有体会过灵魂出窍,我说我体会过了,真的体会过了。

在体会过人生中的大起大落之后,翟敬勇开始从失败中逐渐形成了自己的投资体系。同年,他根据自己走访上市公司的经历出了自己的第一本书——《寻找伟大的企业》。

现在回想起这本书，翟敬勇说这本书带给自己的并不是赚钱的快乐，而是10年前他发现的这些企业，如今都已变成中国很牛的企业了。

2008年股灾过后，翟敬勇也在不断充实自己。他自2010年起，先后三次去参加了位于美国奥马哈的巴菲特股东大会，从偶像巴菲特身上体验着投资的真谛。

2015年5月，当单月有40%的收益时，他开始察觉到市场似乎出了问题。于是在6月初，他开始持续减仓，最终躲过了大跌。

翟敬勇：做股票有两种人，一种是赚企业自身价值的钱，一种是赚情绪的钱。

所谓赚情绪的钱，就是你买了、我买了、他买了，我也跟着买，这叫盲从性。所以，80%—90%的人都在赚情绪的钱，那就博弈，看谁比谁聪明。但实际上，长期下来赚博弈的钱的人，没有几个能够守得住。所以这也就是为什么我说不太喜欢用技术分析了。

其实，技术分析从很大一种程度看，是在引导大家怎么研究情绪的博弈。我可能跟你采访的很多人的观点是有区别的。

翟敬勇在价值投资的道路上，一路走来也是感受颇深。如今他更加注重如何把健康和快乐融入自己的投资体系里。

翟敬勇：大家现在就是约着跑步，这很重要。因为实实在在的，跑步让大家的身体确确实实能健康。

你要在一年半以前见我，应该肚子是这样的。我当时有165斤，现在大概也就140斤多点，减了20多斤。

我到今年也跑了有13到14个半马，2018年1月7日准备挑战一下厦门的全马，名已经报了。

所以，投资是为什么？为了快乐地生活，而不是说一天到晚跟大家博弈厮杀，不需要这些。

从2015年开始，翟敬勇开始坚持每天锻炼，开始去各个城市参加半程马拉松比赛。他告诉记者，投资和长跑是相辅相成的，互相促进。

翟敬勇：跑马拉松，咱们是快乐跑步。投资也是，你不能被消灭掉，所以这个很重要。

因为跑步的核心就是让整个身体机能运转起来，能长寿，而投资不也是为了长期更好的复利吗？

所以，为什么巴老讲时间是优秀企业的朋友。你甭管做得再成功，如果突然生命没有了，那你的一切就 GAME OVER 了。

所以，像刚刚讲的那样，投资最大的就是要快乐，快乐投资，快乐奔跑。

◎ 25 次到茅台镇调研：好股也要有好价（节选）

访谈背景

发表时间：2017 年 12 月 26 日
发表媒体：《上海证券报》
采访记者：屈红燕

深圳榕树投资成立于 2006 年，2013 年开始发行公开产品，目前已发行阳光私募基金 8 只。2017 年旗下 6 只基金平均收益超过 50%，并进行了不低于 7% 的现金分红，最高的分红达到 22%，给基金持有人带来了不俗的回报。

投资比拼的是耐力和稳定性，榕树投资在投资长跑中依靠对泡沫的警觉、勤于调研、深度思考和抵御住赚快钱的诱惑，累积了不俗的长期业绩。榕树投资总经理翟敬勇近日接受《上海证券报》专访，分享他的投资感悟。

"满满的幸福感，特别踏实。我在 2003 年第一次买茅台，到 2005 年时，贵州茅台已经涨了 3 倍，我就知道价值投资是我的康庄大道。"翟敬勇对记者回忆起最近一次也是人生中第 25 次到茅台镇调研时，这样说，"奔腾的赤水河、浓厚的酒香，让他深深沉醉。"

翟敬勇最早是 2003 年开始买贵州茅台的，当时他就职于投资咨询公司，当时券商研究所也刚刚开始兴起，能够去上市公司深入调研的专业投资者相当少，翟敬勇就是从那时起开始迷上调研上市公司的。

到 2005 年时，他已经跑了 300 多家公司，和茅台、伊利结下了很好的关系，也认识了赵丹阳、林园和康晓阳等一批职业投资人。

此后翟敬勇每年都要去贵州茅台厂至少两次，无论是空仓期还是持有贵州茅台股票，整整 13 年没有变过。

2012 年，翟敬勇观察到贵州茅台厂的部分生产线停掉了，就在 2013 年坚决清仓。但是，他发现到了 2014 年和 2015 年，尤其 2015 年春节，突然生产线不够用了，厂里放假的工人都召回去加班。

翟敬勇：我也不断找经销商买贵州茅台酒，通过消费观察热度。这个数据才是最具有权威性的，而不是看了谁的报告，凭着主观去想。

也正是由于持续调研，让他在 2015 年开始感受到了茅台酒销售的回暖，敏锐判断贵州茅台业绩将会出现拐点。2016 年初，贵州茅台的市盈率仅有 15 倍左右，这也是翟敬勇敢于重仓买入的原因。如果买入价格过高，就连贵州茅台也需要用长时间去消化高估带来的泡沫，贵州茅台 2008 年全年跌幅超过 50%，给其持有者带来了巨大的压力。

翟敬勇：只有勤于调研，才能将投资建立在坚实的基础之上；唯有将投资建立在坚实的基本面研究和深度思考之上，才能夜夜安枕。

再优秀的投资经理，都仅仅是一个小股东，是外围的观察者，投资就是把自己放得越低越好，像贵州茅台、烟台万华这样的公司都是需要长期跟踪的公司，空仓不代表不去观察不去调研。

翟敬勇：投资一定要遵循一个原则，高估时一定要卖。这是我们在 2008 年吸取的最大教训。举个例子，2007 年初伊泰 B 股价在 1 美元左右，2007 年 10 月伊泰 B 股价涨至 16.25 美元，2008 年再度跌倒 1.6

美元。如果私募基金经理就这样来回坐过山车，是受不了的。

正因为对泡沫的警觉，翟敬勇在2015年6月全部清仓，躲过了此后的股市巨震。

抵御住赚快钱的诱惑，远离内幕消息炒股和操纵市场，坚持走正道，获取时间的复利，这也是翟敬勇多年来总结出的重要经验。

他表示，榕树投资买股票从来都是根据公开消息，自觉抵御内幕消息。拒绝内幕消息，抵御赚快钱，榕树投资会走得更稳健。

◎ 买股票就是买公司，4毛钱买1块钱的东西（节选）

访谈背景

发表时间：2018年2月

发表媒体：《第一财经》&《七禾网》

采访记者：沈良

关于价值投资

问：翟总您好，感谢您和《第一财经》&《七禾网》进行深入对话。学校毕业半年后，您毛遂自荐到证券公司上班，当时您为何放弃原来的工作，下定决心进入股票市场？

翟敬勇：我没读大学，中专毕业第一份工作是被分配到我们当地的塑料加工厂上班。后来毛遂自荐到证券公司上班是因为家里穷，受到炒股的姑姑影响，加上当时湖北有个湖北兴化上市后创造过财富神话，认为股市能发家致富，就产生了兴趣。

其实，像我们这个年纪的人在证券市场摸爬滚打的多数是半路出家，都是看到股市红火就进去了。挣了两年钱就突然遇到大熊市，开始沉下心来学习，学习之后才慢慢转为职业投资人。

问：您做股票原先使用的是技术分析的方法，但6年时间没赚到钱。2003年转为价值投资。当时是什么契机，决定转做价值投资？

翟敬勇：这也算是一个时代烙印。我们在1996年开始炒股票，市场上全是坐庄的，当时的市场没有价值投资，投机心理较重，科学名字叫博弈。

所以，当时日本的蜡烛图、艾略特波浪理论、江恩理论、时间周期、八卦易经等特别火，当时我就在这样的氛围下学习。

后来，我发现技术分析带来一个不好的后果，往往只是事后分析精确无比。我身边一群朋友，之前研究技术分析，但后来都慢慢转移到价值投资。

我认为国家在进步，金融市场在逐步规范、完善的过程中，从技术分析转到基本面分析是一个必然现象，未来我们赚企业价值的钱成为主流也是必然。

当时市场转变明显是受社保划转、国有股减持等政策的影响，市场情绪一下子转化了，知道这时应该看企业价值。

到了2001—2002年，一批优秀、让人放心的公司上市，比如茅台，我当时就买了，我在2008年也没有卖过，不卖的原因是我认为这是中国最好的企业之一。

总的来说，社会在不断发展，我们要顺应时代发展潮流。

问：在后来的投资生涯中，您对价值投资有没有产生过怀疑？2008年、2015年的下跌，您是如何度过的？

翟敬勇：2008年给我最大的教训是我们不能机械地理解价值投资，真正的价值投资是一旦企业被高估就一定要卖。

作为一个企业的股东，股价贵了不卖就是傻瓜，便宜了不买也是傻瓜。很多人以为巴菲特是只买不卖，那是错误的。

此外，我们还反思了帮人理财的策略，自己的资金可以一直坚持，但是很多客户坚持不了，2008年我们很多客户都撤资了。

他们把钱交给你，是希望能够实现平稳增长的。他们并不了解企业情况，看到资金曲线忽上忽下就坚持不了，觉得不如自己做。

2015年我们完全没有任何痛苦可言，因为已经完全掌握了理财的特性，所以2015年6月上旬就开始减仓，6月20日基本就保持净现金的状态。当时卖了如果卖错了，我还有机会买回来。

职业选手和业余选手是不一样的。职业选手帮人理财首先是不能亏钱，所以风控是排第一位的。今年我一直在学做减法，做好头寸管理。

客户之所以会把钱交给你，第一是认同你的理念，第二是你帮他理财他能够安心。他不会知道你买了什么股票，就是看到净值在波动。所以，波动越小，他心里越舒服。

十几年前我就提出"快乐投资，快乐生活"，2008年给我们的教训是太固执了，机械地执行价值投资。

我从2003年开始买茅台，到2013年阶段性卖掉，因为那时候出台了《八项规定》，短时间内没人喝酒了。一个企业的产品卖不掉会产生什么后果我根本无法预料，为什么要去赌这件事？当你能够预见这些事时，要及早做出判断。

投资一定要戒贪，每年能保持15%—20%的增长，已经是高手中的高手了。

问：这些年来，您对价值投资的认知，从一开始到现在有何改变，有何升华？

翟敬勇：从原来的只买不卖到好股好价。另外，价值投资要遵循"不亏钱"的原则，要让自己立于不败之地。

想要立于不败之地，第一要找好企业，第二是要买得足够便宜。巴菲特说买股票就是买公司，4毛钱买1块钱的东西。

像《道德经》里所说，一生二，二生三，三生万物，靠大家去参透。

问：就您看来，技术分析在股市到底有没有用？若有用，应该用在什么时候，什么地方？

翟敬勇：当然有用，任何东西存在即合理。技术分析是一种行为学，是反映市场行为的。我们每个人在市场是一个投票器，每个人做一个决定的背后都是自己的思维。

我们进入互联网时代后,股市就更容易暴涨暴跌,就是因为大家的行为往往容易趋于一致。

技术分析又是一种概率统计学。投资有句行话叫"无限地逼近事实真相",我们研究一个事物、企业,研究经济都是盲人摸象,从不同的角度看都会有局限性,包括股神巴菲特都有局限性。

价值投资是透过本质看表象,而技术分析是透过表象看本质。从技术分析的角度来说,如果要成为博弈的高手,那必定是金字塔式的,只有索罗斯能够狙击英镑赚大钱。

问:对一个企业来说,"价值"是什么?"价值"由谁创造?怎样才能持续创造"价值"?

翟敬勇:价值就是价格叠加资产的质量。企业是由人创造的,价值是由优秀的企业文化创造的,这也是企业真正的护城河。

巴菲特和芒格在80岁、90岁的高龄还坚持工作,而且很无私,赚的钱都捐出去,这就是企业文化。伯克希尔每年年报中都有一个收购的标准,之所以有那么多人愿意卖给他,是因为觉得自己能力到达了边界,把公司卖给伯克希尔,自己在股东层面还能继续工作。

王石原本想找个股东长期支持万科发展,但是有人来搅局,那企业文化就容易改变。

企业是由人创造的,需要一个组织架构,组织架构又需要一个稳定的制度,这个制度还是由人来制定的,所以企业文化非常关键。

同仁堂之所以能够经历三百多年风雨,是因为它的企业文化有一点是"炮制虽繁,必不敢省人工;品味虽贵,必不敢减物力"。

茅台就是坚持"九蒸八酵七取酒,五年储存出酒",看似简单的工艺其实很复杂,每一个继任的领导都想创新,但是核心是不能变的。

像步步高的企业文化也很好,首先是不作恶。对待员工,不拖欠工资;对待供应商,不拖欠货款;对待消费者,不卖次品。这样的企业不发展都难。

总体来说,我认为看一家企业首先是从表象上看商业模式,再推到企业的治理结构，再看企业文化。

问：怎样的行业，能够保持不断的成长？

翟敬勇：任何行业都会衰老，都会死去。现在大家都喜欢消费品是因为我们现在还没过渡到不吃不喝的时代。中国传统留下来的一个是饮食，一个是医药。所以长期来看，围绕人的生老病死、生理需求的公司可以流传。

但每个时代的需求是不同的，适应当下需求的公司就能获得大发展。

投资不能盲目刻舟求剑，一定要学会顺应时代潮流，比如现在都要推出无人驾驶了，你还去买燃油车就不对了。就像当年蒸汽机出来的时候，你还非要买马车，那就是悖论了。

美国相对来说是充分市场竞争，在行业中我们就可以仔细去推敲。我个人总结就是一句话，要投资顺应时代的公司。比如现在进入互联网时代，大家都习惯于网购了，就应该投阿里、京东。

还有人要投永辉超市？我就不投。从个人行为上看，我一年去不了几次商场，有什么需求网上点一下就能送货上门，大大提高了我的时间效率。

我们现在已经进入一个高度细分的时代，所以更要思考哪个领域值得投资。

问：哪些类型的企业，其发展没有天花板，或者天花板很高（很难触达天花板，发展空间大）？

翟敬勇：任何一个行业都有天花板，相对天花板高一点的就是互联网。看美国的谷歌、Facebook，国内的阿里、腾讯获利都很高。

从长期来看，是要看一个行业中优秀的企业能否长期保持稳定的现金流，那算一个简单的估值就行了。

我很早就明白复利的价值，如果现在买的这些资产能够长期稳定提供现金流，再加上全球未来一定会进入一个长期通胀的环境，货币是贬值的，那投资这些公司你的收益就会比别人高。

我们投资的目的就是为了跑赢通货膨胀。

问：就您看来，不管是上市公司还是非上市公司，中国现在有哪些伟大的企业（5—10家）？中国哪些优秀的企业会成长为全球优秀的企业？中国优秀的企业，有没有可能全面超越美国优秀的企业？

翟敬勇：茅台肯定是第一家。92%的毛利润，50%以上的净利润率，从商业模式上来看是没有问题的。

从需求上来看，人不可能不吃不喝，所以对于企业来讲只要遵循正常的生产工艺就行，成本几乎是固定的。或者说，成本的变动远远小于产品价格的变动，毛利润已经反映出这一点。

腾讯是第二家。第三家是中国平安。第四个是美的。第五个是伊利。

看好伊利的理由和茅台一样，生活的需求存在，虽然利润不高，但这是个大众必消品。伊利产品的弊端在保质期短，所以存货价值低，这算是短板。但是毛利润低又很容易形成规模效应，容易形成寡头。伊利的治理结构非常好，所以他们在品质管控上已经获得了大众的信心。以中国人的勤奋，伊利未来在世界范围内的扩张是可以预期的。

我们能在全球吃到雀巢的雪糕，为什么不能吃到伊利的雪糕？这和当年可口可乐的扩张是一样的。大家都说巴菲特投的可口可乐是伟大的公司，其实这些都是快消品。

刚才提到的美的也是快消品，无非就是在家电行业。看好美的是因为他们抢先布局了人工智能，在未来会有很大的发展空间。

我觉得中国一定会出现一批屹立世界之巅的企业。现在已经有了华为，未来的平安、伊利、美的都有可能成为世界一流的公司，这才是中国真正崛起的表现。

问：好行业、好企业的股票，在什么时间、什么位置买入，才算是好价格？

翟敬勇：这个没有标准，我的答案不一定适合别人，别人的答案也不一定适合我。

我觉得万变不离其宗，市盈率一定要便宜。我们在2008年犯的错误是像茅台都有 70 倍 PE 了，还继续持有。

再好的东西都会跌，没有跌也只是因为情绪还没开始恐慌而已。企业的成长和人生一样，没有一帆风顺，一定会遇到跌跌撞撞。唯一值得相信的就是治理结构和企业文化。

这些东西没有改变之前，如果企业遇到危机，就是买入的好时机。

这就符合巴菲特以前买运通的案例。运通当时被卷入了色拉油诈骗丑闻，但是巴菲特对运通调研后，发现他们的经营状况并没有受到影响，所以他就开始买入股票。

价值投资就是每次要利用外部危机去捡便宜。

问：假设您特别看好的一个公司，买入了它的股票，但价格下跌了，您会不会坚持持有？会不会灵活调节仓位？

翟敬勇：看情况，如果判断错了就会第一时间认错。如果判断正确了就会一直持有，有多余的资金还会补一点头寸。

问：有没有可能看错一个企业？如果看错了，但已经买入了，该怎么办？

翟敬勇：第一时间不惜一切代价纠错，越早纠错你损失的就越少。

问：一个企业的领导人是怎样的人，您会比较放心？一个企业的领导人有哪些问题，则必须放弃该企业的股票？

翟敬勇：一个人做人、做事、做企业的本分，就是你的幸福不能建立在别人的痛苦之上。

所以，我们公司文化就是"正直守信、勤奋达观"，我希望我投资的公司也是这样。老板要诚实正直、勤奋乐观，具有这样特点的企业我是比较喜欢的。

问：一个曾经伟大的企业，经常犯哪些错误，就会沦为平庸的企业甚至不入流的企业？

翟敬勇：做投资会亏钱，做实业也会亏钱，但是一定要会纠错，巴菲特就在持续纠错。

伟大的公司在这方面一定会注意的。一旦出现经常犯错，其实企业文化就变了，当企业文化变了，公司走向平庸是必然的。

作为一个外部投资者，就需要对企业进行长期跟踪调查。当一个企业领导人能够引领一个企业的时候，基本上都是40岁以上了，黄金年龄期在15年到20年。铁打的营盘流水的兵，所以看一个企业还要看它的制度。

强调企业文化，是因为当员工都信奉这套约定俗成的规矩之后，才能传承下去。

伟大的企业是由好的企业文化传承。微软的比尔·盖茨很早就赚到钱，把企业的经营权交出去了，自己做慈善。

巴菲特说他就是要找有钱的人帮他管钱，因为这些人是热爱事业，而不是为了钱来工作的，所以巴菲特才能放心地把钱交给他们。

问：做价值投资的人都会研究和学习巴菲特，但不同的人对巴菲特的理解也是不同的。您觉得巴菲特是一个怎样的人？巴菲特最大的优点是什么？他有没有缺点？

翟敬勇：巴菲特就是"快乐投资、快乐生活"，我希望我80多岁的时候还能像他一样喝个可乐，吃个巧克力，人的生活要幸福就是简单。

说到巴菲特的缺点，世人都会有缺点，但是他的缺点我不知道，因为我没跟他接触得那么多。

中国人学巴菲特更多的是学他怎么赚钱，实际上赚钱是中国人的信仰。但是，我觉得更应该学习巴菲特的世界观。

巴菲特的世界观告诉我们，作为一批有专业能力的投资人，我们把社会的财富聚集到一块儿，应该把资产配置到最有效的地方，让经济更有效地运转。我们赚的钱应该是要回馈社会的，这是需要在中国优秀的投顾间大力宣传的。

我觉得不能只顾自己闷头赚钱，应该把赚企业钱的理念传播出去。传播一个好的价值观，要比自己赚钱快乐得多。

问：就您看来，巴菲特在投资上的核心理念是什么？您能否像巴菲特那样，十年、二十年、数十年坚持持有一个企业的股票，和这个企业共同成长？

翟敬勇：茅台我是一直持有的，唯独2012年这个行业在国家整顿官场风气下出现了危机，我暂时出来观望了一下，到了2016年又开始重仓买入了。

我们投资首先是看企业文化，看企业的商业模式、治理结构，再看当时外部的环境。

中央出台《八项规定》的时候，我耐心观察茅台受到的影响，而不是机械地投资。当我发现影响消失了之后，再次买入就行了。

巴菲特的核心理念是买股票就是买公司，4毛钱买1块钱的东西。道理很简单，就像一生二、二生三、三生万物一样，真正去实践就非常难了，比如怎么去判断一个位置是不是4毛钱。

问：巴菲特说，一个上市公司如果不想持有10年，那么最好别持有10分钟。如果未来10年让您只持有一家上市公司，你会选哪家？为什么？

翟敬勇：茅台。因为它稳定，90%以上的毛利，50%以上的净利润，我们做实业一想就知道这种企业有多好，而且他们的存货是增值的，所以从商业模式上来讲，他们比任何一家公司都赚钱。现在的茅台25万吨的存货，按200万元一吨来算，就价值5000亿元，账上800亿元现金，再加上一些无形资产，现在的估值也不贵。

问：您觉得全球华人中最接近巴菲特的是谁？为什么？

翟敬勇：我不知道。巴菲特的思维模式和境界是很多人达不到的，我们可以学巴菲特的思想，但是一定不要和巴菲特相提并论，我觉得这是妄自菲薄。

人与人的差距是几何倍数的差距，换句话说，巴菲特能把自己几千亿身家捐给慈善，华人富豪里有几个能做到？人的生命都是有限的，还是要过自己的幸福生活。

问：中国A股市场的氛围和环境，能否照搬应用巴菲特的理念和方法？是否需要一定的调整？

翟敬勇：当然可以，我觉得已经到这个时代了，赚企业增长的钱的时代已经到来了，博弈的时代已经往下走了，A股市场也是一样的。

不用调整，就是 4 毛钱买 1 块钱的东西，这个标准全球通用。

问：贵公司 2018 年荣获《证券时报》主办的 2017 年度金长江奖"快速成长私募基金公司"，也在其他平台获得一些奖项。请问，贵公司在 2017 年做对了什么，才取得了较好的成绩？

翟敬勇：做对了"赚企业的钱"这件事，用"4 毛钱买 1 块钱的东西"理念买最好的公司。

15 倍 PE 买茅台，15 倍 PE 买五粮液，14 倍 PE 买伊利，7.5 倍 PE 买神华，7 倍 PE 买万华，不赚钱都是不合理的。

得奖只是个结果，是因为我们做了正确的事情，在很便宜的时候买了优质的企业而已。

关于上市公司调研

问：这些年来，您曾深入走访调研 500 家以上的上市公司，请问，您在走访调研企业时，主要关注哪些方面？

翟敬勇：第一，管理层的品行，这通过看年报是看不出来的。我去一家公司和管理层聊，首先会听其言、观其行，再通过时间来观察，让时间说话。

第二，以谦卑的心态去公司。每一家上市公司的领导人都是人中龙凤，都是非常优秀的企业家，他们身上都有值得我们学习的地方，所以我去这些公司一般都是抱着学习的心态。

第三，在观察和学习的过程中，我要了解企业的战略目标。一旦发现有好的企业就会长期跟踪，比如茅台、伊利、万华、万科、平安，等等。我从这些企业上市就开始跟踪，已有 15 年左右，经历了好几个经济周期，对我来说，赚这些公司的钱就相对容易了。

问：除了从企业经营的角度，您会不会站在该企业的用户、消费者的角度，观察和思考企业的各种情况和问题？

翟敬勇：当然会。比如茅台，白酒行业就两种酒，茅台和其他酒。茅台代表的是身份和地位，是奢侈品，不能简单地用成本和价格来衡量，它能给你带来的是一种愉悦感，情感需求比价格更重要。

我现在经常跟人说，现在送别人一万块钱，别人根本看不上，但是送人一箱价值一万的茅台，别人就会很开心。手机也分为苹果和其他手机，果粉是从来不问价格的，一样的道理。

投资是一定要站在用户和消费者的角度去思考问题的，刚才说到投资是无限逼近真相，投资就是要多维度了解企业。

巴菲特说一个受消费者欢迎的公司要去关注，消费者都不买他们产品的公司一定不要去买。

问：就您看来，深入了解一家上市公司是否一定要去现场看？去现场和不去现场最大的差别是什么？

翟敬勇：去现场有个好处是能和这些优秀的企业家面对面交流、学习，能听他们的战略规划，这些是很难得的。

网上都可以看到伯克希尔的股东会视频，为什么我们还要去奥马哈呢？去现场可以看到其他人对股东、投资人的评价，这些是在网上得不到的。

有些人不去现场也能做得很好，因为他们本身就是很优秀的企业家，很顶尖的投资人。

芒格说，做投资就像开飞机一样，上飞机之前要把各个零部件都检查一下，投资原则不能改变。有时候去现场，能够增强自己的信心和判断。

问：请您谈谈，对基金管理人来说，调研的意义是什么？调研在您的投资决策中占多少权重？一家公司买入之前是否必须调研？仓位较重的公司每年跑几次调研？

翟敬勇：基金经理人必须对投资的股票负责。如果一个基金经理人对自己的股票都没有深入了解，怎么能够放心持有？

调研在投资决策中的占比是100%，没调研过的公司我肯定不会买，而且一定是跟踪了5年到10年。

像茅台我一年会去一到两次，非常时期会去得更多，他们就像是我自己家的企业一样，虽然我不参与具体经营，但是我要经常看看他们干得好不好，他们遇到危机的时候我们也会帮忙出主意。

问：周期股和非周期股在调研上有何区别？周期股和非周期股各自有何特点，应如何搭配？

翟敬勇：对于任何公司，在调研上都是一样的。原则上就我刚才说的三点，然后具体问题具体分析。好的公司、幸福的家庭都是一模一样的，不幸的家庭各有各的不幸。

从基金上来说，周期股和非周期股是均衡组合。不过，我认为所有的行业长期来看都是周期性的，只不过有些给人周期性感觉更强一些，有些弱一些。

问：您每次都亲自跑调研吗？还是自己跑一次之后，就让公司的研究员跑？

翟敬勇：如果我已经把一个公司看清楚了，那我去得就少了；如果没看清楚就多去几次。我一年大概有 1/3 的时间是在跑上市公司。

问：调研上市公司这么多年，哪一次让您印象最深刻？

翟敬勇：最深刻的一次是去万华。我们飞烟台，但是途中遭遇大雪，经停济南，我们在机场待了一晚上，第二天飞机停飞了，我们又从机场赶到火车站，坐了 8 小时的绿皮火车到烟台万华，这样就错过了股东大会，但是后来跟管理层吃了饭。

我觉得这里还是有乐趣在的。跟上市企业的老总交流，往往能认识一批志同道合的人，比如我和另一个私募基金经理梁瑞安也是在茅台认识的。那次中途遇到恶劣天气、恶劣情况，我们也都能理解赚钱的辛苦。

问：和一家上市公司的董事长或董秘关系好一点，是否有利于对这家上市公司整体的判断？

翟敬勇：那不是，如果你尊重那些企业家，时间长了，大家就像交朋友一样。对我们的帮助是，他们在对世界和事物的判断上，能够给我们投资带来更宽的视野。

各个企业家对自己行业的形势会更加敏感和清楚一些，就像我们做股票的，对市场的情绪肯定比做实业的更了解一些。我们也能和他们交流，互相帮助。

问：您在参加相关企业的股东大会时，主要想听什么内容？会对哪些数据比较敏感？

翟敬勇：更喜欢听公司讲战略规划性的东西。

数据这块不同情况不同分析，无法定量。也许一段时间内对销售数据比较敏感，一段时间内对新产品开发比较敏感。

问：看上市公司的招股说明书、年报、季报、公告、公开信息等，应如何梳理脉络？如何抓住重点？如何寻找机会？

翟敬勇：重点是公司的治理结构、商业模式、企业文化，产品的定位，销售，财务的安全性等。

寻找机会就是公司内部不存在问题，而是外生性问题产生时，就是买入的时机。

当然，每个企业都是不一样的，所以也是没有标准答案的。

问：就您切身的经历来看，各类A股上市公司的对外信息，诱导性、欺骗性的更多，还是真诚的更多？

翟敬勇：都有。社会在向前推进，互联网时代造假要付出惨痛代价的，乐视就是最好的例子。

作为一个上市公司，有时候为了商业机密或者战略部署，延迟发布报表，这没有什么错和对之分，不是恶意的就可以。

以前茅台供应给每个经销商多少酒都会公布，后来就以商业机密为由不披露了。

我们要辩证地看待这个问题，关键是要看到企业长期的发展趋势。

问：您也有参与港股的研究和投资，请问，香港股票市场和A股主要的不同点有哪些？

翟敬勇：港股和A股肯定不一样，港股第一有做空机制，第二不设置涨跌停，第三香港是个离岸市场，第四是以香港和全球的成熟投资为主。

A股有涨跌停板，所以涨得慢跌得慢，香港当市场情绪来的时候，涨得快跌得也快。

从这个角度来说，香港市场对企业研究的要求更高。

所以，在香港赚企业钱的人都是赚得盆满钵盈，而做博弈的人大多都铩羽而归。

问：港股市场，您目前看好哪些板块？

翟敬勇：我的观念还是以公司为主，我看好企业文化、治理结构，一定是挑企业，而不是挑板块。

我认为投资是一定要算账的，香港市场跌能跌过头，涨也能涨过头，所以，在投资上有更高的安全垫的情况下，香港市场的收益是非常棒的。

关于腾讯，关于投资理念

问：您很看好腾讯这家公司，请问您是什么时候开始看好的？为什么看好？现在是否继续看好？

翟敬勇：腾讯上市的时候我就很看好。但是当时缺乏对大格局的理解，就拿不住这些公司。

真正看好是市值到了 15000 亿以后，但重点不是市值，而是商业模式稳定下来以后。随着互联网加速应用，腾讯在几大平台的战略就起来了。

腾讯最早赚钱是靠 QQ 和电信流量费分成，还靠游戏渠道赚钱。现在从游戏发展到了文娱平台，阅文集团也上市了。未来文娱平台在精神领域的消费是很大的市场，还有微信支付已经成功切入金融平台，此外微信公众号已经变成了一个自媒体平台。

在这三大平台下，腾讯的三个支柱点就更加稳健了。

腾讯可能在未来 5 年到 10 年里就会变成"水"和"空气"，变成大家日常生活里离不开的东西。

去年有个投票，要求苹果和微信二选一，网上 90% 的人投给了微信，这就是我们可以看到的腾讯的价值。

问：如果离开了微信，您的生活会有何改变？还能不能正常生活

和工作？

　　翟敬勇：那当然会很不舒服，就像突然让你一个人回到原始社会就会不适应，但如果大家都回到原始社会，那也就坦然了。

　　这是不可逆的，这个假定没有意义，我们已经不可能回到马车时代了。

　　问：抛开腾讯的利润等因素，单单"微信"这个品牌，您觉得值多少钱？微信有没有被取代的风险？

　　翟敬勇：任何东西都有被取代的可能，但是目前我也没想出来有什么能够取代微信。如果有东西不能被取代，那这个社会就没有意义了。

　　微信具有社交价值，但具体值多少钱我也不知道，只知道黏性很强。一旦被估出来，脑子里就有个天花板了，就考虑到什么位置应该卖掉了。

　　巴菲特就说真正优秀的企业不应该老想着去卖掉，还是要看时代的发展。投资如果不顺应时代潮流，就是给自己找不痛快。

　　问：您有没有专门研究马化腾，觉得他是一个怎样的人？他能否带领腾讯继续发展20年？

　　翟敬勇：我没有研究过他，我就知道他挺低调的，我们见到的都是公开信息。就2004年开股东会的时候，我们去调研见过一次，后面就很少见了。

　　未来腾讯的发展有没有马化腾不重要。企业运行到一定程度的时候，靠制度推行，而不是靠某一个人。就像苹果，别人可能高估了乔布斯对苹果的影响。我当时也以为乔布斯去世以后苹果就完了，但是我的朋友认为有没有乔布斯都一样。所以当时我每股赚了100元就卖了，结果现在苹果还是好好的，这就是穿透力。

　　优秀和卓越的公司相差的就是穿透力，这个穿透力决定着你能否真正赚大钱。

　　问：您曾说过"能买老大就买老大"，为什么要买老大？如果老大太贵了，买老二或老三，行不行？

翟敬勇：投资要遵循巴菲特说的"4毛钱买1块钱的东西"原则。当行业在发展的时候，企业都在发展。老大在往前跑的时候，老二也在往前跑。

当大家达成共识的时候，估值到达一定程度，整个行业都应该休息休息，从安全性角度来讲，老大会比较好。

在2008年的时候，蓝筹股都到了七八十倍PE，如果还持续买入，那赔钱是必然的。

问：您偏好于选择少量股票，为什么只选很少的股票，而不是多选一些分散风险？您一般持有多少只股票？

翟敬勇：分散风险都是骗人的。从企业角度去考虑，每家公司都会带来一个信息。

要了解一个公司需要5年到10年的时间，你有这么多的精力去观察那么多公司吗？时间越长，筛选下来可供选择的公司就越少。

投资是寻求安全的，一定要投到能睡着觉的公司里。如果投资了一家公司，自己天天睡不着觉，那还有意义吗？这就背离了快乐投资的理念了。

我们自己一般持有2家到4家企业。

问：过去那么多年实践下来，您的投资组合每年的换手率大概是多少次？对收益曲线的回撤极限容忍度是多少？

翟敬勇：看情况，如果是基金还是要看市场，因为要考虑风控问题。但是个人的话，不出现大问题，尽可能不交易。

腾讯每次下跌10%、20%，在低位卖了也不知道什么时候买回来。

有句话叫"屁股决定脑袋"，有时候能够稳坐交易台比聪明才智更有用。巴菲特的很多交易方法和理念都是适合个人交易的，但是他的投资组合又是经常在随着市场变化的。

从理财的角度来说，客户的极限是不能亏损超过15%，所以我们做组合投资也是为了尽可能减少回撤。个人就无所谓了，一般持有3到4只股票，收益会很高，但同时波动性也会很大。

问：您认为"2018年投资一定要做减法，会做减法的投资人将是

大赢家"，为什么一定要做减法？这个减法应该怎么做？

翟敬勇：我觉得这是一种头寸管理。巴菲特说过一句话，现金就像空气一样，平时看不出来，一旦到救命的时候就非常重要了。

从去年开始，蓝筹股从低估到合理，在资金的推动下又走向适当溢价，这时企业会有分化。老大可能还会高速增长，但是老二、老三就会产生"瓶颈"。就像跑马拉松一样，前30千米是看不出区别的，到最后10千米的时候，老大、老二、老三的差距就显示出来了。

我们投资也是马拉松，在大家估值都合理的情况下看投资人如何抉择了。像现在深圳的房价也是，现在都是每平方米8万元、10万元的房子，但是10年后绝对会分化开来。

做减法是说有些公司只是赚一个阶段性的钱，估值已经到了合理位置，就出场观望一下。

人不要贪。这两年选中那收益率10%或者20%股票的投资人，都已经赚得很满足了，远远超出了社会平均收益水平，这个时候有些人还想加杠杆，那就是贪念了。

巴菲特也说，人要克服自己的贪婪，克服自己的恐惧。

问：像贵州茅台、中国平安这样的公司，是否值得长期配置？像神华这样的公司，应当长期投资还是阶段性投资？

翟敬勇：目前阶段都适合长期配置。但是贵了的时候，该卖还是要卖。

这些企业的商业模式、治理结构肯定是没有系统性风险的，但是估值是人心给的。当它只有四毛钱的时候你就要大胆买入，当它到了一块五、一块六的时候你该卖就卖。

关于朋友和人生

问：您和但斌是很好的朋友，2001年就结识，您觉得你们两位的投资理念有何相同点？有何不同点？

翟敬勇：相通点就是大家都觉得买公司就是买企业，他看问题比我更有高度，我也有我的优势。这么多年我坚持去调研上市公司，对上市公司还是比较了解的。

问：就您看来，为什么但斌能在股市投资中获得成功？他除了投资能力外，最宝贵的品质是什么？

翟敬勇：做价值投资的人都比较真诚。他投资了什么标的都会说，就是赚企业成长的钱，乐于分享。做价值投资的人都敢于把企业的基本面情况跟人分享。

我们一群人喜欢在一起聊天，不是说一个股票我买了你不能买，而博弈就是我告诉了你之后，你买了我就不能买了，过了今天的价格明天就没了。

伯克希尔不公布标的，是因为企业大了，怕大家跟风，但是我们现在的资金量还小。

问：2008—2012年，在您投资人生最低迷的阶段，段永平先生给了您特别大的帮助。请问，他给了您哪些帮助？对您后来的投资和生活有何影响？

翟敬勇：段永平先生是非常优秀的实业家，我在调研上市公司中遇到的问题，他都能用非常简单的语言帮我解答。比如企业家要守本分、不作恶，他跟我讲了，也跟别人讲了。

我之所以有这么大的收获，是因为我在调研企业中正好有这样的困惑。企业估值过高为什么还不卖，说白了就是贪念。包括我这里有很多上市公司的信息也会和他们分享，相互帮助、交流之后，我再去看企业会更加轻松一点。

相当于我搜集了很多素材，需要人帮我点拨梳理一下。

问：但斌曾说您虽然出身寒门，但一定会成为非常出色的人。请问，出身寒门对您来说是好事还是坏事？

翟敬勇：出身是自己没法选择的，出身寒门就会更专注，但同时也会失去一些东西。像我的孩子从小会给他培养一些兴趣爱好，但这些都是需要花钱的。

这个时代在进步，如果能够选择，大家当然都不希望出身寒门。

能过得幸福，为什么要过得苦哈哈的？我们现在作为父母，也是尽可能给孩子一个更好的平台。以后他喜欢什么就让他去做，不选择投资也没关系。

像我进入投资行业也是误打误撞，觉得其他行业赚钱慢。虽然最初是为了赚钱，但是在过程中不断转变了思维和理念。

问：除了但斌和段永平，您最想感谢的还有哪些朋友？

翟敬勇：还有很多，像是郑伟鹤、张尧、邹小平、王文以及各种对我有帮助的人。

我觉得我结交的每一个朋友都值得我感谢，包括很多上市公司的领导、优秀的企业家。

对于做投资，有八个字是我时刻铭记的："敬天畏地，时刻感恩。"

问：有一天，您达成了怎样的目标，或到了怎样的状态，会觉得自己成了非常出色的人？

翟敬勇：我永远只觉得自己是个小老百姓。人生一晃就过去了，怎么拥有快乐的生活，让自己的内心变得单纯和简单，不要那么辛苦就行了。

所以在未来，我希望我的生活变得越来越简单，像巴菲特一样，80多岁还能喝着可乐，吃着巧克力，享受人生。

问：人的生命是短暂的，人的一生中，最有价值的是什么？一位基金经理做了什么，才算是对社会尽了责任？

翟敬勇：一个人如果能为这个社会的进步，留下一些财富就算实现了价值。

我们作为基金经理，能够帮助更多人正确认识价值投资的路是非常好的。

孔子的价值是传播了几千年的一个道德标准。虽然我们记不住很多帝王将相，但是我们记住了孔子。

问：您经常跑马拉松，请问长期坚持跑步是一种怎样的感觉？

翟敬勇：身心都会很愉悦，长期坚持就是锻炼身体。

很多人说巴菲特的财富是50岁后才创建的，没有好的身体，人生提早结束了，那还有什么价值？

作为投资人，既然决定了要赚企业价值的钱，就一定要把自己的身体保护好，身体是革命的本钱。

除了马拉松之外，我还徒步，以前还玩帆船、骑自行车，等等。在身体保持健康舒畅的情况下，做其他事也会顺利很多。

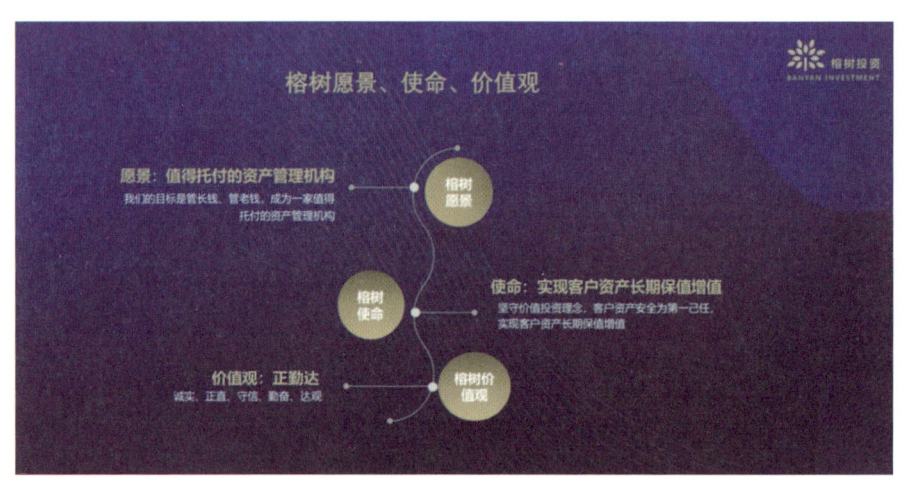

图 7.1　榕树投资管理公司企业文化

第四部分
新经济时代的投资

随着人工智能的发展，以新型材料为代表的新能源革命，将推动整个世界向前快速发展。在人工智能时代，谁拥有大量的、可重复性的、耐用性的新型燃料，也就是新能源，谁就将引领世界，谁就拥有绝对的话语权。

第8章　世界进入到万物互联的时代

科技的发展不会因为落后的生产力的阻挠而停止下来，而是会以各种方式更快地去向世人展示它们的力量。

当谷歌的阿尔法狗战胜世界顶级的围棋选手的时候，实际上在机器的深度智能学习这一方面，已经开始超越人类的智慧。

但是，我们要知道机器的学习并不代表它能创造思想，而是它通过大数据的运算，通过概率论来推动世界的发展。

所以，我们看到在互联网的1.0和2.0时代，我们和世界的连接实际上是人与人之间的连接。但是，随着阿尔法狗智能运算的快速突破，我们发现世界已经开始到了一个人机互动的时代，不仅是中国，也是整个世界，进入到一个万物互联的时代。

万物互联的时代也就是通常所说的人工智能时代。互联网已经让中国和世界实现完全无缝对接。

大洋彼岸的人工智能和中国的人工智能都在同一起跑线上，在这样一个发展背景下，我们看到人工智能给社会带来了一个巨大的改变。

2020年发生在亚美尼亚和阿塞拜疆的一场战争中，我们就看到了新时代的战争武器，比如无人机。这种新式武器对"二战"时期主要的战争武器坦克进行了摧毁性的打击。这种对目标定点的清除和打击，预示着人类将进入到一个新的时代，就是人工智能时代。

◎ 历史的规律并没有改变

我们在观察人工智能的发展路径上，可以看到历史的规律其实没有改变。就像20世纪30年代，当发现机械工业时代快速发展的时候，它需要一个重要的燃料就是石油。所以，"二战"以及"二战"结束之后大大小小的战争，基本上都是围绕着石油的争夺，也就是能源的争夺。

能源在人类历史上起着至关重要的发展作用。从人类祖先的刀耕火种开始，我们一直在用天然的资源为社会发展提供生存的保障。

但是，进入到21世纪人工智能时代，首先从智能手机开始，最大的一个突破就是电池。从大哥大手机大块的铅酸电池到现在苹果手机为代表的小型锂电池，实际上都是能源的替代。

这里不得不提到的一家公司叫特斯拉。这家公司由埃隆·马斯克，也就是当时PayPal（一家总部在美国加利福尼亚州的在线支付服务商，可在203个国家以26种货币进行支付，是目前全球应用范围最广的在线支付平台——编者注）的创始人，因为他卖掉了自己原来持有的PayPal的股权，开始收购特斯拉去开展电动车业务。（2004年，马斯克向马丁·艾伯哈德和马克·塔彭宁共同创立的特斯拉公司投资630万美元，而他则担任该公司的董事长——编者注）

电动车实际上就是由三个要素构成：电池、电机、电控，所以马斯克以一己之力推动了电动车对燃油汽车的革命。

随着时间的推移，技术的发展，特斯拉确确实实在2020年成为全球汽车业不可忽视的一个力量，公司的新款产品Model3成了年轻人非常喜欢的一款汽车。

在这样的大趋势下，我们要去思考，既然人工智能时代已经来临，新的增长领域在哪里？与之配套的产业链在哪里？

我们已经看到，就像网上消费的热衷，推动了互联网整个产业链的发展，人工智能时代实际上也是在改变。

首先是从半导体领域的改变，芯片从CPU到GPU，可以看到，智能芯片越来越多地应用在一些智能化的产品核心部件上。随着运算速度越来越快，消耗的能量就越来越大，我们需要更加小巧、轻便、耐久、可以重复使用的能源结构。

从全球来讲，日本在新材料方面的领先性是首屈一指的。所以，我们可以看到，中国目前电子龙头企业的核心管理层，当年都是在日本的企业工作。

同时，美国在电池技术上也是非常领先的，当年贝尔实验室的电池技术卖到了全世界，中国企业通过自身的努力在这个行业形成了绝对的竞争优势。

我们能从别人那里买一个专利技术，靠自己的研发补充、完善了产品的性能，而且让这个产品成为一个风靡全球、不可或缺的产品。

这些企业带来一个新的思考。我们可以看到，在经济转型期的时候，很多企业是靠创新模式支撑，但是在未来人工智能时代、物联网时代，模式支撑在互联网扁平化的未来和今天，很难再产生巨大的、差异化的效果。

就像我们做投资获取信息一样，现在机构获取的信息和普通投资人获取的信息几乎没有太大差别，网络已经让信息可以快速无缝连接。

◎人类的生存和发展离不开能源革命

在这样一个传递过程当中，是什么推动经济的发展？什么产生差异化的竞争力量？

就是科学技术。

我们观察到，中国制造业产业链确实非常优秀，这离不开中国政府的支持。中国政府不遗余力地支持中国的企业家，不断在光伏领域、新能源领域创新。

不管是在产业技术还是在资金支持、人力支持等方面，中国政府都有巨大的投入。当今的中国能具有庞大的高素质劳动力，要感谢国家在1978年恢复高考，给中国带来人力资源的质的飞跃。

正是因为高质量的人力资源，让中国具有优势的企业能够快速获取大量的人才。像华为、比亚迪、隆基这些公司都快速聚集了大量的高素质人才，在一些优秀的企业家带领下，成功地实现了技术的跨越和突破。

观察到这一现象出现的时候，我们认为在新能源这个领域，中国从追赶到开始引领潮流的趋势已经逐渐成形。

我们从2006年就开始研究新能源，经过了这十几年的跟踪调研，发现中国已经有一批优秀的新能源公司正在崛起。这些新能源公司从某种意义上来讲，他们改变了世界的竞争格局。

在燃油机械时代，谁拥有石油，谁就拥有巨大的竞争优势。进入到人工智能时代，可以预见到，谁拥有大量的、可重复性的、耐用性的新型燃料，也就是新能源，谁就将引领世界。

在人工智能时代，半导体、新能源、互联网技术应用这三个要素缺一不可，而能源从古到今一直是一个重要的行业和领域。

可以说，人类的生存、繁衍和发展都离不开能源的革命。

◎ 新能源革命将再次推动世界向前快速发展

站在21世纪20年代的今天看社会的发展，有一点像20世纪20年代到30年代的变革。

过去的100多年，发展路径是非常清晰的。机械革命推动了新型燃料的需求，当时石油作为新型燃料的代表，直接推动了社会快速发展。

我们也有理由相信，从今天看到未来的20年、30年，随着人工智能的发展，以新型材料为代表的新能源革命，将会再次推动整个世界向前快速发展。

谁拥有这些材料，在可以预见的未来，在这个竞争领域，谁就具有绝对的话语权。

同时，过去100多年来，机械燃油时代的快速发展，对地球环境的改变造成非常大的影响，减少碳排放成为发达国家、主流国家的共同话题。

2020年9月22日，国家主席习近平在第七十五届联合国大会一般性辩论上，向全世界庄严宣布，中国在2030年实现碳达峰（指在某一个时点，二氧化碳的排放达到一个峰值后不再增长，之后逐步回落——编者注），2060年实现碳中和（指在一定时间内，通过植树造林、节能减排等途径，抵消自身所产生的二氧化碳排放量，实现二氧化碳"零排放"——编者注）。这既是一个庄严的承诺，也是一个艰巨的任务。

碳达峰需要中国在新能源上实现快速突破，需要光伏在转换效率方面以更快、更高的转换比重，实现成本的平民化，多次充放电技术需要材料更加廉价、材料成分选择更加广阔。所以，在一个新的时代，我们可以感知到这些领域在快速发展。

◎ 为什么投资要去大胆拥抱新经济？

这又给我们的投资带来很多思考：我们到底是要固守即将被淘汰的产业，还是去大胆拥抱代表未来的新产业、新经济？

中国股市经过2018年的市场分化以后，2021年再次迎来一个新的分化，代表未来新经济发展方向的公司不断受到市场追捧。

追捧的逻辑非常简单：全世界的人民、包括每一个中国人，都有权利追求更加清洁、更加环保的生活环境。作为生产厂家有义务也有责任为消费者提供更加耐久、更加便捷、更加环保清洁的相关产品。因为地球只有一个，是我们人类赖以生存的地方。

近几年，我们可以看到极端天气不断发生，诸如南北极的冰盖加速融化，世界不少地区"忽冷忽热"，创纪录的暴雨、洪涝、干旱、台风、高温热浪、寒潮、沙尘暴等频繁出现，对整个世界的环境都带来巨大的负面影响。

所以，控制碳排放成了各个主流国家的重要任务。2021年4月22

日，由美国主办的 40 个国家参加的全球气候峰会达成一项重要的气候协议，各个国家将在未来为碳达峰、碳中和共同做出努力。

我们可以看到，在未来，能源在环境保护当中最大的贡献将是新能源产业链，而这些企业在政府的支持下，在民众需求的引领下，它们的产品将逐步见成效。

2021 年，中国的新能源汽车已经开始快速发展。在本书出版之际，我们大胆预言，2021 年，中国新能源汽车销售将占到传统汽车 10% 以上的比重，意味着未来我们的新能源汽车将进入一个加速发展的轨道。

我们作为资本市场上的参与者，要用发展的眼光来看投资的企业。这个时候就要适当去容忍企业的估值体系，适当提高这些公司的 PE 和 ROE 的容忍度，而不能刻板地应用原有的、传统的估值体系。

因为这些企业的产能规划和发展规划，正在以一个非常快速裂变的趋势展现在我们面前，但是这些业绩的展示需要时间。

所以，我们在投资当中会特别强调未来现金流贴现，实际上很多人把这些投资的准则挂在嘴边，但是真正到了要去投资的时候，很多人又开始故步自封，开始挑新产业的毛病。

一个产业在发展过程当中一定有许多缺陷，但是要相信主流趋势，也就是说新的能源革命已经开始，将是以材料的替代、高性能的发展展示给大众。

拥有这些材料生产技术的这类公司，必将成为资本市场、实业界的追捧对象。

我们在这一篇章中仅选取了宁德时代这家公司做展开分析。

◎宁德时代：从动力电池向未来能源解决方案供应商转型

这家公司非常有特点，严格来说，这家公司的团队第一次创业算是失败了。这家公司的创始人曾毓群先生带领着他的创业团队，从日本 TDK（日本一个著名的电子工业品牌，一直在电子原材料及元器件上占有领导地位——编者注）辞职出来创业，成立了ATL，即新能源科技有限公司（Amperex Technology Limited，简称ATL。ATL为非上市公司，总部位于香港，下辖子公司位于广东省东莞市和福建省宁德市——编者注），生产苹果电池，苹果公司是他们的第一家国际客户。

但是这家公司在发展过程当中，因为资金短缺和风投等因素，市场环境不合，被迫把股权卖给曾毓群的老东家TDK。

面对中国保护动力电池产业发展的历史性机遇，这家公司的团队再度从ATL分拆出来，重新创业，创立了宁德时代。

我们有幸在他们分拆创业的过程当中，进行了长期跟踪观察，也非常有幸地见证了宁德时代这家公司的崛起。

宁德时代公司从生产消费电池、动力电池的定位，正在向未来能源解决方案供应商角色的转变。

我们有理由相信，如果他们继续保持目前的专注，继续在技术上、产业链上保持目前的状态，这家公司可能会成为未来新能源时代的一个龙头企业。

◎像跟踪茅台一样持续跟踪宁德时代

很多人惊讶于宁德时代这家公司在短短几年就变成一个巨无霸，但是很少有人看到这家公司真正的内涵。比如他们专注在全产业链的研究、对技术的苛求、对供应商体系的严格要求，以及对契约精神的尊重，这些都是这家公司崛起的非常重要的支点。

我们榕树整个团队对这家公司跟踪已经有5年以上，相信我们会像跟踪茅台一样，对这家公司持续跟踪下去。

我们相信，这家公司的文化会让他们在市场竞争当中继续保持非常有竞争优势的位置。

我们也相信，这家公司在未来全球的碳达峰和碳中和发展过程中，会贡献他们的一分力量。对于像曾毓群这样的一个有责任心的企业家，我们应该给予足够的尊重。

就像我们长期关注的烟台万华，在20世纪80年代从日本引进一条二手生产线的MDI技术（MDI是二苯基甲烷二异氰酸酯的简称，一种合成的聚氨酯材料，以其优异的性能、繁多的品种、广阔的用途，在众多的合成材料中独树一帜，成为当今世界发展速度最快的材料之一——编者注），经过几十年发展，现在已经是全球MDI的龙头公司之一，中国不缺乏有责任心和社会抱负的企业家。

我们有幸能够生活在这个时代，不断地见证这批有责任心、有契约精神的企业家，带着一帮聪明有智慧的团队，继续为世界向前发展做出巨大的努力和付出。

图8.1　在新经济论坛上演讲

第9章　新经济时代上市公司调研——宁德时代（300750）调研节选

◎ 持续多年的深度调研让我们发掘到这匹大黑马
——关于宁德时代的投资故事

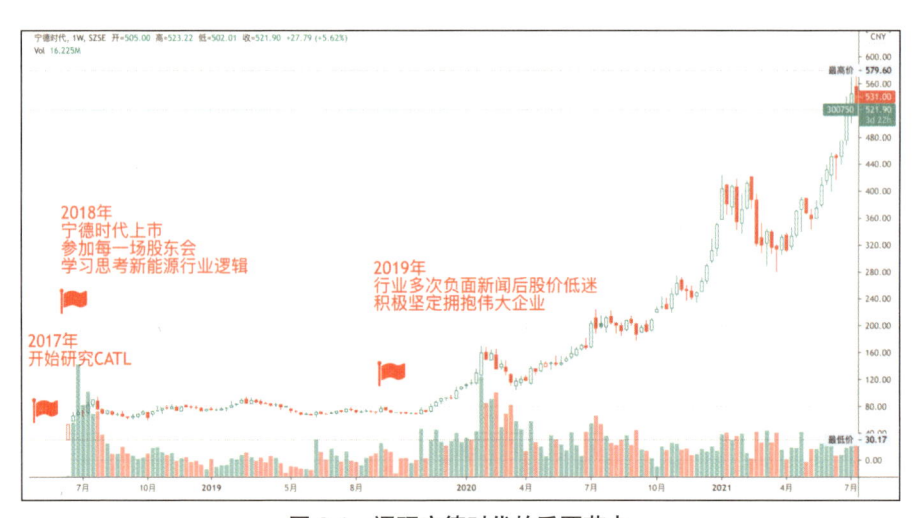

图9.1　调研宁德时代的重要节点

2018年6月，我们投研部门针对一家即将上市的公司，展开了激烈的讨论。这家公司2011年成立，短短5年时间就一跃成为业内全球第一。

这家公司便是动力电池的龙头公司宁德时代（CATL），也是我们近年来的投资代表作之一。

2007—2018年：从关注消费电池到关注动力电池

我们自2007年开始着眼于锂电池行业，最早关注的赛道是消费电池市场，当时比亚迪是重点研究对象。

2010年后，随着智能手机的崛起，我们开始投资于以苹果为代表的智能手机产业链。基于对锂电池行业的长期跟踪和深入研究，我们投资了给苹果手机供应锂电池PACK（锂电池电芯组装成组的过程称为PACK，包括电池组、铜排、镍片、维护板、外包装、输出、青稞纸、塑胶支架等辅助材料——编者注）的欣旺达，并获得了巨大的投资收益。

但在深度挖掘中，我们发现，真正掌握锂电池核心技术的其实是欣旺达的一家上游厂商。这家厂商虽未上市，但在技术、品质和服务上处于产业链的最顶端，这家公司名叫ATL（新能源科技有限公司）。

消费电池最核心的部件是电芯，ATL是锂电电芯领域当之无愧的霸主，客户涵盖了全球主要的智能手机厂商，全球市占率达到36%，遥遥领先于行业第二位的三星。

2016年的一起事故，让我们意识到锂电池就是电子产品的心脏。

2016年，三星推出最新一款Note7大屏手机，受到市场追捧。但不幸的是，由于电池问题，Note7手机发生了数起手机电池爆炸事故，引起舆论轩然大波。当时，携带三星Note7手机的乘客甚至不允许乘坐飞机。

事件发生后，三星锂电池子公司SDI主动寻求ATL在技术上给予支持。由于ATL电池电芯的高品质特性，三星手机此后逐渐提升ATL电芯的使用比例。

这起事件后，三星在我国的市场份额陡然下降。2016年三星还是我国销量最好的手机品牌，市占率达到21%。到了2018年，三星在我国手机市场的市占率已经跌到0.8%，短短两年时间三星彻底失去了整个中国市场。

我们在总结这个行业内的标志性事件时，意识到电池对于一个产品甚至一个品牌的重要性,这也坚定了我们对于电池重要性的判断。

2018—2019 年:从上下游产业链全方位勾勒公司价值

2018 年 6 月,动力电池龙头公司宁德时代正式登陆中国资本市场。在上市前,我们已经对宁德时代展开了研究,这源于我们此前对 ATL 的长期跟踪。

宁德时代和 ATL 可谓师出同门,这要从 ATL 的发展历程说起。

通过我们对宁德时代和 ATL 发展历程的研究,我们了解到 ATL 的创始人曾毓群曾在日本 TDK 公司负责技术工作,此后和同事一起创办了 ATL。在消费电池领域,ATL 凭借高品质快速成长为行业龙头公司,但由于公司高速成长期需要资金,曾毓群把自己的股权出让给老东家 TDK,ATL 的大股东也由曾毓群变为 TDK,ATL 成为一家日资控股的中国公司。

在 ATL 内,曾毓群孵化了一个做动力电池的部门,此后这个部门独立出来,成为一家独立的公司,命名为宁德时代。

由于消费电池和动力电池在技术上具有极大的相似性,宁德时代继承了 ATL 的技术资源,很快便拿到宝马订单。此后,在动力电池行业一路高歌猛进,成立之后短短 5 年时间,就一跃成为全球动力电池市占率第一的企业。

2018—2019 年,我们调研了整个新能源汽车上下游产业链,全方位地勾勒出宁德时代的公司价值。

在调研宁德时代的上游供应商时,一家宁德时代的铜箔供应商引起了我们的注意。

虽然宁德时代给这家企业的采购单价较低,但这家公司仍然十分乐意与宁德时代合作。其背后的原因,在于该公司曾给二流的动力电池厂商供货,但最后仅收回两成的货款。而宁德时代却始终如一地提供及时可靠的回款,因此他们高度信赖宁德时代,愿意与宁德时代深度绑定。

我们也曾调研了全国最大的锂电设备供应商,在和这家公司的高管沟通时,我们了解到未来这家公司的主要产能将供给宁德时代。后来,宁德时代也作出回应,拿下了这家公司的全部定增募资,并把大量订单给予这家公司。从我们的调研结果看,上游供应商均给予宁德时代高度评价。

在调研宁德时代的下游车厂时,印象最深的是一家全国知名的电动客车公司。这家公司曾采购宁德时代的电芯,自己建设动力电池PACK生产线。但后来发现,他们组装出来的电池在一致性、可靠性、安全性等方面均达不到要求,不得不放弃了自己组装的计划,且浪费了上亿元的产线投资。在此之后,这家公司的动力电池均采购自宁德时代,对宁德时代的动力电池技术彻底臣服。2019年,宁德时代在电动客车领域的电池装机市占率达到了80%,近乎处于垄断地位。

我们在研究全球销量最大、品牌号召力最强的电动汽车公司时,得知这家公司的CEO曾到访宁德时代,并表示其将自行生产动力电池,宁德时代董事长表示非常欢迎竞争。

但此后这家公司的CTO在全程参观完宁德时代的生产线后,主动提出要和宁德时代成立合资公司,遭到宁德时代拒绝。这家公司的电动车型在我国量产后,已经大规模地采购宁德时代的动力电池。

我们认为,宁德时代在全球动力电池技术上的领先优势,可类比台积电之于全球芯片行业。

2019—2020年:寻找伟大企业,锁定动力电池龙头公司

2019年,我们研究团队整理调研所得,撰写了2万余字、50余页的深度研究报告,对宁德时代的公司价值进行了全面分析。

在宁德时代所属的新能源汽车行业,通过分析,我们认识到这是未来5—10年最有发展前景的行业之一,一次能源(化石能源)向二次

能源（电力等清洁能源）的变迁，是汽车电动化背后的大逻辑，而汽车电动化仅仅是汽车产业变革的第一步，汽车智能化将会是未来更大的跨越。

智能汽车未来将会成为继智能手机之后的"第二智能终端"，人们对于汽车的认知，将会发生颠覆性的变化。

"寻找伟大企业，坚持好股好价"是我们的核心投资理念，我们已经锁定了这家动力电池龙头公司，安全边际是之后我们考虑的问题。

2019年第三季度，宁德时代的市值约为1500亿元，当时预估2019年公司净利润也仅为40亿元，PE达到37倍，在制造业中属于较高估值分位。但我们当时仍然认为宁德时代是低估的。

首先，宁德时代的净利润不能真实反映其盈利能力。宁德时代固定资产的折旧期限是4年，而行业平均折旧期限在10年以上，且从实际情况而言，宁德时代的制造设备的使用年限远远在10年以上。宁德时代采用了激进的折旧方式，"隐藏"了大量利润。

其次，2019年预估新能源汽车的销量占比仅为4%—5%，仍然处于渗透率很低的水平，未来随着新能源汽车渗透率的提升，宁德时代的利润将能达到300亿—500亿元，是现在的5—10倍。因此，以动态的眼光来看，宁德时代具有巨大的安全边际。

2019年第四季度至2020年第四季度，一年时间宁德时代的市值由约1500亿元增长至约8000亿元，市值增长约4.3倍，我们的分析和判断得到了市场的验证，也为基金投资人带来了丰厚的收益。

随着我们对宁德时代的持续跟踪研究，我们已经意识到宁德时代不是一家简单的动力电池制造商，现在已经向清洁能源解决方案供应商转型。

宁德时代未来将可能成为全球最大的清洁能源公司。目前，宁德时代已经和国家电网成立了"国网时代"合资公司，国家电网仅占40%的股权，体现出其在与央企谈判中的竞争实力，同时也表明其已经从单纯提供锂电产品，到参与能源运营迈出了重要一步。

借助国家电网的运营优势，宁德时代将在全国布局智能充电站，可实现10—15分钟充电续航400千米。随着技术进步，未来将实现5—10分钟给电动车充满电，可以有效解决电动车主的痛点，并形成了与加油站相似的商业模式。

我们还可以看到，宁德时代已经走出国门，2020年拿到了美国储能公司的电芯订单，并与日本财团一起在中东投资建设了全球最大的"光伏+储能"项目。

随着宁德时代在整个清洁能源领域的全面布局，我们相信宁德时代在未来能源变革中将大放异彩！

◎ 长期发展空间巨大——宁德时代进入特斯拉供应链点评

分析研判

发表时间：2020年1月30日
发表平台：榕树投资
发表人：李仕鲜

在特斯拉的2019年四季度财报电话会议中，马斯克在最后问答环节，提到特斯拉已小规模试用宁德时代的电池。

他表示："我们增加了LG（韩国LG集团，名称源自1995年以前使用的公司名称Lucky Goldstar的首字母缩写——编者注）和CATL（宁德时代）这样的合作伙伴，但规模较小。我将在Battery Day进一步详细讨论这点。"

根据我们的研究，目前特斯拉上海工厂的年产能为15万辆电动车，单台Model3的带电量约80KWh（KWh读作千瓦时，是电功的单位——编者注），对于动力电池的总需求量约12GWh（GWh读作亿瓦时，是电功的单位——编者注）。未来上海工厂的年产能规划为50万辆，对于动力电池的需求量约 40GWh。

短期来看，2019 年宁德时代的动力电池销量为 32GWh，如果上海工厂的特斯拉全部采用宁德时代的电池，单这一个客户对公司销量的拉动短期为 37.5%(15 万辆)，长期为 125%（50 万辆）。

特斯拉 2019 年全年电动车销量 36 万辆，且仍有 50% 增长。如果特斯拉海外工厂也采用宁德时代的电池，对宁德时代的业绩贡献更大。

长期来看，宁德时代进入特斯拉产业链，表明宁德时代已经获得全球最高端电动车企的认可，未来宁德时代将成为一流电动车企动力电池的第一选择，产能将供不应求，长期业绩增长可期。

从全球来看，预计全球 2025 年全球电动车销量将达到 2000 万辆，2030 年将达到 3000 万辆，而目前全球年销量仅为 200 万辆，未来有 10—15 倍增长空间。

宁德时代作为全球销量第一和技术最领先的动力电池企业，长期发展空间巨大。

◎2019 年宁德时代股东大会调研纪要

调研背景

时间：2020 年 5 月 18 日
地点：福建省宁德市
管理层：曾毓群董事长等

调研关注点

1. 和 LG 的竞争格局；
2. 储能行业未来的市场空间；
3. 发展中可能遇到的最大问题。

管理层和股东交流纪要

问：和 LG 的全球化竞争格局？LG 的软包和宁德时代方形的技术路线对比？

答：整车厂商的定点是在 2—3 年前就已经做好，意味着现在宁德时代和 LG 已经确定了未来 3 年的市场份额情况，从结果来说，宁德时代已经拿到了较大的市场份额。

未来 LG 和宁德时代选取的技术路径不同，但都针对其自身客户的需求，不管是方形还是软包，都能够提供符合客户要求的 PACK。

问：邦普的材料循环业务发展规划？

答：未来动力电池产业快速发展起来后，对于材料的需求是巨大的，如果材料能循环，会有利于行业发展。

问：储能行业的未来市场空间？目前发展到什么阶段？

答：公司从一开始定义动力电池和储能两条腿走路，动力电池受国家政策大力支持发展得很好，储能的国家产业政策不太清晰，导致发展速度较慢。

储能也从小规模做到百 MWh（兆瓦小时）到未来 GWh（亿瓦小时），从示范项目做到商业化项目，欧美市场的储能市场比国内发展得要快。2020 年到 2025 年储能将迎来发展期。

问：海外建厂的进度？

答：欧洲建厂的资金规划是 18 亿欧元，主要匹配欧洲车企，目前正在加速推进中。

问：公司 3—5 年可能遇到的最大问题是什么？

答：公司最关心的是技术，最担心的是新技术把行业颠覆。

公司培养了一个博士团队，专门研究全球最新的技术研发，保证公司在技术上是最领先的。

未来8—10年，锂电技术仍然是最重要的方向。

问：磷酸铁锂和三元的安全性问题？

答：磷酸铁锂不一定就比三元安全，三元同样也可以做到很高的安全性。比如，宁德时代做的三元也肯定比其他电池厂做的磷酸铁锂的安全性要高，这取决于技术工艺。

市场现在滥用测试，但这是没特别必要的，反而会增加电池成本，导致新能源车没有市场竞争力。

问：无钴电池的情况？

答：无钴电池预计3年后面市，不仅会降低钴的比例，还会降低镍的比例，目前遇到的主要问题是材料问题和供应链问题。

◎市值超越中国石油，宁德时代小荷才露尖尖角
——宁德时代成为沪深两市第十大市值公司快评

分析研判

发表时间：2020年12月21日
发表平台：榕树投资
发表人：李敏生

2020年12月21日收盘，宁德时代当天涨幅12.07%，市值7571亿元，超过中国石油，成为沪深两市第十大市值公司。今年第四季度以来，宁德时代上涨55.35%。

榕树投资长期深入产业链调研和前瞻投资，对于宁德时代这家公司，我们跟踪5年有余（A轮就开始接触研究）。

2020年年初，我们在多个场合就喊出新能源将是牛市旗手，并且在8月后陆续向核心合作伙伴和客户分享了《为什么是新能源》《为什么要选择颠覆者》《致力寻找伟大企业，新能源旗手》等一系列深度报告，来论述新能源的战略配置价值。

榕树投资的投资原则第三条是坚持好股好价。我们仍认为宁德时代并未高估，因为我们看到了更多的底层逻辑——智能化时代以及综合能源供应商。

最近曾毓群董事长做了一场演讲，他用"小荷才露尖尖角，共迎TWh（太瓦时，指万亿瓦时——编者注）时代机会和挑战"来形容当下。

榕树投资研究认为，尽管动力电池主要玩家扩产不止，但是行业有效产能依然紧缺。目前行业龙头宁德时代也仅仅约50GWh产能，依然不能满足迅速渗透的市场需求。

◎宁德时代2020年股东大会调研纪要

调研背景

时间：2021年5月21日（周五）
地点：福建省宁德市
管理层：董事长曾毓群（简称曾）、副董事长黄世霖、董事会秘书蒋理（简称蒋）等

调研关注点

1. 与LG、松下的竞争优势对比；
2. 储能的商业闭环；
3. 产能规划愿景。

管理层与股东交流纪要

问：面对 LG、松下的竞争如何保持优势？

曾：LG 和松下做得比较早，实力是很强的。但是随着我们的进步，从技术上、运营上和客户服务上，我们越来越强。

我们 2021 年第一季度全球市场占有率稳步提升到 31%，而 2020 年我们是 25% 左右，其中，主要份额也是从 LG 和松下抢来的。

问：在您的概念里，储能是个什么样的？储能下游等还没有形成商业闭环吗？

曾：公司从成立之初，就定了两个主业务目标，一个是动力电池，一个是储能电池。最近这个储能电池也逐渐热了起来。

最近这些年来，从技术探索到运营模式的探索都在进步。现在储能的"瓶颈"已经不在技术和成本上，而在机制上。从 2021—2022 年，海内外的储能模式成熟后，大家可以看到海外会发展很快的。

我们国内管理部也做了很多调研，未来也会有很清晰的机制，国内的储能业务也会真正地发展起来。

目前储能的市场已经逐渐发展起来，我们公司也做了很多技术储备，相信也会保持很好的竞争力。

问：产能规划愿景是什么？

蒋：我们也做了一些产能扩张计划，总投资超过 900 亿元。

曾：传统方式是做个研究花 4 年，量产爬坡达产等全程需要七八年，然后做个改造替换什么的还需要七八年，整个生命周期长达 15 年，还需要维修什么的。但是新能源在这方面就加速了，有的产品从研发到量产最快甚至只需要 3 年。

客户跟我们之间的关系是非常牢固的。客户很害怕你不做了，不做了就没着落了；或者害怕选错合作伙伴，也怕你做不下去了，等等。大家相互有承诺。

问：换电模式怎么看？

曾：换电模式和充电模式可能相得益彰。

对于换电模式，消费者不需要拥有资产，租赁对前期成本降低有好处。如果电池包有相对标准化的话，对消费者有好处。

（本节由翟敬勇、李敏生撰文——编者注）

◎三大优势树立起竞争者难以挑战的竞争壁垒
——宁德时代 2019 年年报点评

业绩持续增长，储能表现亮眼

2019 年全国新能源汽车销量 120 万辆，同比下滑 4%，在这样的大背景下，宁德时代动力电池业务收入 385 亿元，同比增长 57%，逆势增长的原因在于产品遥遥领先竞争对手情况下的市场份额提升，市场份额提升了 11 个百分点，达到 52%。

宁德时代在国内无论磷酸铁锂还是三元形成了一定的垄断性，产能排前三的电池厂商只有宁德时代生产方形三元电池。由于比亚迪不外供电池，国轩+高科的磷酸铁锂技术实力较弱，因此宁德时代在磷酸铁锂上也具有一定的垄断性。

宁德时代的锂电池材料业务已经做到了年收入 43 亿元规模，是全国最大的锂电池材料循环厂商。宁德时代收购的广东邦普贡献了锂电池材料的主要业务收入。根据公司年报披露，锂电池材料业务的净利润率达到了 12%，比动力电池的净利率还要高。

宁德时代的储能业务收入为 6.10 亿元，虽然规模较小但是增速达到了 2.2 倍。储能业务也是公司未来重点发展的领域，未来随着成本下降，储能的普及率会快速提升。

宁德时代在福建晋江的储能项目达到了百 MWh 级别，是国内最大的储能项目。美国储能供应商 Powin Energy 公司推出的 3 款储能电池新产品，均采用宁德时代的磷酸铁锂电芯，海外市场的储能需求在逐渐加大。

依旧维持极强的行业话语权

2019年公司"应付+预收"为342亿元,"应收+预付"为185亿元,两者差额157亿元,这一差额相对于2018年的72亿元进一步扩大,表明宁德时代的上下游占款能力在不断增强,这也导致公司账上有236亿的净现金和财务费用为负值。

这一点足以体现宁德时代在产业链中的地位和竞争优势。

具备维持创造现金流的能力

2019年公司经营活动净现金流为134亿元,是净利润的近3倍。这一点在2018年的财报里已经体现,2018年公司的经营活动净现金流是净利润的3.5倍。经营活动净现金流和净利润的差额主要产生于折旧和减值,2019年这一金额为57亿元。

原本宁德时代的设备折旧为5年,已经远小于同行业15年的水平,2019年4月24日第二届董事会第二次会议决定将动力电池生产设备的折旧年限由5年变更为4年,折旧更加激进,因此吞噬了大量当期净利润。

根据公司披露,2019年公司的息税折旧前净利润达到104亿元,远高于净利润45亿元。如果以EV/EBITDA进行估值,目前宁德时代的估值为30倍。(EV/EBITDA又称企业价值倍数,是一种被广泛使用的公司估值指标,公式为EV÷EBITDA,其倍数相对于行业平均水平或历史水平较高,通常说明高估,较低说明低估,不同行业或板块有不同的估值水平。其中公司价值EV=市值+总负债－总现金=市值+净负债;EBITDA=EBIT+折旧费用+摊销费用;EBIT=经营利润+投资收益+营业外收入－营业外支出+以前年度损益调整=净利润+所得税+利息——编者注)

现有 236 亿净现金＋200 亿定增，公司扩产资金十分充裕

2019 年公司现金扣除负债的净现金为 236 亿元，基本与 2018 年持平。

此次定增 200 亿元落地后，公司在手现金将达到 436 亿元，按照目前每 GWh2 亿元的产能扩张资金消耗，宁德时代已经具备拓展 200GWh 产能的资金储备，完全能满足近 3 年的资金需求。这样的资本优势让同行业其他竞争对手望尘莫及。

宁德时代通过资本优势、技术优势和产业链优势，树立起了竞争者难以挑战的竞争壁垒。

（本节由李仕鲜撰文——编者注）

◎在产业链中依然保持极强的话语权
——宁德时代 2020 年年报点评

宁德时代 2020 年年报显示，2020 年营业收入 503.19 亿元，同比增长 9.9%；净利润为 55.83 亿元，同比增长 22.43%。扣非净利润 42 亿元，同比增长 9%。前期市场预期净利润 52 亿—53 亿元，实际业绩超预期。

2020 年公司实现锂电池销量 46.84GWh，同比增长 14.36%，其中动力电池 44.45GWh，同比增长 10.43%。

根据中汽研数据，国内动力电池装机总量为 63.6GWh，同比增长 2%，其中公司装机量为 31.9GWh，市场占有率继续保持 50% 的绝对优势。公司动力电池除应用于乘用车汽车市场外，还拓展了两轮车、重卡、工程机械和船舶等领域。公司 2020 年动力电池系统销售收入为 394 亿元，较上年增长 2.18%。

储能业务方面，全年实现储能系统销售收入为19.4亿元，同比增长218.56%，储能业务继续保持高增速。目前宁德储能电池主要销售海外市场和国内大型储能项目，随着未来储能市场的发展，未来储能业务将成为宁德时代第二收入支柱。

在盈利能力方面，公司毛利率有所下降，2020年毛利率为27.76%，下降2个百分点；归母净利率12%，提升1个百分点，主要是投资收益贡献了2.8亿元；扣非净利润率为8.5%，与去年持平。

公司毛利率的下降一方面受去年（2019年）四季度上游材料涨价造成的成本提升，另一方面也由于公司产能提升带来的固定资产折旧增加。

截至2020年末，公司账上净现金约561亿元，保证了后期产能扩建的资金需求。2020年末固定资产196亿元，同比2019年底增加22亿元，在建工程57亿元，同比去年底增加37亿元。公司在建工程的快速增加与公司加速产能扩张相印证。

2020年公司现金流表现强劲，2020年经营活动现金流流入为605亿元，净额为184亿元。现金流流入高于收入，现金流净额显著高于净利润，说明公司在产业链中依然保持极强的话语权，对一些下游车企是先款后货的付款机制。

（本节由李仕鲜撰文——编者注）

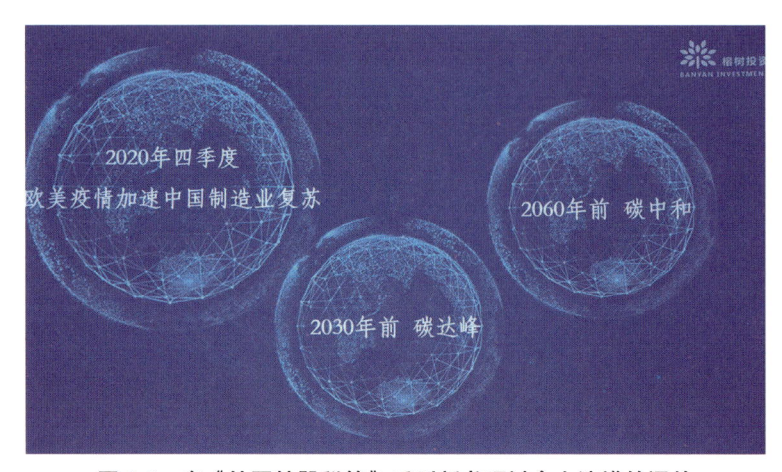

图9.2 在《林园炒股秘籍》系列新书研讨会上演讲的课件

第 10 章　新经济时代媒体报道

◎ 在赛道上的好公司，何时介入都不晚

> **访谈背景**
>
> 发表时间：2018 年 8 月
> 发表平台：红刊财经
> 采访记者：李壮

在 A 股市场连续 6 个月的调整中，翟敬勇在 2 月初就做了头寸管理，其旗下产品在 A 股市场的仓位从之前的 9 成降到 6 成，之后的时间仓位始终维持低位。

如今，他嗅到了底部的味道，开始加仓。他认为，市场何时向上还不好说，但已经处于底部区域了。

翟敬勇的投资都是选择伟大的公司。他认为，现在市场上流传资金"抱团"优质股，其实不是"抱团"，而是国门打开了，海外长期的聪明钱进来了。只要在赛道上、方向正确，好公司何时介入都不晚。

市场调整转机出现

问：今年初至今，市场深幅调整，您对此有何评论？

翟敬勇：当前的市场是 2015 年行情的延伸。从 2015 年股灾到今年 7 月份，3 年零 1 个月，大数据统计，A 股 93% 的个股处于下跌区间。即便 2016 年和 2017 年沪指有所反弹，但只有 10% 的个股上涨，90% 的个股仍处于下跌趋势。

因此，2018 年以来，沪指虽然没有创新低（最低 2691.02 点，仍高于 2016 年初的 2638.30 点低点），但改变不了当前是 2015 年以来的调整行情的事实。

这轮调整和经济去杠杆、供给侧结构性改革具有相关性。

问：这个原因和市场中说法趋同，那么您如何解读呢？

翟敬勇：我们的政策制定和执行是有时间限制的，效率很高，这意味着政策在发挥正向作用的同时，也会遗留一些问题。

为了收紧总量，即使是好企业的贷款到期，银行就不再续贷了。公司经营是永续的，长期运转的，直接融资困难时，间接融资的门也关上了。所以今年 2 月以来不断有上市公司出现质押逾期状况。

当然，现在看转机已经出现，7 月 23 日"积极财政政策要更加积极"的政策方向传递了出来，持续 3 年的去杠杆由此画上了句号。

问：市场对此的解读是从"去杠杆"变为"稳杠杆"。

翟敬勇：我理解可不是"稳杠杆"，而是"加杠杆"，但"加"的方向可不是盲目的，而是瞄向民生领域，包括养老、教育、医疗等产业。当然，原来限制的比如房地产、高耗能产业还是限制的。

问：政策出现转机，当前的市场调整力度够不够呢？

翟敬勇：今年很多周期股、银行股纷纷在高位上跌去了 40%、50%，力度很大了。自 2015 年以来，个股普跌 70%、80%，有的跌了 90%。2008 年，前 10 个月市场跌了近 70%，然后大熊市就结束了。

这轮调整和 2008 年相比，周期长。同时去杠杆导致许多无处可去的资金最终还是流向了股市。这些资金会选择茅台、海螺等行业头部公司，因为这些公司之前是低估的，目前走到合理位置。

问：那么，最新的政策已经产生效果了吗？

翟敬勇：政策已经有效果了，一些原来被抽贷的民营企业陆续得到续贷了。比如，中央电视台《新闻联播》最近就播出德州"无还本续贷"的消息，这是一个积极信号。

因此，以此为节点，2015年至今长达3年的调整告一个段落，可以判断2691点附近是一个中长期的底部区域。至于指数何时抬头向上，需要市场注意。

问：那您去年底到今年初曾减仓，现在是不是会加仓了？

翟敬勇：陆续在加仓，老产品加到4—5成，新产品加到了2—3成多。

若10万亿元市值公司出现，可能会是腾讯

问：聊一聊您一直关注的腾讯和阿里吧，这两家公司都在完善各自的生态链，对标谷歌、亚马逊和Facebook。

翟敬勇：在接受《红周刊》专访时，李录曾说，国内的和美国的互联网公司各有千秋。所谓南橘北枳，美国公司和腾讯、阿里都有各自国家的文化基础，相互之间不可替代。

Facebook有16亿用户，微信有10.4亿用户，Facebook和微信在东南亚等地可能有共同用户。从用户习惯来说，一个用户是可以接受2—3个载体或品牌的，就像当年我们同时使用QQ和MSN一样。因为每个品牌都有自己的特长，比如地图，在国内用百度地图很方便，在国外用苹果地图很方便。

从投资角度讲，就看谁便宜，谁的估值更有竞争力。

腾讯和阿里，他们的成长才刚开始。

问：您怎么看腾讯今年以来的调整？

翟敬勇：因为市场认为腾讯的游戏业务增长放缓了。其实，腾讯有三大支柱，分别是社交娱乐、支付和自媒体。腾讯3.37万亿港元的市值只体现了社交娱乐的价值，支付和自媒体的价值没有得到有效体现。

微信支付才刚开始变现进程，从估值角度可以对标蚂蚁金服。蚂

蚂金服6月份估值1500亿美元，若上市，市值将在2000亿美元以上。

另外，微信公众号和小程序是自媒体最重要的平台，未来的变现潜力也是值得注意的。

问：未来中国如果出现一家总市值超过10万亿元人民币的公司，会是谁呢？

翟敬勇：我觉得腾讯会是第一家。腾讯的这次调整是很好的介入机会。

投资就是这样，调整时不去坚定加仓，上涨时坚定没有意义。

问：以10年来看，最可能涌现伟大公司的会在哪些领域？

翟敬勇：新能源、人工智能、物联网，包括在线教育和娱乐等。这些行业有时是糅合在一起的，比如物联网和新能源、智能汽车是三者合一的。数不过来的公司进入到这些行业，谁能最终胜出是没人知道的。

谨慎型投资者可以在谁确定能胜出后再投资，而且也一定能介入进去。比如在iPhone3、iPhone4开始火时可以买入苹果，在iPhoneX出来后苹果股价出现拐点时还可以买苹果。

只要在赛道上、方向正确，何时介入都不晚。

医药股的机会看20年，估值高就等机会

问：市场讨论医药股估值较高，您怎么看？

翟敬勇：医药股还有好多十几倍PE的股票。医药在未来5—10年甚至20年肯定有长期机会。道琼斯工业平均指数在7月初"踢出"了GE（通用电气公司），换进了医药连锁企业沃尔格林（Walgreens）。GE是20世纪最伟大的企业之一，它的"出局"意味着时代变了。

巴菲特强调买指数基金，这反映了时代的磨砺。

我们要投资顺应时代的伟大公司。伟大公司的定义很简单，就是推动人类文明向前发展的、改变人类命运的优秀企业。医药行业是社会发展的必需，未来的伟大公司应有其一席。

问：从细分领域看，哪类医药股值得关注？

翟敬勇：从 40 岁开始人的眼睛就开始衰退了。2017 年我国有 2.4 亿 60 周岁及以上人口，过 20 年，这部分人口规模保守估计会达到 4.5 亿。

这 20 年，会有多少人去眼科看病？可以说，人体的每个器官就是一个产业。

和品牌消费品不一样，品牌消费品是垄断的、独占的。医药细分行业众多，产业链上的优秀公司更多，这是我坚定看好未来医疗行业的重要理由。

资本市场总是超前，如果估值高，那就等机会。医药股有一些被错杀的，或者被压制住的优质股——市盈率在 20 倍以下的优质股都是买进的机会。我们投资，坚持好股好价。

好公司被抱团，因为聪明钱多了

问：您 15 倍 PE 买茅台、15 倍 PE 买五粮液、14 倍 PE 买伊利等，您是怎么发现这些低点的？

翟敬勇：我是在 2012 年 11 月卖出茅台，然后在 2016 年初熔断（2016 年 1 月 1 日—8 日）后再度介入，那时公司基本面已经摆脱之前的不利因素，全面向好，但估值还是严重低估状态。

当时茅台的 PE（TTM）约为 16 倍（到 3 月底 PE 升到 20 倍），总市值才 2500 亿元，但存货加现金至少值 5000 亿元。

和茅台比，五粮液那时更便宜，只是因为茅台要比五粮液有竞争优势，我们就优先介入了龙头茅台。接着我们成立了新的基金产品，就买入了总市值不到 1000 亿元的五粮液的股票。2016 年和 2017 年，这些股票从严重低估慢慢进入到合理区域。

这些公司我们全部调研过，调研跟踪茅台、万华和伊利 15 年，调研神华 10 多年，它们一旦出现投资机会，肯定是跑不掉的。

问：有观点认为，当前的茅台是因为资金抱团得以支撑住股价，

您认同吗？

翟敬勇：买入中国最好的公司有什么好处呢？就是聪明人越来越多，这些人对优秀公司认同时，就会买入剩下的流通部分。

好股票抱团，是因为中国的国门打开了，海外的长期的聪明钱进来了。中国的资本市场越来越与国际市场接轨了。

问：据我了解，您属于最早去做实地调研的。

翟敬勇：为何去调研？因为找伟大公司就和交朋友一样，需要不断筛选，留下好公司长期联系。

参加公司股东大会，公司高层领导都会到场，会谈公司战略方向。我是先把领导说的话当作真话，然后隔3—6个月看这个公司会不会去兑现想法，如果不兑现就不能再关注了。

◎这类公司能推动股市繁荣发展

> **访谈背景**
>
> **发表时间：** 2019年04月
> **发表平台：** 投石星球
> **采访人：** Mathilda、胡霄

查理·芒格说过："我们不是所有的事情都懂，我们也不会不懂装懂，我们只做我们懂的东西。"

翟敬勇先生拥有20多年投资经验，经历过多次牛熊的洗礼，他坚持的投资原则是不熟悉的公司坚决不买，非符合价值投资的公司坚决不碰。这点跟芒格先生的理念不谋而合。

近几年，价值投资的理念被越来越多的人接受，归根结底是因为这个市场已经趋于理性化。想要做好价值投资，不光是市场需要理性

化，投资者也需要理性化，必须用心、努力去做到绝对理性。

在与翟敬勇先生交谈中，明显能感觉到他对自己理性的把控，对投资的选择有相当高的要求。

问：2003 年以来您长期坚持做企业实地调研，深入走访调研的企业已经超过 500 家，您在调研企业时最关注哪些方面的信息？

翟敬勇：我们调研企业前先会做案头工作，就是看公司已经发布过的信息。

调研主要看文化，比如说去消费品公司看一些解禁程度，还有就是看企业的团队，了解高管之间有没有内部斗争等，关键是去增加一些感性认识。

问：您最关注的是哪个点？是人更多一些，还是眼睛能够看到的东西更多？

翟敬勇：因为企业是人组成的，一个团队是否和谐，有没有拼搏精神，你通过文字是看不到的，一定要实地去交流。

我们去观察企业不是只去一次，像茅台，我从 2004 年开始已经去了 30 多回了，而且是坚持去。因为你找到一家好公司不容易，找到了就不要轻易放弃。

但是每家企业的经营过程不是一帆风顺的，它的产品也会受到脱销和过剩等因素影响，各种利益和诱惑都存在，管理团队、财富的分配等方面都会产生很多变化。这个时候每一个公司的基本面发生变化都会反映到股价上。

对于做二级市场，我们执行团队有句名言叫：等股票跌到底了，你会发现你买错了。所以，这个时候对很多成长型的公司进行实地跟踪调研非常有必要。相反，对一些长成了巨无霸的公司去调研的意义就不大了。像阿里、腾讯、平安这些公司去调研没有什么意义，而对于那些新成长的公司，像美团、滴滴、拼多多去调研就有意义了，因为它们的成长，它的商业模式、发展方向，随着市场的变化而不断变化。这些公司盯不住的话，实际上是很难做买卖决定的。

问：您认为什么样的企业能够成长为卓越、伟大的企业？

翟敬勇：我认为首先得走正道，走正道的企业都值得尊重。因为企业家只要走正道，不管上市还是不上市，他都值得尊重，他是在为社会做贡献，解决就业等问题，这些都是值得尊重的。

所以，我经常去企业调研怀着一颗谦卑的心。我们去上市公司都是去学习的，而不是去指正这些领导该怎么做，所以我们只是一个跟随者。

您刚刚说的优秀和卓越是有区别的。因为很多公司，尤其是能进入公众眼里的上市公司，百分之八九十的公司都是优秀的企业。那么能变成卓越的公司是在这百分之八九十里面的百分之十。

这就跟我们考试一样，很多人能考到90分，但是从90分到100分的人很少，而且是越来越少，是处于金字塔尖上的。

那么，我想优秀和卓越最大的差别是在企业文化上。企业的文化形成了他们未来市场竞争力的差别。

我们反观过去那么多卓越甚至伟大的公司的企业文化时，都是津津乐道的，而且这些企业文化已经被很多媒体写成了书，进行广泛传播。

其实，企业文化无非就是这几个要素，第一个就是走正道，第二是在商业原则上不坑蒙拐骗，就是我们所谓的本分，这是非常重要的。

有了这个品质以后，做出来的产品才能得到消费者的信任，不管是看得见摸得着的产品，还是看不见摸不着的产品，本质都是一样的。

像谷歌为什么那么优秀？就是因为你上谷歌搜索能得到你想要的东西。像茅台为什么好？因为酒的品质让消费者感到愉悦。还有像衣服、化妆品等，你喜欢用的产品，一定是它的品质决定的。而产品的品质背后，是由企业文化所决定的。所以优秀和卓越就是差在企业文化上。

企业文化又可以产生出治理结构，治理结构又可以分成薪酬体系、接班人制度、整个管理的内控等，这些都是我们可以看到的区别。

这些都是一个企业能不能成为卓越的公司而产生的企业文化奠定

的。这个企业文化要有人实践，需要时间。当企业从优秀向卓越跨越的时候，它形成的有效制度才会被大众传播，我是这样去理解的。

问：您觉得有一些企业面临被市场淘汰，特别是很多大型国有企业已经开始被市场淘汰，有多年的负债，然后用一些政策方法去挽救它，您觉得这个意义大吗？

翟敬勇：纠错实际上要第一时间去做，包括我们投资。

我认为防御是防不住的，只有进攻。被市场淘汰，一定是你的产品生命周期出了问题。

作为一个企业家，你发现你的产品生命周期已经没有市场了，这个时候除了变以外，没有其他办法。

美国的钢铁大王曾经说过："哪怕我的厂被有形的一把火烧掉了，只要我带着人，马上就可以重建起来。"所以，我们可以看到今天阿里、腾讯的崛起，不是一个简单的崛起，而是在顺应时代的变化。

对于您刚刚讲的国有企业，因为它是一个KPI考核，所以，职业经理人和企业家是有本质区别的。

我们自己也在创办企业，担负了我的声誉，还有我的身家，更担负了对社会的责任，要从这些角度去考虑。

企业生生死死很正常，关键是不要在市场的周期大潮中被淘汰掉，一旦发现出错第一时间纠错，而不是去做补救。补救是没有意义的，也许能够补救上来，但是这种概率是非常低的。

问：您如何看待最近股市的连续上涨？这种连续上涨对贵公司大的布局会有一定影响吗？

翟敬勇：首先从布局来讲，我们已经布局完了，我们就是"价值加成长"。

在去年（2018年）11月份我们就已经判断大盘底部确认了，而且我们是在中国那么多做二级市场投资的机构中，少数坚定2019年是权益大年的机构。

既然我们是这样认定的，我们也早就布局完了，给我们的回报也是可以的。我们目前很多基金都有25%左右的收益了。

问：作为个人，不仅要从数据上了解一家企业，还应该如何去调研？

翟敬勇：不管是机构还是个人都一样，看你是以什么样的心态。

如果是业余投资者，那买大白马股就行了，今年大白马股也涨了20%。

人的心态要好，首先要对今年这个市场进行判断。对于个人来讲，你赚的财富要有地方去储存。过去是把财富储存在银行，还有一种就是买不动产，或者很多女性买首饰，这些都是把你赚取的财富换一种方式储备。

今年实际上偏向于股权投资。因为中国的通胀已经非常高，会影响到居民的财富，受影响最大的就是房价。

从国家的政策上讲，房子只住不炒，这是未来5年到10年的国策。在这种国策的影响下，我们可以看到，房地产对居民的影响是很大的。而且储存财富有个观点就是买涨不买跌，所以，春节期间很多地方的房价没有涨，这些钱一定要重新换个地方储存。

恰好2019年是个承上启下之年，也就是说2019年是中国半导体产业链开始给我们国家经济和企业带来实实在在利润增长之年，同时国家在这个领域有一个更大的推动，政府用更高的战略眼光推动这个产业链的发展。

所以，我们可以看到政府把5G的基础建设定义为新基建，这实际上让整个国家慢慢摆脱对土地财政的依赖。中兴、华为事件更让我们看清楚中国的制度红利已经开始在全球崭露头角。换句话说，30年前中国享受的是低端劳动力带来的制度红利，分布在纺织、家电、鞋帽，同时制造业财富的聚集推动了房地产的发展。但是，在今天可以看到华为在通信领域的技术已经领先竞争对手1年以上，当然这个不是我说的，是华为领导人在公开场合讲的。另外，今年华为新发布的手机不再跟随其他的国际大牌，这是非常重要的信号。这个时候我们在半导体产业上的制度红利才刚刚开始。

我们有个数据统计，今年高校毕业生是820万人，从1999年到

2019年7月份，这20年累计下来高校毕业生有9864万，接近1亿的高知劳动力正好顺应第五代通信技术的发展。

美国的强大来自1957年美国仙童公司成立，整个半导体产业链开始发展，真正推动了全球竞技的快速发展。看美国的股市几轮大涨，实际上都是由半导体推动的，每次危机结束后也是由半导体产品推动的，就像2000年以后互联网的发展。

另外，2008年美国经历了经济危机以后，从2009年开始，美国持续了10年的大牛市，到现在还没有结束，其实也是半导体产业链推动的。从硬件到软件的应用，可以看到美国这些公司都是10倍以上的大牛股。

中国从2019年开始，我们相信半导体产业链这类公司能够推动中国股市的繁荣发展，也是这一次A股上涨的主要动力，至于科创板这些都是催化剂。

◎ 疫情不改A股长期走牛，新能源有望成为牛市旗手

> **分析研判**
>
> 发表时间：2020年2月2日
> 发表平台：榕树投资

2019年初，我们认为中国A股市场将迎来5年至10年的长期牛市。2019年上半年以半导体为代表的科技类公司率先爆发；2019年四季度代表智能化应用的新能源以及新能源汽车应用接力上涨，推动市场整体升温，初步验证了我们的判断。2019年仅仅是结构性牛市，我们认为2020年将可能迎来全面的牛市行情。

行情的上行也不是一帆风顺，2020年新型冠状病毒性肺炎对我们

的生活、工作和人民的生命健康带来了一定的冲击。值得一提的是，春节 A 股休市期间，新能源应用的风向标特斯拉逆市上涨，在宣布业绩超预期的年报之后，股价大涨 10.3%，市值已超过 1000 亿美金，成为全球第二大市值的汽车公司。

目前中国 A 股市场已经具备牛市启动的三大要素：一是政局稳定，资金开始追逐风险资产；二是推动资金入市的制度设计日益完善；三是代表未来发展趋势的优秀企业不断涌现。

国内这轮供给侧结构性改革有效化解了传统产业的产能过剩问题，中美经历艰辛谈判，最终签署了第一阶段经贸协议，国内国外的系统性风险均得到了有效化解。在此背景下，市场风险偏好明显提升，海外资金持续加配中国 A 股市场。科创板的设立与注册制的落地表明了中国金融制度的进一步开放与完善，中国资本市场将会和房地产市场一样成为中国居民财富配置的重要途径。

基于全球市场市值变迁的大逻辑，我们判断新一轮的投资机会将聚焦于新兴产业：新能源、新能源的智能化应用。回顾美股标普 500 市值排名，近 20 年随着全球互联网浪潮的兴起，市值排名居前的公司已经由通用、IBM、埃克森美孚变成了苹果、亚马逊、谷歌、facebook 等互联网公司。中国目前也正经历经济转型期，未来科技产业将会是国家经济增长的新引擎，新能源、新能源的智能化应用、智能化的产业链半导体、5G 等新兴行业有巨大的发展空间。在产业政策上，国家快速推进科创板落地、加速 5G 商业应用、核心技术自主可控、引进特斯拉国产化等都表明了国家政策对于高科技产业的重视程度与日俱增。

我们高度看好新能源、新能源的智能化应用、智能化的产业链半导体、5G 等领域的投资机会，这些新兴行业空间巨大，成长速度极快，未来会诞生一批新时代下的伟大公司。

2020 年是我国全面建成小康社会的收官之年，挑战前所未有，机遇前所未有。

◎ 把握恐慌的机会，拥抱变革的行业，抱住牛市金娃娃

访谈背景

发表时间：2020 年 2 月 5 日

发表平台：乐趣投资

采访人：江涛

对于中国的投资者而言，面对节后的鼠年股市，我们该如何操作？

2 月 2 日晚上 9 点，我有幸请来深圳榕树投资管理有限公司董事长翟敬勇先生来到乐趣投资做客。榕树投资连续在 2018 年、2019 年凭借出色的投资管理能力和优秀的业绩多次获得"金长江奖""金牛奖"等业内大奖。

有时投资要去反向思考

问：证监会在答记者问里面说从 2 月 3 日晚上要暂停期货的夜盘交易。虽然对于很多 A 股的投资者来说不太关注期货，也没有做期货，那您觉得暂停期货的夜盘交易对股市有什么影响呢？

翟敬勇：我觉得这是最正确的，挺好的。这个时候不要放大，因为期货具有杠杆放大的作用。

我们可以看香港股市。最近西贝莜面的老板接受采访说撑不过三个月，我原来预计在港股上市的海底捞会跌 20%—30%，但股价并没有跌。像这样直接受冲击的行业和企业，为什么股价没有跌呢？

其实有时候投资要反向去思考。我们再说白云机场，股价快跌了40%，股价已经 price in（指市场消化了信息而给出相应的价格）。如果股价已经有所反映，而你还恐慌性杀跌，不就搁在地板上了吗？

2020 年开年以来，有很多资金大量入市，A 股已经形成了筹码供不应求的状态。就像美的集团，不是已经有外资买超了吗。（1 月 20 日深交所官网显示，截至 1 月 17 日，美的集团 QFII/RQFII/ 深股通投资者的持股比例已达 27.96%，持续逼近 28% 的 "限购线"。）

在外资和国内投资机构抢筹码的过程当中，优质的企业对于很多大资金来讲，都是一个千载难逢的建仓机会。

2020 年将开启全面牛市行情

问：因为我们之前就比较熟悉，我知道你比较早就对市场很坚定地看多并做多。记得在 2019 年年初，我们在深圳见面，那时你很鲜明地强调一个结构性的牛市已经出来。最近你在一些相关的会议上也不断表明 2020 年会是一个全面牛市的观点。

如果没有新型冠状病毒疫情出来，可能真的会在 3000 点站稳之后走出一轮新牛市。现在疫情已出现，你还是觉得全面的牛市行情在 2020 年就要开启吗？

翟敬勇：那当然了，因为趋势一旦形成，这是不可逆的啊。

问：什么理由支撑你觉得 A 股现在已经具备全面牛市启动的条件呢？原因是什么？

翟敬勇：这个原因我在文章中（见前一节——编者注）已经有分析，下面我再简单回顾一下。

牛市启动有三个要素，第一是有钱。

今年 M2 破 200 万亿元肯定是往上走的，国内有钱。为什么这个数字这么重要呢？因为房地产市值早就过了 450 万亿元，而国内股市的市值 2019 年年底大约在 55 万亿元，哪个便宜哪个贵一目了然。

房住不炒的目标从 2016 年开始提出，至今已经快 4 年。可以慢慢看到，房地产资金在逐步往外撤出。撤去哪里呢？最好的地方就是优质企业的股权。在中国股市3000多家上市公司里面，涵盖了中国各行各业的优秀企业，而且很多企业还在不断成长。对于资金来讲，不去追求这些，还追求什么呢？

第二，中美贸易摩擦已经持续2年多，今年1月15日正式签署中美第一阶段经贸协议。对中国最大的影响就是金融市场的对外放开。在全球都是低利率的态势下，中国的高利率一定会不断吸引外资进入中国，所以这会形成两股合力。

第三，就是主板市场的制度改革。前段时间邮储银行上市，很多人都不愿意去申购，因为对于这种行政主导的行为大家都不愿参与。但是反观港交所，破除偏见快速引进阿里巴巴，而且上市半个月就进入恒生指数。

目前代表中国新兴经济的产业都在港交所、纽交所和纳斯达克上市。但中国如果想融入全球一体化，就必须进行企业制度改革。所以国家领导人高屋建瓴推出科创板，带来的最大变化就是引新兴产业进入中国资本市场，这样一股活水就来了。

可以看到，从2019年下半年到2020年1月份，大部分上涨的股票主要是3字头的，以创业板为主。科创板经过一轮洗礼之后，也会诞生一批优秀的公司，市场就会活起来。再加上一批优秀的企业，比如像字节跳动、蚂蚁金服等，很有可能会在A股上市。

像这样的制度破解，资本市场已经在用手投票，而主板市场上强行推出的一些公司，大家已经在用脚投票。

在这样的大背景下，钱有了，制度也有了，好企业也有了，你说这样的A股牛市不来怎么行呢？

全面适应智能化时代的到来

问：的确跟之前的市场相比还是发生了很大的变化。

翟敬勇：那当然，你看退市制度也都推出来了。

为什么2020年会开启全面牛市呢？这是基于我们对市场的长期观察。从2013年开始，中国实行了一次全面的供给侧结构性改革，至今已经6年，包括各行各业。为什么从去年四季度开始，游戏类公司、传媒公司的股价不断上涨呢？这跟国家的政策放松有很大关系。

政策的放松意味着各行各业都开始逐渐松绑，这就预示着在2020年，全国的各大行业都会面临一个逐步松绑的过程，会一层一层地将原来大家感觉到不舒服的地方释放出来。

这种新的发展趋势，在未来的新经济和新产业中将带来全面的突飞猛进。中国资本市场不想牛都不行。

为什么很多人看不懂半导体的股票价格不断上涨？其实资本市场是非常敏锐的。我跟很多人讲过一个道理：大众汽车一年可以卖1000万辆汽车，股票市值才900亿美金，而特斯拉去年只卖了36万辆汽车，市值就已经超过大众了。

其实5年前当亚马逊市值超过沃尔玛的时候，我们就知道像亚马逊、阿里这类线上购物的公司，必然将全面取代线下的商超。时至今日，大家已经看清楚了，是不是？

在每一轮历史的变革当中，只有拥抱变革的行业，拥抱变革的企业，你才能在下一轮潮起的时候站立在潮头。如果还抱着旧有的观点买银行地产，未来的盈利情况是非常惨淡的。

问：在你们最新的那篇文章里，也有讲到特斯拉。在A股休市的时候，特斯拉公布了业绩超预期的年报，股价上涨了10%，市值超过1000亿美金，现在已经是全球第二大市值的汽车公司。所以它也是新经济、新产业的代表，像当年的亚马逊一样，是一个先行指标，代表着未来的发展潮流吧？

翟敬勇：特斯拉作为第二智能终端的代表，将在未来的5G应用时代里形成一种新的旋风，这种新旋风就是物联网、车辆网，特斯拉将成为最强势的代表，所以它的规模会越来越强大。

根据我们的监测分析，2020年特斯拉的Model3车型将成为中国汽车消费市场的爆款。很多人都将以此为荣，就像 2013 年大家都以拥有 iPhone4 为荣一样。这说明智能化时代来了，大家一定要全面适应智能化。

如果我现在送你一台诺基亚手机，你肯定不要嘛。投资很简单，就像你在沙漠里花了一个亿建了一座七星级酒店，你会去住吗？

问：投资就是要敢于拥抱新经济，要看到新经济的魅力。特斯拉毕竟是在美国上市的公司，对于中国投资者来说，是不是也有类似的产业和企业值得在 5G 时代关注呢？

翟敬勇：我给你举个例子。就像当年苹果手机大卖以后，过了几年，如今国内华为、Oppo、Vivo 等手机已经占了全球智能手机的半壁江山一样。中国人是非常聪明的，而且中国人的学习能力也特别强。

智能汽车并不是一个陌生的产业链，发展到现在已经 10 年。在价格战和洗牌的过程中，中国的供应链和一些品牌类公司已经崛起，只是资本市场还在等它们最后的爆发时刻。

问：听你的讲话真的是气定神闲，丝毫听不到恐惧，还能那么乐观地笑。

翟敬勇：这不是乐观。我刚才讲过，像白云机场已经下跌了快 40%，以岭药业已经上涨了 50%，资本市场的股价已经对疫情有表现和催化了。

资本市场是一个集体行为的反映，你一定要相信这样的逻辑。

新能源是全面牛市的旗手

问：回到资本市场，刚才说到特斯拉带来的投资机会，而且特斯拉的相关产业链很多在中国，包括它在上海也有自己的工厂。您也提到新能源可能是牛市的旗手，这方面的投资机会能多说点吗？

翟敬勇：目前看特斯拉是一个载体，是第二智能终端，就跟手机一样，只不过是一个可以移动的智能设备。

这个智能设备最关键的部分有几个：第一是电池。这是非常牛的一个产业变革。全世界上百年来都在解决储能的问题，实际上是二次能源全面替代一次能源。以前由于成本问题和技术问题有障碍，而现在这两者都达到临界点。比如太阳能光伏，今年的成本可以降到1度电0.4元。储能问题一旦解决，就会带来大规模的应用，减少我们对石油的依赖。这方面的技术已经成熟。

第二，以华为、中兴通讯、中芯国际这类公司为代表的半导体能产业的快速发展，让现在的终端设备越来越智能化，这就是我们谈到5G时代带来的AI互联网。所谓的人工智能互联网，也叫物联网，物体之间都会有智能反应。

从概率论上来讲，它会带来一次新的变革。电池光伏和新能源现在形成两股合力，会对工业化时代近百年来对原油的依赖形成全面的替代，由此会催生一批新的产业。所以大众汽车的CEO说过，如果我们不进行电动化、智能化的变革，我们就会成为第二个诺基亚。

为什么现在传统的石油公司的估值已经很低了呢？就是因为未来它们都是要逐渐被取代的，重要性越来越低，越来越会被新的能源取代。

问：看来以新换旧、不断换血的这个趋势不可阻挡，包括年前有一些网红直播概念也火了起来，一些网红在直播间里就带红了某些产品。

翟敬勇：这其实就是取代了原来的电视导购嘛。只不过以前通过电视传播让人花钱，现在通过自身的品牌影响力和粉丝群获得成功。这就是互联网时代催生的一些新行业和新机遇。

比如2020年春节期间有一个很大的新闻就是《囧妈》直接通过互联网播放，这对传统的影院形成了较大的冲击。再比如最近由于学生停课，像学而思、新东方、好未来、立思辰、猿辅导等在线教育都推出了免费课程。包括我们公司的同事都分布在全国各地，现在也会通过企业微信召开远程会议，远程办公。再加上5G时代的全新投影技术，在家办公不也就更容易做到了吗？

所以扎克伯格说未来5年到10年，大家都可以在家办公。（Facebook创始人扎克伯格表示，到2030年，AR/VR的远程办公技术使员工在世界任何地方都可以进行远程工作，以缓解人口稠密城市的住房危机和地理因素造成的不平等。缓解危机之后，企业的工作效率也将会得到提升。）

为什么像《海王》《头号玩家》这样的科幻电影会吸引眼球受到大家欢迎呢？就是因为它们把一些还在实验室的新技术先搬出来给大家预热。

为什么5G对我们这么重要呢？因为5G就是信息高速公路，带宽越来越高，速度越来越快，不断提升效率。所以，在提升生产力方面，未来一定会催生出一批适应信息技术发展的伟大公司。

问：随着5G物联网时代的到来，真的会有很多新兴的企业不断出现。

翟敬勇：那当然，肯定会加速的，因为大家会考虑我们是不是可以远程办公。试了之后就会发现挺好的。目前的问题无非就是信号会卡一下，速度慢点。

为什么5G时代推智能汽车呢？因为智能汽车对车速的判断是人眼的5—10倍速度，而且现在在计算机编程等方面，已经很明显地看到人工已经输给机器。就是因为计算机在运算速度上，对车辆的应急反应要比你的大脑和眼睛的神经快5—10倍，未来的车祸是不是就会越来越少呢？

问：虽然科技进步的潮流不可抵挡，而且一定是一个趋势，但是可能科技有时候会有相应的风险产生。对于科技进步过程中的风险怎么能够回避？因为有的时候可能是伪科学。

翟敬勇：这就有赖于社会的分层。为什么会有VC、PE这样的风险投资机构呢？它们就在不断试水。对于二级市场的投资者来讲，你可以投资迟一些。就像巴菲特所说，我宁可等到确定性出来后再买。

为什么巴菲特会用160多美元买苹果的股票呢？虽然这个时候苹

果的股价已经涨了几百倍。我经常会跟周围人讲：一个89岁的老人家都敢于重仓买科技股，你还有什么资格去怀疑呢，是吧？

把握好大家恐慌的机会

问：说到巴菲特，大家都很熟悉的一句话，就是"他人恐惧的时候我贪婪，他人贪婪的时候我恐惧"。所以我想问一下，这个时候你肯定是不会恐惧了，那你会贪婪吗？会怎样贪婪呢？

翟敬勇：我没什么贪婪，我们就没有动，也没想动。因为这些事情在投资当中已经有所考虑。

像我们之前持有影视公司的股票，1月中旬的时候已经敏感地注意到疫情的发展，都陆续清仓了。这就是作为机构一定要提前考虑的。

虽然我们不知道以后会发生怎样的变化，但一旦觉得有这样的趋势可能恶化时，就会把可能受影响的行业和公司先排除。

问：这真是机构投资者的优势和能力，能够走在大多数普通投资者的前面。

翟敬勇：那当然，因为我们每天就是研究这个，靠投资吃饭的，天天都在计算。

问：看来你们真的应对很充分。假设周一有个恐慌性的低开出现，你们会想着去抄底或者加仓吗？

翟敬勇：我没钱了，有钱就买呗。我们不会在意这些东西的。

我刚才讲白云机场的时候已经说过，股价这样跌跌不休已经告诉你出大事了，而且上海机场、深圳机场的股价也都在下跌。春节旺季期间，像这样的公司股价不断下跌，一定是出了什么事情，股价提前反映了基本面嘛。

问：最后还有个问题，在全球经济一体化的时代下，整个资本市场都是联动的。在A股休市的时候，港股、美股等市场这段时间大盘也是下跌的，平均跌幅在7%左右。

翟敬勇：可是港股没有大幅下跌，如海底捞的股价就没怎么跌。这说明资本市场已经提前反应，美股也只是跌了一下后马上就上来了。

问：这一个小时过得还挺快，看来您真的很淡定。在节目最后结束的时候，有什么想跟大家说的话送给大家？

翟敬勇：全面大牛市来了，一定要把握好这次机会，找准好的行业和好的企业，做好长期准备。

这是一个5—10年的大牛市，一定要抱一个金娃娃。这是历史给予我们的机会，一定不要错过。

◎ 快乐投资，快乐生活

> **访谈背景**
>
> 发表时间：2020年6月8日
> 发表平台：南开投资会
> 采访人：飞雪 执行秘书长

关于投资观点

问：榕树公司墙上的"寻找伟大企业，坚持好股好价"，在你看来，是依托于人去划定伟大的标准，还是依托于它的模式去划定？

翟敬勇："伟大"这个词的范围很宽泛，而且这两个字不能随便抠。我的理解就是一定符合时代发展。比如17世纪到19世纪，马车就是很伟大的产业，20世纪机器加原油，又成长了许多伟大的公司。前些天美国太空探索技术公司（SpaceX）的火箭发射成功，这也是伟大。

伟大是时代赋予的特征：

第一，伟大的企业一定是诞生在一个适合的时代。

第二，这些企业不仅仅是为了商业创造价值，更是为了推动社会向前发展。比如生物工程、人工智能这类公司，就符合这几点原则，这里面有机会形成伟大的企业。

问：疫情对榕树公司有什么影响？对榕树公司来说，后疫情时代有什么机会和挑战？

翟敬勇：对榕树公司影响不算特别大。

我们在2月份的时候就做准备，强调几点：第一，全公司要减少2020年的个人债务支出；第二，我们坚持保员工不降薪；第三，我们尽可能了解每一个客户的经济状况，以备客户的资产需要去紧急处理的时候，能够帮他们变现。

现在6月份了，我们有的基金已经接近30%收益，大部分都有10%的收益。我看好下半年，只有向好，没有向坏。

问：是最坏的时间已经过去了吗？

翟敬勇：是的，从整个中国的经济看，接下来，中国的一些优秀企业乘胜追击也好，高歌猛进也好，奋马扬鞭也好，都有机会。

问：你看好新基建和新能源产业的哪些机会，为什么？

翟敬勇：从2000年互联网1.0到2.0，到2020年互联网3.0，连续三次跳跃式发展，实际上给我们带来一个巨大的机会。未来10—20年，即将进入人工智能时代。

任何时代首先是基建先行，我们能看到中国的企业已经在引领着这个趋势发展，新能源与这个趋势相生相伴。

举例，所有的人工智能产品就是两个大组件：一个是半导体，一个就是电池。换句话说，电池是人工智能产品的心脏。在这样一个发展趋势下，今年"两会"已经有代表提出要大力扩建能源。未来的10年之内，深圳会有很多充电站，而且我相信，5年之内很多人会换电动智能汽车。

用我一个朋友的话来说：人们会因为草料价格的下跌再用回马车吗？不会。现在我免费送你一个功能性的手机，你会放弃现在手中的智能手机吗？不会。一旦开上智能的电动汽车以后，你就不愿再开回燃油汽车，这是消费趋势的变化，这种趋势是不可逆的。

问：现在国产造车新势力也出来了，你怎么看呢？

翟敬勇：特斯拉作为一个搅局者，几乎以一己之力就改变了消费者对汽车的认知，就像当年苹果以一己之力改变了我们对手机的认知一样。未来的5—10年，汽车将会变成第二智能终端。

所谓第二智能终端是什么概念？就是电子产品加软件。电子产品的核心是什么？半导体。在半导体这一块，它是一个资本体系。这是一个新的格局，胜出者依靠两个领域：第一比技术，第二比服务。现在造车新势力都要从这两个维度去考证。

关于工作方法

问：为什么会创办榕树投资，并且选择做私募呢？公司现状如何？

翟敬勇：当时没有私募这个概念，当时我们几个创始人就是觉得具备自己赚钱的能力了，想创办个公司，能够尽可能地去多帮点人赚钱，这一晃就十几年过去了。

我从今年疫情之后，有点半退休状态，因为我们团队成长起来了。今年的收益都挺不错的，到5月份都有20%—30%的收益。他们成长起来，我就可以慢慢放手了。

问：你怎么评价自己的公司呢？

翟敬勇：榕树的文化就是诚实正直守信，最后一个是达观，就是豁达；投资体系十二个字：寻找伟大企业，坚持好股好价。

榕树最大的优点是什么？从成立至今，我们没有给任何一个委托人亏过钱。很多人问我们收益率多不多？我说收益率没办法比，我们只有不亏钱，不亏钱是我们的前提。

我们遵循几个原则：不坐庄，不跟庄，不操纵市场，不封闭消息，不做衍生品。

问：像这样一种方法，或者说形成一套自己投资体系的过程，可以分享给师弟师妹们吗？

翟敬勇：其实没有。十几年前，我跟着几个经济学大佬学习，当时听完觉得听懂了，这十几年来下来，我发现还是不懂。

投资得从实践中来，一定要说个方法，最好的办法就是跟着前辈们的经验。先模仿再超越，是成本和代价最小的一种成功方式。

问：你经常走访和调研上市公司，有些什么心得可以为我们分享一下？

翟敬勇：如果你要做好投资，必须经常走访企业，因为每一家企业的文化不一样。天下没有两个相同的企业，同样两个做二级市场的私募基金的文化、风格都不一样。

如果想获得一个能够让你稳定的持仓心态，最好是对企业有一个长周期的深度理解和挖掘。

深度的理解和挖掘不是看财务报表就能得出结论，最重要的是对人的理解。

对我们校友来讲，如果你看好一个赛道，接着你要去选你看好的第一个团队，还需要花3—5年的周期，跟踪这个团队所做的任何事情。只有经过反复检验的产品，得到市场认可了，才是最好的。

问：从创业最开始到现在，哪些事情在发生变化，哪些事情一直没变？

翟敬勇：变的是从原来的只买不卖到好股好价。

不变的是做基本面研究，走价值投资，这是最正确的事情，是坚定不移地要走下去的。

关于个人成长

问：为什么会选择来深圳？

翟敬勇：我来深圳的原因很简单，就是因为原来学技术分析炒股票老挣不到钱，感觉深圳是中国的华尔街就来了。

我来深圳的第一份工作仅仅是做发电机销售，有了人生第一桶金以后，就去通达信，后面才真正进入这个行业。

人生其实是在慢慢发展的过程当中找到自己的定位。

问：你怎么看待自己从一个投资经理到企业创始人的成长？

翟敬勇：我认为我走这条路，得益于我非科班出身。

因为很多人从大学到研究生到博士，都是一套完整的金融体系的知识。但这套系统里是以目的为主，在这个过程中投机不可避免。走到一半你会感到迷茫，因为主流的博弈确确实实就是如此。

这个过程我深有体会，你要想清楚是否参与到这个投机的游戏里面去。

投资是逆主流的，又是一个顺主流。年轻的时候，你一定要想清楚这个游戏的规则是什么。

问：这对你来说是一个价值观重塑的过程吗？在做每个选择的时候，主流的声音会告诉你放弃，但是你还是想试一下自己的坚持？

翟敬勇：对呀。我曾经走偏了一小段时间，现在又重新走回来了，所以我最近挺快乐的。

2005年我就提出快乐投资，快乐生活。但是为什么时隔15年之后重新再提出？那肯定有走偏的过程。

这是一个对于我来讲非常重要的里程碑的时间。因为人到了这个年龄之后，你会想明白为谁而活。

问：你的业余爱好是什么？

翟敬勇：我这几年兴趣爱好还挺多，爬山、玩帆船、骑自行车，现在作为南开跑团成员跑马拉松，今年我又开始打高尔夫球。

我觉得人的健康一定不能依赖药物，提高自身免疫力最重要，生命不息，运动不止。

问：今年的收获是什么？

翟敬勇：就是发现名利场如过眼云烟吧！

现在回归到了刚刚所说的，跟朋友、同事、孩子、家人，还有跟校友一起嘻嘻哈哈，快乐投资，快乐生活！

◎ 投资就投顶级商业模式，做伟大企业的收藏者

> **访谈背景**
>
> **发表时间：** 2020 年 7 月
> **发表媒体：** 研值组"大咖有道"系列
> **采访人：** Joy

作为深圳第一批老牌私募，自 2006 年创立以来，榕树投资一直坚持"寻找伟大企业，坚持好股好价"。

近日，在深圳市荣超商贸中心，榕树投资董事长翟敬勇向研值组分享了他数十年积累的投资经验。

投资就是要买顶级的商业模式，做伟大企业的收藏者

问：您提到顶级的商业模式，那么，什么样的模式是顶级的商业模式？

翟敬勇：顶级的商业模式，都有超越利润的追求。

这是什么概念？这家企业不仅仅为了赚钱，更要为社会谋福利、推动社会的发展。比如茅台酿造高品位的生活，这就是顶级商业模式。

顶级的商业模式从表观上来看，它具备三大特征：稀缺、垄断、能够产生永续现金流。从企业文化上看，最大的特征是有超越利润的追求。

实际上，这一类的公司到最后都是受人追捧的。

问：感觉这种企业在全世界都比较少。这么少怎么买？

翟敬勇：如果每一个企业都是顶级的、伟大的企业，那不就是乱套了吗？"伟大"两个字是不能随便给的。

当股票涨多了，大部分人会想，我要把它卖了，然后换一个便宜的公司买入，反而错过了公司的高速增长期。正确的做法应该是，"追加买入并持有"。

因为这些顶级的商业模式在没有被改变或颠覆之前，企业会不断成长，而且会加速成长。

2020年美国纳斯达克又创历史新高，其实把头部公司剔除之后，整体市场是下跌的。

这些顶级的企业给社会带来了巨大的福祉，同时又给股东带来了超额的回报。比如谷歌强调不作恶，苹果坚持保护客户的隐私，这些都是超越利润之上的追求。这类公司在受到外部冲击的时候，对于投资人是千载难逢的良机，真正伟大的公司能够让普通的老百姓都受益。

投资这一类的公司，我们可以在分享社会发展的同时获取财富。

问：刚才讲的"追加买入等于持有"是什么概念？

翟敬勇：市场里面优秀的企业，我们在每一个阶段其实都可以去配置的。

你不要看过去，而是要看未来。为什么中石油股价涨不上去？是因为未来原油的价格是往下走的。为什么银行股价涨不上去？现在裁员最多的就是银行，因为它的商业模式被颠覆了。

一旦你找到真正的好公司，真的不需要考虑价格，因为你没办法判断它是贵还是便宜。价格在你的投资体系里只占10%，真正重要的是定性分析。

回过头来讲，其实我们花了这么长时间去研究茅台贵不贵，可是过去这几年哪个价位买不划算？

拿茅台举例，比如说你2014年有工资收入100万，买了茅台，到2015年已经涨到200万。

大部分人会卖掉茅台，去找一家便宜的公司。但大家没想清楚，为什么茅台这家公司它还在增长？

其实2015年茅台的业务还在往上走，它的股价只是对应当时的价值。所以正确的做法是，不要考虑你之前的买入成本，而是冷静分析200块的茅台值不值得买。

很多人说现在茅台好贵，我认为不贵。我们给它测算，大家公认的2020年大概500亿的利润，对应30多倍PE，同时它又有90%多的毛利率，51%净利润率，账上又没有一分钱负债，公司产品供不应求，这一类的A股上市公司有几家？

看来看去国内只有几家疫苗公司符合这几个特征。你再看这些疫苗公司的市盈率是多少？为什么给这些疫苗公司这么高的市盈率？

很多投资者你不跟他谈投资的时候，他可理性了，一旦谈到投资，他就反过来先用价格来倒推是不是好企业。

问：做伟大企业的收藏者，是不是意味着买了好公司咱就不卖了？

翟敬勇：这是巴菲特说的。巴菲特原话是好公司是不需要卖的，芒格实际上就是反复阐释他的逻辑，一生就投了三个公司。

我们讲伟大的公司是很稀缺的，因为稀缺垄断，它一定会产生永续现金流。

我认为，如果是个人投资者，你一旦找到这些好企业的股票，是真的可以长期持有的，好公司每次下跌都是买入的机遇。

制度要有延续性，企业文化是真正的护城河

问：这次在茅台股东会上，您提了什么问题？

翟敬勇：股东文化的问题。

我们讲一个好的企业，股东文化不能变，消费者导向文化不能变，对产品质量的追求不变。茅台的消费者导向和质量都没有变，现在唯一变的是股东文化。

我认为有必要去提醒他们股东文化的重要性。

股东文化也是一个企业组成的重要因素。很多时候，我们可以看到不少公司，因为股东之间的打打闹闹就散了。

我们允许上市公司的发展有波折，但不能允许它犯致命的错误。

很多时候投资的风险点就是企业的企业文化。一旦企业文化发生变化，这个企业就很容易陷入危机。

问：所以企业文化不能变？

翟敬勇：我们国内现在有名的手机品牌Oppo、Vivo，这家公司以前是做什么的？是做步步高DVD的。

其实，投资越到后面去，就越会发现企业文化才是这家企业真正的护城河。制度有延续性，这才是最重要的，而不能上来一个领导就把制度修改一下。

同时，一个好的企业文化也要顺应时代的变化，不断修正向前。其实这个蛮难的，大部分人都在用结果来推导。

问：怎么看待企业的财务报表，哪些指标是您比较关心的？

翟敬勇：就是看它能不能产生永续现金流。巴菲特讲，我们投资要尽可能避免留下一堆破铜烂铁，很多公司商业模式是不好的。

企业是要永续经营的，财报只是在一个时间节点，人为地编制出来给大家一个参考值而已。而且，一个公司如果存心造假，可以隐藏很多年，所以我们对上市公司也需要3—5年甚至更长期跟踪。

你只有通过一个周期或两个周期，才能看到我刚才讲的消费者导向、产品质量、股东文化等。

问：是不是可以理解为要等公司上市3—5年才买？

翟敬勇：巴菲特也说过，他不会去买新公司，但是有些公司在没上市之前，我们可以提前跟踪。

有时候还有一个比较简单的办法，就是找到一些已经在长期跟踪这些公司的人和机构，跟他们去深度交流学习。

投资要回避传统行业，选择代表未来的企业

问：榕树投资比较喜欢的赛道有哪些？

翟敬勇：投资要选择代表未来的行业，现在已经进入人工智能社

会，再去讨论机械工业时代就落伍了。

我们一定要高度关注那些行业替代者和行业颠覆者，而不要去关注过去曾经辉煌的东西。当满大街都是汽车的时候，你会因为草料的价格便宜而去买马车吗？

问：您是否认可目前国内医药医疗公司的成长估值逻辑？

翟敬勇：我们相信中国有巨大的医疗需求。因为中国已经进入了老龄化，一定会有一批能够服务广大患者的优秀企业。

我们在努力寻找，一旦寻找到了，就去把我们的钱下注到这些公司，就像我们之前找到茅台和腾讯。

问：您的持股周期大概有多久？长期持股状态下怎么面对行业波动？

翟敬勇：我的持股周期很长，经常买到一个好公司之后就基本上不卖，如果我卖了，往往就卖错了。

2012年我就把茅台卖错了，最后又花了好几年时间买回来了。

其实，说到行业波动，我们最关心的是这个行业被颠覆。我们以前持有很多传统的能源公司，去年（2019年）彻底退出，因为能源替代时代已经真实地到来。

从我们的理解上来讲，未来原油的价格长期是以抛物线往下走的，一旦一个长周期形成，任何往上走的波动都是你逃命的窗口。

问：大家想知道，下半年牛市是不是来了？

翟敬勇：牛市来没来，要看你衡量的标准是什么。

从2013年底到现在，茅台已经多少倍了？一家接近15倍回报的公司，是牛市还是熊市？我们看到现在不止茅台，A股有一批这样的公司。如果你买了被市场淘汰的公司或商业模式，不能怪市场。

我们在争论牛熊的时候，实际上是在给自己找借口。有一句老古话叫"年难过，年年难过年年过"。我们还是相信国运，中国的大运才刚刚开始，所以这就有了大牛市的前提。

还有，你在这个市场里有没有去用心？你要用心去发现代表未来发展前景行业里面的顶级企业，这个是需要时间的。

我的想法是要建立自己的能力圈。所谓能力圈就是1万次定律，你跟踪一个企业也是一样的，需要5—10年长期的跟踪，才能理解这个产品的商业模式。

问：对2020年下半年的投资机会您怎么看？

翟敬勇：第一个是新能源产业链，因为能源替代已经来了。

第二个就是生物制药，政府对生物医药，特别是创新药扶持的力度会越来越大。

第三个是人工智能。5G时代万物互联，半导体、互联网等领域值得关注。

最后一块就是已经形成垄断和寡头优势的消费企业。

上面这些都是长周期的热点，我们坚决回避过去的传统行业。因为真正的投资就是选择代表未来行业方向的优质企业，长期伴随它成长。

◎警惕！颠覆会在一夜之间来临

访谈背景

发表时间：2020年9月
发表平台：《上海证券报》《券商中国》
采访记者：屈红燕

记者按：翟敬勇是一位25年来坚持实地调研，走访过500多家上市公司的资深投资人。在贵州茅台上市初期，翟敬勇曾定义贵州茅台为"巨人品牌、婴儿股本"，现在贵州茅台已经成长为2万亿市值的巨人企业。

站在当下时点，翟敬勇旗帜鲜明地看空传统能源、银行和地产等板块，明确看多传统消费、新能源和人工智能等新兴行业，并就市场广泛争议的安全边际和估值等问题给出了自己的答案。

翟敬勇认为，价值投资者永远是成长投资者，没有成长就没有价值，要获得丰厚回报，就要勇敢拥抱未来，在未来的巨人行业里寻找伟大公司。

以下是翟总在本次采访中的精彩观点。

新能源时代正在开始，传统能源股便宜是有道理的

当特斯拉市值超过丰田的时候，就意味着电动汽车替代燃油车时代开始了。2020年8月份，埃克森美孚被从道琼斯工业平均指数中剔除了。埃克森美孚在道指中活了将近百年；早在2018年，GE就被道指剔除，GE在20世纪七八十年代曾是道指的主宰者，一度市值全球第一。

这些生动的案例都说明，石油+内燃机的机械时代，正在让位于半导体+太阳能的人工智能时代。

除了家庭用车外，其实三一重工、中联重科和中国重汽等生产的重型机械也都在电动化，巴士也在电动化。

对于购买者来讲，电动车成本优势越来越明显。随着快速充电正在成为现实，里程焦虑消除，电动车的渗透率就会快速上升。预计2030年之后80%以上的汽车都是电动汽车，10年之后，全世界每年将卖出5000万辆电动汽车。

很多朋友还在抱着股息率的理论来投资传统能源行业，但投资就是投未来，10年之后全球每年销售5000万辆电动汽车，对原油需求会出现断崖式下降，10年之后，光伏储能很大程度上替代火电，煤电原材料需求就减弱了。

技术变革是一点点的，资本市场提前反应，这也是过去十几年，为何抱着石油等传统能源股的价值投资者伤痕累累的原因。

我们要重新改变自己的思维模式。当满大街都是汽车的时候，你会因为草料价格便宜而买马车吗？传统能源股便宜，某种程度上是一种价值陷阱。未来10年到20年，技术进步会把这些行业的商业模式颠覆掉。

假如你在2010年想清楚了智能手机代替功能机这件事，过去10年你会在智能手机产业链公司上赚得盆满钵满；同样，光伏加储能也是未来的巨人行业，它是未来二三十年的发展方向，我们要在此寻找能成为世界级企业的伟大公司。

看好互联网金融股，传统银行地产股价值被侵蚀

蚂蚁金服一旦上市，我们可能基本不考虑价格直接买入，因为它是全球最大的小额贷款公司。蚂蚁金服和微众银行拥有传统银行所没有的强大数据系统，银行最赚钱的小额贷业务已经被互联网金融公司侵蚀掉了。

传统银行的利差无疑在收窄，投资价值也在下降。新兴的龙头企业如阿里、腾讯等优质企业是不需要贷款的，而传统的大央企对银行的话语权在上升，甲方乙方格局正在改变。

另外支付方式也在改变，我们都不带现金了，最大的赢家就是支付宝和微信。银行最传统的支付业务也被颠覆掉，很多年轻人连信用卡都不用了。

至于银行非常赚钱的房贷业务，从中国现在大的格局来看，随着银行业的加速对外开放和房价下行，房贷的利率大概率也会向下。一旦房子赚钱效应消失的时候，隐含着的坏账准备可能会出现。

地产的模式被改变了，二三线城市人口净流出是不争事实，地产股的体量又到了很大的阶段，从增长上来讲难以为继。

房住不炒后，房地产公司的周转率向下，资金使用效率下降，资本回报率就会下来。万科和恒大等这些公司当然优秀，但是地产时代已经结束了。

消费股投资不用纠结，安全边际不是刻舟求剑

很多人刻意在讲安全边际，但安全边际是生意模式的认知，不是刻舟求剑地用市盈率来说话的。安全边际就是护城河。在信息扁平化的今天，所有好的东西都不便宜。

海天味业到百倍市盈率会不会贵？如果你拿 10—15 年的话，这个公司还是保持现在的状态的话，那当然合理。海天味业刚上市毛利才 30% 多，净利率 17%，而现在海天味业的毛利率 40% 多，净利率达到了 28%。中国消费市场太大了，调味品市场的销售一年达到几万亿元，成长空间依然很大。

消费行业是不变的行业，三国时期的煮酒论英雄和今天的推杯换盏没有区别。消费品公司的投资是不应该去纠结的，这些龙头公司随着时间的推移，品牌的溢价增长幅度远远大于原材料成本增长幅度。

飞天茅台的零售价快 3000 元了，1800 元价格以上高端品牌独此一家，利润自然非常丰厚。随着时间的推移，它的护城河会越高。我对茅台是过去长期持有，现在长期持有，未来长期持有。

国内四五十岁以上的投资者对科技股的投资都是谨慎的，但是他们知道茅台、五粮液和伊利等品牌公司，愿意做这些消费品公司的长期股东。

当越来越多的人认识到追不了快速变化的高科技股时，就会投资于变化慢的消费品企业。钱是越来越多的，而这些公司股权是一定的，导致了消费品公司的股价过去一路上涨。

我们这个时代与格雷厄姆写《聪明的投资者》的时代不同了。时代在变，安全边际的标准也在变。

比如人工智能行业，很多方面是赢家通吃，哪一家公司在商业模式或者技术上形成领先优势以后，这家公司对竞争对手都是碾压式的。为了拓展自己的护城河，这些公司必须重金去打造护城河的深度和宽度。

亚马逊就是这么做的，等它亏到第12年的时候，它的护城河就建立了。亚马逊云市占率已成为第一名，这个时候开始释放利润，但它的市值也到了1万亿美金。因此，我们对安全边际的理解不能刻舟求剑。

猪周期没有长期投资价值，光伏公司难以产生永续现金流

投资扣动扳机的那一刻，还是要考虑周全，投资周期股必须看清产业周期。

猪周期个股没有长期投资价值。猪肉价格上一轮上涨的两大原因是环保原因和非洲猪瘟，但猪价上涨一定会刺激供应量上涨。猪周期很短，供应量上来，猪肉价格大概率下行。

要投优秀养猪公司的话，应该在猪价重新回到平衡点的时候才投。猪肉价格疯涨之时，养猪公司的资本回报率是不真实的。就如2008年投资煤炭股公司时一样，那时煤炭公司的利润受短期需求迅猛推动是不真实的。2015年实行供给侧结构性改革，煤炭价格回到合理水平，此时煤炭公司的盈利才是真实的。

光伏类公司很难产生永续现金流，技术变革很容易让这些公司产生危机。这是由于摩尔定律在起作用，光伏板不断降价，一旦跟不上技术迭代，这些公司很容易成为巴菲特口中的"破铜烂铁"。

光伏类公司短期有预期，因为我国优秀的光伏生产企业超越了欧美的同类企业。

投资是终身学习，自2015年开始就不招传统行业研究员

投资是一生的学习，不是躺在功劳簿上；投资是永远不断学习新的知识，不断拓展自己的能力圈。

5年前，亚马逊的市值超越沃尔玛；5年前，字节跳动还没有进入大家视野当中，但今天已经成为巨无霸了。

很多传统行业遭到了颠覆式的打击，我们2015年就想清楚了，人工智能+互联网时代开始了，这也是我们为什么从2015年后不再招聘传统行业研究员。

我们的投资主要集中在四个赛道：一是人工智能和互联网；二是光伏储能；三是生物医药；四是传统消费。人工智能和新能源革命时代才刚刚开始，龙头公司就像1920年的埃克森美孚，那时内燃机加石油的机械时代刚刚开始而已。如果你觉得贵了，可能就损失了未来几十年的上涨。

经过2000年初第一轮泡沫破裂和2008年再度下跌的两次洗礼后，纳斯达克连续涨了11年。经常听到有人说纳斯达克指数会崩，但是它就是没崩，因为它代表了未来。

巴菲特也是跟随时代而进化的，苹果一家公司的市值占到伯克希尔哈撒韦组合的40%以上。巴菲特把航空股清仓了，同时他把富国银行卖得差不多了。

我们每个人都要突破自己的认知边界，不要根据过去的经验值来推导未来。未来是全新的，我们未来唯一需要的是打破自己的偏执。用正确的方式，站在未来的十年，大胆去想2030年的世界和中国是什么模样。

榕树投资希望活得更长久，伟大的企业一定代表未来，如果不代表未来就会被颠覆掉。

索罗斯是投资大家，我们一般人资质愚钝，学不会。但是巴菲特的买股票就是买公司很容易复制，买好企业不需要高智商，只要你相信并实践了，时间的价值就会出来，时间是好公司的朋友。

我们关注巨人市场中的婴儿企业，投入重金，分享这些企业的成长。纳斯达克涨了11年，优秀公司不是1倍、2倍，都是50倍、100倍上涨。坚定拥抱未来，抓住代表未来的优秀公司，咬定青山不放松，自然财源滚滚来。

对中国投资人，一定要研读巴菲特的每年年报和段永平的言谈。已经证明了他们是优秀的实业家和优秀投资人，我们为什么要剑走偏锋呢？

◎ 价值投资的圣杯

📝 访谈背景

> 发表时间：2020 年 11 月
> 发表平台：朝阳永续

寻找伟大企业　坚持好股好价

近期，朝阳永续拜访了深圳榕树投资创始人翟敬勇先生，与翟总进行了一场深度对话。一直围绕"寻找伟大企业，坚持好股好价"为投资理念，那么"'伟大'的定义是什么？何谓'好价'？榕树为什么是'深度价值投资者'"等一系列疑惑，将在本文中为您一一解析。

深度价值投资者是深圳榕树投资的市场标签，其创始人翟敬勇是中国最早且最具代表性的一批价值投资者之一，与段永平、李录、但斌等都是中国市场中巴菲特投资理念的坚定追随者和实践者。

榕树投资从 2006 年诞生伊始，便很清晰要做价值投资，坚持从企业的长期价值出发，寻找 10 年、20 年后依然伟大的公司，不参与市场追涨杀跌的零和博弈，赚企业成长的钱，而非市场博弈的钱。

"试玉须烧三年满，辨才需待十年期。"榕树投资一路坚持了下来，用 14 年投资"零踩雷"的完美风控和优胜的长期业绩，斩获无数权威大奖；其挖掘的以消费、互联网、新能源电池为代表的众多牛股，也让榕树持有人的财富与伟大的企业共成长。

问：榕树的投资理念是"寻找伟大企业，坚持好股好价"。"伟大企业"的定义是什么？

翟敬勇：伟大企业是今天伟大的企业，经过25年到30年后，仍然能够保持其伟大企业地位的企业。这是巴菲特的原话，也是榕树对于伟大企业的定义。

巴菲特这句话，需要逐字逐句进行推敲。"今天伟大的企业"不难理解也不难发现，比如两大互联网龙头公司，在过去到现在这段时间轴里，它们推动了社会文明的进程，社会给予它们丰厚的回馈，故而成就了今天伟大的企业。

但是投资的难点不是通过后视镜来投资，今天的业绩也不能代表未来，我们的眼光要穿透到25年甚至30年之后，期间会经历三四个经济周期。

在经历三四个经济周期以后，去思考这些企业是否依然伟大？如果这些公司代表了未来，它们能抗住未来经济周期周而复始的波动，并在市场中保持强大的竞争力，依然能为社会文明向前发展提供推动的要素，这类企业就是榕树要寻找的"伟大企业"。

社会文明每当进入一个标志性进程，我们都能发现代表这一进程特征的伟大企业，比如机械时代的通用电气（GE），它风生水起地存在了百年，在这个阶段一直保持旺盛的竞争力。

但当社会文明进程跨入人工智能时代之后，它的商业模式就被颠覆了，这类企业也就不复伟大。

伟大企业是能代表未来的，它一定在持续推动社会文明的进程。

决定一家企业是否伟大，一方面是它商业模式的选择，也就是所处的赛道。有的赛道注定很容易就到了创新的临界点，有的却是亘古不变，比如人类对消费品的需求，对奢侈品的推崇，它不会凭空消失，也不会轻易改变，这是我们可预期、可研究的。

另一方面，如果企业商业模式容易被迭代，但是企业的经营团队有格局观，有进化力，能主动拥抱变化，能拿出壮士断腕的决心来创新变革，以顺应时代发展的趋势，那么这类企业就有可能成为跨越时代、穿越周期的伟大企业。

上述这两类企业正是榕树致力寻找的"伟大企业"。前者拥有的商业模式，是能够代际传承的好生意；后者拥有强大的企业文化，企业文化是决定企业是否伟大的基因。

企业文化是制度建设，一家企业要想长久发展，它一定要有一套能够适应迭代进化的企业文化，这就需要我们在研究企业的时候，对企业文化要有深度的理解和认知。因为对于大部分企业来说，其所处的赛道决定了企业文化才是它们真正的护城河。

巴菲特说，伟大企业要有伟大的护城河，这也意味着伟大企业要有强韧的企业文化。企业文化其实质是以不变应万变，以万变应不变，不变的是企业的核心价值观，变的是业务要随着时代的变化而进化。

问：未来是不确定的，尤其对于新兴技术产业，如何去洞悉产业变革的趋势，如何去考察企业是否符合未来的发展方向？有什么筛选标准和判断依据？

翟敬勇：对全球经济发展趋势及产业链变迁要做全局的研判和深度的思考。全球主要国家老龄化是一个必然趋势，当我们站在这个重要背景下去看企业的时候，我们是从三个维度来考察：

从效率提升的角度来思考。我们看到，人类社会从冷兵器时代到机械工业时代，再到互联网人工智能时代，其实是一个效率提升的演进。

第一，在这个演进过程当中，科学技术的进步是人类社会向前发展最主要的推动力，这是一个生产力升级的思维模型。

第二，从人类的需求层次来思考。如马斯洛需求理论所揭示的那样，人的需求其实是从物质消费到精神消费的一个递进演变过程，这是一个消费升级的思维模型。

第三，从人的生命周期角度去思考。随着生物医药技术的进步，人类的寿命在延长，势必带来人类社会形态以及经济业态的变化，这是一个人类学的思维模型。

基于上述三种思维模型下的宏观思考，并开展产业研究、行业研究等专业化的研究，通过自上而下与自下而上的研究相结合，就能刻画出产业跃升的趋势和路径。

2010年谷歌开始崛起，凭借网络搜索业务成为全球科技股龙头，榕树从那时起就开始关注互联网全球化的趋势，直到2015年，我们意识到要坚决摒弃传统行业的研究，积极参与新兴产业的投资布局。

问：新兴产业是一个容易发生技术迭代和颠覆性机会的领域，即使你能够看清方向和趋势，但是你怎么知道谁是未来的赢家？你们一般介入的时点大概是企业发展的哪一阶段？

翟敬勇：自2015年转轨到新兴产业研究之后，我们开始进行赛道筛选。

赛道筛选实际上和传统行业的筛选模式是一样的，首先看它的用户数量，像QQ 8个多亿的用户人数，天猫五六个亿的用户人数，用户数量是个关键性指标，一家互联网企业如果商业模式好，它会在很快的时间里就吸引并沉淀起庞大的客群。

互联网行业的一个最大特征是当你看到的是一个格局清晰的行业的时候，行业的"赢家"可能就要走下坡路，新进入者开始对它有冲击了。对于互联网行业，我们出手的标准是对公司的商业模式做一个深度剖析之后，等它对原有的商业模式进行颠覆的时候，就应该果断去参与。

判断一个行业的发展趋势，专业人士和非专业人士会有本质的区别：专业人士能抓住现象后的本质，看到变化中的不变；非专业人士更多仰仗经验主义和直觉。

比如，很多人说年轻人不喝白酒，从而质疑白酒股增长的可持续性，但是仔细观察发现，过了35岁以上的男人大部分都会喝白酒，而且到了35岁以上的中高收入人群，首选高档白酒。因为白酒是社交润滑剂，这是人类的社会属性决定的，是亘古不变的。

专业和非专业的另一个区别，在于对趋势演进中拐点的把握。判断拐点需要在某一趋势尚在雏形的阶段就进行深度跟踪研究。比如说我们研究电池这个行业，早在电动化、智能化的趋势刚刚形成之际，我们便判断二次能源将替代一次能源，随着机械工业时代的落幕，互联网人工智能时代的开启，代表机械工业文明的石油，势必被新能源所取代或者替代，电池技术的勃兴便是在此背景上产生的。

电池行业的发展是循序渐进的，所以在投资的时候，最大的一个不确定因素就是在行业演进的时候，它会起起伏伏。尽管你相信这个趋势，但是期间要寻找大量的动态数据来持续佐证你的逻辑。

投资中更大的难点在于即使判断对了行业发展的方向和趋势，你还要挑选出赛道里最优秀的公司。换句话说，我们需要判断出哪一家的产品能够以更快的速度和更好的质量来提升社会效率，这需要大量的专业化研究以及对上市公司紧密的跟踪。

所以，我们一直建议个人投资者要把钱委托给专业的资产管理机构打理。投资是一项专业化程度非常高的工作，让专业的人做专业的事，才能提高投资的胜率。

在榕树投资做研究，除了看大量的行业资料和研究报告，还要去上市公司实地调研，去获取一手的信息。

比如上市公司研发的新技术，它没有到成熟的时候，不会向外公布。我告诉你某动力电池龙头公司的电池技术现在是全球最牛的，你肯定不会相信，你相信的是媒体告诉你的。但是对于专业投资者来说，如果等到媒体报道才意识到，格局明朗才做判断，那就很难用"好价格"买入一只"好股票"了。

问：专业投资者只有凭借深度研究的训练，才能对新生事物"见于未萌"，对行业格局"见微知著"，这就是投资中的穿透式眼光，研究的深度决定了投资的成功率。

你特别看好的公司，你会保持跟上市公司接触的频率有多高？

翟敬勇：几乎每周甚至每天都有交流。

我们的优势不是在企业高光时刻去追捧，而是在企业的发展过程中，它们遇到困难的时候，我们发挥专业投资机构的优势帮助它们去规避风险；在它们向上跨越台阶的时候，我们助力一把，这就是真正的长期投资。

为什么很多企业愿意巴菲特来投资？因为巴菲特能真正立足于长期投资，在企业发展遇到困难的时候，帮企业去规划，帮它避免一些大的陷阱。

我们做长期投资，把自己当成企业的股东，虽然不参与经营，但是在企业的战略发展层面，我们对它们是有一些帮助的。

榕树投资企业的方法是用专业性帮助企业做长期规划，跨越企业成长的一些关键性的节点，伴随企业成长。

金融扶持实体经济，具体到投资来说，也是有现实意义的，这是真正的长期主义。

这就是为什么我们说榕树的优势在于深度价值投资，这一点是别人学不来的，就是选择和伟大的企业风雨同行，共同成长，共赢未来。

问：何谓"好价"？怎样给企业做估值？对企业未来成长性的估值该如何做？投资的安全边际怎么设置？

翟敬勇：我现在提出一个动态安全边际的概念，它比传统的估值方法更符合时代特征，在互联网扁平化的今天，任何好东西都不便宜，所以有形的、可以量化的安全边际基本上已经不存在了。

在所有的好东西都不便宜的情况下，这些伟大企业在推动社会文明向前发展的同时，它们自身会得到一个长足的发展。所以我们就要用成长的眼光来计算它的安全边际。

在企业高增长阶段，特别是加速增长阶段，盈利的趋势性更为重要，高估值能够被高盈利增长所消化。如果用10年之后的现金流贴现模型去计算今天买入的价格，10年之后大概的回报是250%，净赚150%，也就是用4毛钱买了1块钱的东西。

倒推回来就是说，按照现在的价格买入，大概年复合回报接近10%，这就是我们现在的动态安全边际。

现在所有的投资都以未来10年的眼光来看今天的价格决策。我今天是1块钱买的，10年之后变成2块5了，这就是4毛买1块钱东西的逻辑。

进入人工智能时代以后，产业周期迭代越来越短，我们对企业的估值一定要以未来发展的需求重新评估，以 10 年之后这家企业的商业模式依然是市场的主流去评估。这个判断是基于现在它的商业模式的建立，来评估它商业模式在未来的趋势。

比如说微信，我们定义微信的一个发展趋势是以社交功能来产生附加值的，10 年之后大概率大家还在用微信，但是在微信的附加值上出现什么样的商业模式我不知道，但是我相信大家离不开微信，所以这就是它的护城河。

可以毛估的是，未来在我们现有的企业发展战略上，唯一要看到的是它以社交为平台的商业模式没有被挑战的情况下，它的延伸品会不断地因为它社交模式的护城河越来越宽而逐步产生更高的附加值。附加值大概可以推算出一个利润结构，这个利润测算出来之后，这还属于毛估，每年再根据企业的财报数据进行比对。那么符合预期了我们继续坚守，如果不符合预期就放弃。

所以，成长性估值就是用毛估的，不存在确定性的估值，从这一点来看，我们宁可选择"模糊的正确"，也不要"精确的错误"。

这又回到对企业深度挖掘的能力。在互联网时代，投资体系主要围绕三大要素：第一是企业的商业模式，第二是企业文化，第三是企业的估值。企业文化和商业模式又是耦合的，没有先后顺序，这是我们重点考察的要素。商业模式和企业文化在我对企业的判断中占了 80%—90%，估值只占我投资体系的 10% 都不到。未来我会越来越弱化估值因素，那种一味强调低 PE 的投资策略，已经不再适用于当今的市场。

我们一定要适应时代变化，要思考什么才是投资的本源，要看树的主干，而不是看它是否枝叶漂亮，主干的深度才能决定它的高度。

作为一个投资人要去做的就是把我们的深度一直往下延伸，至于高度只是一个果而已。

问：坚持好股好价中"好价"这个因素在你决策思考框架中越来越弱化了吗？

翟敬勇：好价的模型是：一是伟大的企业不需要卖，二是追加买入等于持有。回过头来看，如果采用这种策略，其实对于机构或个人投资者来讲，在这些公司上赚得都是盆满钵满。

好价不是大家所理解的低价，是否好价是由企业的成长性决定的。投资一定要有信仰，不要因为看见才相信，大部分时间我们要因为相信而看见。

以格雷厄姆为代表的早期的价值投资者，依赖于对企业资产负债表的分析，算市净率（P/B），也就是把企业资产价值算清楚了，用低于清算价值的价格买入资产，赚被市场低估的钱，就是我们讲的"捡烟蒂"。

应该说，这一套投资方法，在经济业态稳定的工业社会阶段是适用的，但是在全球进入互联网人工智能时代之后，信息扁平化，所有的好公司都不便宜，行业的成长性与企业的增速也超越了投资者的既有经验。

如果你还用过去的理论来解决现在甚至未来的问题，那就是在刻舟求剑，缘木求鱼。

问：榕树为什么是"深度价值投资者"？

翟敬勇：当你关注一个企业没有3—5年，根本谈不上理解，深度价值投资就是对一个事物的深入研究，它的研究时间是没办法减少的，就时间周期来说最短3—5年。

比如说研究某白酒龙头公司，我现在跟了16年，才敢说我懂这个公司；电池这个行业，自2006年我们开始琢磨二次能源替代一次能源，我已经跟了14年了，才敢说我对这个行业理解了；今天谈人工智能，说互联网3.0时代，因为我们对互联网应用跟踪有十几年，从2001年网易、搜狐和新浪登陆纳斯达克那一刻起，我们就开始关注整个中国的互联网的进程。

我们没有买美团，是因为我没有研究清楚它的护城河，不确定它是否会被颠覆？

2018年某互联网龙头公司下跌的时候，我果断买入，是因为我清楚地知道抖音的崛起，不会对以社交为属性的微信构成冲击，所以在这种不够构成冲击的时候，股价下跌，市场看空的声音越多，对深度价值投资者来讲，这就是千载难逢的买入良机，事后证明我们的判断是对的。

这就是巴菲特说的好公司不需要卖，但是首先你要界定这个是真好，这非常重要。

然而，大部分投资人是不能真正区分真好和假好的。

在股价下跌的时候，你一定会看到负面的声音是占上风的，在这个时候敢于站在大多数的对立面是需要信念的，而支撑这个信念的来源，就是对企业深度且长期不懈的研究。

问：调研上市公司对于投资有什么帮助？

翟敬勇：深度价值的投资人一定是长期调研上市公司的，因为我们必须在一个企业发展雏形的过程中，就要对它的发展战略、商业模式做出尽可能全面的判断。

好比我们看一个楼盘，你一定要看它的规划图，楼盘质量好不好，你买的房子好不好，你一定要看它打桩打得够不够深，等到这个房子装修好了，再去看一眼。实际上，调研上市公司就跟买房子是一样的。你要买一个好房子，就必须在拍地的时候，就去琢磨、去研究。

任何一个代表未来的商业模式的崛起都经过残酷的竞争。在这种异常激烈的竞争过程当中，包括企业本身的创始人、他们的团队自己都对企业的未来没有把握，这就是投资的难点和极具挑战性的地方，也是深度价值投资者的价值所在。

我们需要在大家都看不见方向的时候辨明方向，心存疑虑的时候目光坚定，敢于坚守，并收获价值。

问：要如何调研上市公司才是有效的？

翟敬勇：调研上市公司最重要、有效的就是观察公司的企业文化。

企业发展中真正重要的是人，企业的团队是否适应市场的变化，随市场变化而做出决策，能够有效地做出调整，这才是企业能够穿越周期，实现长青的护城河。

任何东西不是一蹴而就的，投资最重要的不是买对和买错，而是应对变化而作出决策，这是非常重要的。

深度研究就是持续追踪市场的变化、行业生态的变化以及企业应对变化的能力。

◎ 把钱分配到最有效的地方

访谈背景

> 发表时间：2020年12月
> 发表媒体：《中国证券报》
> 采访记者：周璐璐 葛瑶（实习记者）

"寻找伟大企业，坚持好股好价"一直是榕树投资管理有限公司的投资理念。但是，价值投资到底是什么？如何运用价值投资逻辑选择优质标的？如何像巴菲特一样成为一名价值投资者，寻找优质股，获得长期收益？如何弥合"知"与"行"之间的巨大鸿沟？日前，《中国证券报》记者围绕"价值投资"对榕树投资董事长翟敬勇进行了专访。

不能在"后视镜"里看投资

问：您如何理解价值投资？

翟敬勇：真正的价值投资是跟随时代变革而变化，本质上是要把钱分配到最有效的地方，即能够推动社会前进的领域。

具体而言，价值投资的核心是投资未来现金流贴现，未来某个时点能赚多少钱，把它贴现回来，就是实现了投资的价值。这就是我们常说的，不能在"后视镜"里看投资。

第一次世界大战期间，运输军事装备的马匹成为重要的作战工具，而在第二次世界大战期间，机械化设备全面替代了马匹的作用。

映射到投资领域，我们遵循的"价值"必须以时代为脉搏，是一种能给企业、社会文明带来发展的价值。

假如带着现在的思维回到1920年，该如何投资？答案一定是投资内燃机等推动工业化的相关领域。把时间轴再拉回到2020年，我们则要加码与人工智能相关的领域。

优秀的价值投资具有穿透力

问：在坚守"长期价值投资理念"和"为客户快速获益"之间，如何取得平衡？价值投资者需要具备哪些素养？

翟敬勇：投资一定要站在未来去思考今天你做的任何一个决定，然而，准确预见未来5年、10年某个企业的未来现金流状况并非易事。

优秀的价值投资都具有穿透力。至于穿透力从何而来，这需要投资者长期跟踪、深度研究。

投资好比伯乐相马，想要找出千里马，首先自己须达到伯乐的水平。

选择投资标的不只是选择细分行业的龙头，更要找出自身"本领"过硬的公司。在科技时代，一定要寻找技术领先、产品精品化、以消费者为导向的公司。

对于专业投资人来讲，确定好细分赛道之后，就要不断缩小范围，找出优秀的标的。一方面，要关注企业的商业模式；另一方面，要关注企业文化治理结构。

问：历经证券市场20载，您是否抓住过穿越牛熊的牛股？您是如何做出判断的？

翟敬勇：最典型的一只股票应该是贵州茅台。我从2004年开始建仓贵州茅台，彼时贵州茅台仅有75亿元市值，而现在贵州茅台市值已升至2.3万亿元左右（2021年2月18日，贵州茅台创下历史新高2608.59元，最高市值达3.3万亿元——编者注）。

当年选择贵州茅台的原因也是出于价值投资逻辑。一方面，投资应当趋向于选择具有确定性的东西。变化周期越慢的领域，确定性也相对越高。另一方面，2004年正值中国刚刚进入消费升级阶段，但贵州茅台已经家喻户晓，正是我们眼中的"巨人品牌、婴儿企业"。

时间是优秀企业的朋友

问：您曾经说过"榕树的优势在于深度价值投资，就是选择和伟大的企业共同成长，共赢未来"。在您看来，"伟大企业"有哪些标准？

翟敬勇：伟大企业是今天的企业经过25年到30年后，仍然能够保持其伟大地位的企业，这是巴菲特的原话，也是榕树对于伟大企业的定义。

时间是优秀企业的朋友，分析企业的确定性，然后等待时间的检验。

前几年亚马逊在亏损的情况下，市值依然超过沃尔玛，那时候我就意识到不能在传统行业里面打转。

泡泡玛特创始之初仅仅是一个小杂货铺，但是上市首日市值便超过1000亿港元，这是因为其瞄准了年轻群体的消费心理和趋势。

问：您认为当下私募行业面临的最大挑战是什么？榕树投资未来如何迎接挑战？

翟敬勇：私募的主要任务就是资产管理，对于投资者而言，挑选私募实际上是在寻找管理资产的合伙人。

对于私募而言，最大的挑战在于投资者的资产管理意识。

对于会计师、律师等行业，大家已经适应了"专业的事情交给专业的人做"这一逻辑，其实，资产管理也是如此，私募就是帮助投资者将财富重新分配到未来朝阳产业上。寻找朝阳产业，寻找确定性，给投资者不断创造未来可持续的财富回报。

作为私募机构，我们的目标是管长钱、管老钱，实现客户资产长期保值增值，成为一家值得托付的资产管理机构。

具体来说，第一是要寻找伟大企业；第二是要在正确的赛道上奔跑，不断拓宽自己的能力边界；第三是寻找确定性，找到能够为客户创造更多价值的优秀管理团队。

◎前瞻挖掘新经济大牛股，榕树投研实力远胜其规模

访谈背景

发表时间：2021 年 7 月 31 日
发表媒体：仓都加满

专注新经济赛道，榕树投资脱颖而出

作为在深圳工作的我来说，一直以来，就很关注深圳本地的私募基金发展。

外界可能比较熟悉的，是以消费股投资为主的几家深圳私募公司，但在我看来，聚焦新经济投资的榕树投资，是一家很特别的公司。

1. 价值观很正

这是一家价值观很正的公司，很有社会责任感。例如，在近期，河南灾情刚发生，榕树投资就紧急召开董事会进行捐赠，是首批为河南灾情捐款的私募基金之一。

2. 公认的投资能力强

因为法规原因，私募不能公开宣传业绩，但我知道榕树投资是一家投资能力比较突出的公司。

外界比较认可它的投资能力，公司多次荣获金牛奖、金长江奖、金阳光奖、英华奖等行业大奖。创始人翟敬勇获得过"五年期金牛奖基金经理"荣誉称号，近期获得新财富第二届"最佳私募投资经理"

荣誉称号。

3. 专注新经济，深度价值挖掘

今年（2021年）以来的市场，把结构化行情体现到极致，特别是以新能源、半导体、高端制造为代表的新兴成长板块崛起。这提醒我们，这个世界永恒不变的只有变化本身，投资要适应时代变化，去投资推动时代前进的力量。

今年以来，以宁德时代为代表的新能源板块，受到了机构资金的青睐。截至目前，宁德时代年内涨幅超过50%，快速跃升为公募基金第二大重仓股，取代了五粮液连续3个季度的亚军位置。

榕树投资是一家"专注新经济、深度价值挖掘"的私募机构，公司早在2015年就挖掘出了宁德时代公司，布局的新经济公司中，出现了不少大牛股。

公司的投研力量，聚焦在新能源、消费、生物医药、半导体行业等四大赛道，相较于传统公司，榕树投资更偏向于投资具有创新性的、颠覆性的公司。

4. 低调而强大

成立于2006年的榕树投资，是一家15年投资"零踩雷"的公司，更是一家跟随时代同行，不断进取的公司。公司创始人翟敬勇先后挖掘的以宁德时代、茅台、腾讯为代表的众多牛股，也让榕树持有人的财富与伟大的企业共成长。

遗憾的是，虽然我身边的朋友都对榕树投资颇为认可，公司在持有人中间有不俗的口碑，但作为一家成长型的私募基金公司，并没有被社会熟知。相比较出色的管理能力来说，现有的规模有待提高。

榕树投资是怎样发现投资机会的？公司的投资理念是什么？成立15年至今，历经多轮牛熊考验，多少曾经辉煌的机构没落，而榕树投资一路发展壮大，秘诀是什么？公司未来的发展重点是什么？

近期，我们实地拜访了榕树投资，与公司颇具传奇色彩的掌门人翟敬勇先生进行了交流。

以下为访谈重点的摘录。

长期产业沉淀，深度发掘大牛股

问：从公开信息，我们知道榕树投资长期看好新能源行业，很早就投资了宁德时代，能介绍下当时是怎样发现这家公司的？投资逻辑是什么？

翟敬勇：因为我们早在2015年就关注宁德时代所在的电池行业，有长期的产业沉淀。

在过去，我们投智能手机行业的时候，投过信维通信、立讯精密这些公司，当时就在找消费电池相关的公司。

当时行业最强王者是谁？是曾毓群所创办的ATL。从名不见经传的小公司，到全球最大的聚合物锂离子电池供应商，ATL仅仅用了十余年时间。

但与此同时，消费类电池市场空间逐步达到饱和。而就是此时，曾毓群嗅到了动力电池的机会，立刻决定成立动力电池部门，这也是宁德时代的前身。

为什么我们最后再切到宁德时代呢？实际上我们从特斯拉开始，就看好新能源车赛道。

这个行业未来肯定是一个成长空间特别大、功能性又很强的一个行业，未来肯定是新能源汽车替代传统燃油车的趋势，在这个领域当中去选的话，电池占汽车成本的40%，是非常重要的一个环节。

在电池厂商中，宁德时代在2018年上市的时候优势已经很明显，全国有50%的市占率，排在行业第一，比亚迪排第二。

宁德时代不光做国内市场，还是一家全球性的公司。上市的时候，它的产品已经进入全球主流的车企，而当时的市值只有1500亿元左右。我们一直都在跟踪和关注这家公司。

真正开始上仓位是在2019年第三季度，有几个催化剂：

一个是特斯拉在中国已经落地，Model3已经下线了。当时我们判断，到2020年，特斯拉Model3会类似苹果在智能手机行业，成为在电动车行业非常畅销的一个车型，推动整个电动车行业的国产替代。

另外，明显看到华为，包括鸿蒙系统开发，越来越多的车企参加，整个智能汽车的趋势已经形成了。

正是基于上面的逻辑，我们在2018年宁德时代上市后就开始买入，2019年中开始逐步重仓。从2019年末到2021年上半年，我们看到，不只是股价表现，整个行业的业绩也逐步释放，之前的判断得到验证。

除了对行业趋势的判断外，我们还要去上市公司实地调研，去获取一手的信息。

我们和上市公司几乎每周甚至每天都有交流，深度价值的投资人一定是长期调研上市公司的。因为我们必须在一个企业发展雏形的过程中，就要对它的发展战略、商业模式做出尽可能全面的判断。

比如上市公司研发的新技术，它没有到成熟的时候不会向外公布。我告诉你宁德的电池技术现在是全球最牛的，你肯定不会相信，你相信的是媒体告诉你的。

但是对于专业投资者来说，如果等到媒体报道才意识到，格局明朗时才做判断，那就很难用"好价格"买入一只"好股票"了。

我们在宁德上市后，就开始对其进行紧密的跟踪研究，每次股东会都去参与，上下游产业链都进行了调研，并以此为基础，挖掘包括上下游、客户、供应商在内整个产业链的投资机会。

正是有这样的一系列操作和判断，在新能源板块布局上，我们为投资人创造了较好的投资回报。

问：今年新能源赛道火热，涨幅比较大，有观点认为估值比较高了，对这个行业的前景您怎么看？

翟敬勇：我们的观点是，新能源领域的投资仍然大有可为。

首先，600万辆新能源车的销量预期不是一个尽头，未来新能源汽车仍然有几十倍的增长前景。

目前来说，2021年一季度新能源汽车有3倍的增长。在2030年要实现碳达峰的大背景下，2030年国内的新能源汽车销量可能增长到2500万辆，也就是10年20倍的增长。

新能源车的销量增长带动的是整个产业链的高景气度。全球的新能源汽车，如特斯拉、宝马、奔驰、奥迪、大众等都在用宁德时代的电池，在国际市场有望放量。

其次，碳达峰、碳中和相关政策的出台是新能源的另一个利润增长点。

储能带来的估值增长空间是非常值得想象的，这一块对电池的需求量不亚于汽车对电池的需求量。

另外，工厂、汽车的二氧化碳排放都是比较大的，而2030年二氧化碳要达到峰值，就意味着不能有新增的碳排放，未来光储充一体化的清洁能源供给方式将成为趋势。

光伏、风电，发电稳定性并不高，而储能电池便能解决这个问题。储能电池将不稳定的电先储存，然后进行稳定的输出，这解决了很多新型能源利用效率的问题。

国家目前对这一块也有新的政策，未来的利润空间是可以期待的。

关注伟大企业，只投四大新兴赛道

问：我们注意到，榕树投资以新兴产业投资为主，长期专注于新能源、半导体、新消费与生物医药四大行业的研究与投资，现在很少去投银行、地产这样传统的行业，这样做的考虑是什么？

翟敬勇：我们不看好某些传统行业的未来，引用芒格的话："如果我知道哪里要让我亏钱，不去就行了。"

芒格还说过一句话："要在有鱼的地方钓鱼。"

自2015年转轨到新兴产业研究之后，我们开始进行赛道筛选，现在就聚焦4个行业：半导体、生物医药、新消费，还有新能源。

以半导体行业为例，中美贸易摩擦战的根源就是半导体，所以我们现在已经看得非常清楚了。

中美和而不同，在半导体领域分道扬镳，这也是事实，这是没办法回避的。

但是我们为什么有底气？是因为中国有庞大的应用市场。低端没关系，我把这个技术积累了就行了。就跟我在非洲销售价格才几百块钱的手机是一样的逻辑，是不是？我知道做到极致以后我照样能赚钱。

中国原来就靠"三来一补"，靠制作一件衬衫赚1块钱、赚10块钱这样积攒起来的，这种蚂蚁的力量也是很强大的。

以前为什么不投半导体呢？因为以前企业买老外的芯片就行了，但现在买不了，因为人家不卖给你了。

所以假以时日，中国半导体领域一定会出现一批给投资人或者股东带来巨额回报的公司。这是半导体很确定的逻辑。

每个时代都有代表性的行业和公司，好公司一定是能推动这个时代向前发展的，比如新能源、互联网、人工智能。

因此，我们投资一家公司要站在它的竞争力带来的自由现金流进行估值，这样才能分享其快速成长带来的收益。

问：您写过一本书，叫《寻找伟大企业》，怎样定义伟大企业？

翟敬勇：伟大企业是今天伟大的企业，经过25年到30年后，仍然能够保持其伟大企业地位的企业，这是巴菲特的原话，也是榕树对于伟大企业的定义。

投资的难点，在于今天的业绩也不能代表未来，我们的眼光要穿透到25年甚至30年之后，在经历3—4个经济周期以后，去思考这些企业是否依然伟大？

如果这些公司代表了未来，它们能抗住未来经济周期周而复始的波动，并在市场中保持强大的竞争力，依然能为社会文明向前发展提供推动的要素，这类企业就是榕树要寻找的"伟大企业"。

伟大企业是能代表未来的，它一定在持续推动社会文明的进程。

决定一家企业是否伟大，一方面是它商业模式的选择，也就是所处的赛道。另一方面，如果企业商业模式容易被迭代，但是企业的经营团队有格局观，有进化力，能主动拥抱变化，那么这类企业就有可能成为跨越时代、穿越周期的伟大企业。

上述这两类企业正是榕树致力寻找的伟大企业，前者拥有的商业模式，是能够代际传承的好生意；后者拥有强大的企业文化，企业文化是决定企业是否伟大的基因。

不断学习，永远在未知领域奔跑

问：我们注意到，榕树投资是一家很有社会责任感的公司，河南灾情刚发生，公司就紧急召开董事会进行捐赠。贵公司成立至今已有15年历史，保持了长期稳健的向上势头，获得业内很多奖项。请介绍下公司的背景，以及您认为公司发展顺利的原因是什么？

翟敬勇：公司起名叫榕树投资，有什么含义呢？

第一，这是南方比较常见的普通植物，榕树就比较平和。

第二，百年榕树，长期发展，你看蛇口炮台就有百年榕树。

第三，榕树一木成林，就像我们要建立共生文化。

最后，榕树的最大特征就是它可以让人乘阴纳凉，所以我们会对外做大量的捐赠活动，我觉得赚了钱就捐出去，挺好的。

榕树投资能够在15年的牛熊转变里发展起来，根本原因在于公司文化。

榕树投资的每个人都有个工牌，上面写着公司的价值观、使命、愿景。

公司的价值观是正、勤、达，也就是诚实、正直、守信、勤奋、达观，所以我们把诚实摆在第一位。

作为企业来讲，我们团队的每个人都要讲诚实，我保证我今天讲的所有的话都是真话。

正直是什么呢？反映在行为上，我们不做恶。我们从2006年成立起，内部就有规定：不坐庄、不跟庄、不操纵市场、不靠内幕消息，所有的邪路歪道我都不搞。

我们赚什么钱呢？相信靠我们的智慧赚钱。智慧来自哪里？找跟我们有相同价值观的企业，我们去赚企业增长的钱。

守信就是我们在投资上是价值投资。

我们既然是管钱的，就要去坚守这套理念，争取实现客户资产长期保值增值。所以，在我们公开发行的、一年半以上的产品中，基本上没有一个客户亏过钱。

另外，我在管钱的时候不冒进，第一不放杠杆，第二坚决不做对冲。

为了使公司和客户利益一致，公司的自有资金也有很大部分在买自己的产品，同时，我自己的钱也会投资公司产品。

诚实、正直、守信、勤奋、达观，我们致力于做长期保值增值、值得托付的资产管理机构。

问：说到托付，有没有什么想对持有人说的话？

翟敬勇：我们不要为了规模而规模，但我们现在还是要去拓展。因为我们的能力和管理的规模是严重不匹配的，我们的能力远超自己的规模。

投资是天下最难的事，你要想成功，就必须不断保持学习的心态，永远要在你的未知领域去奔跑。

展望未来，我们将继续坚持"专注新经济，深度价值挖掘"，努力为基金持有人创造满意回报。

◎ 投资应顺应时代，两大逻辑聚焦价值投资

访谈背景

发表时间：2021年8月16日
发表平台：财联社
采访记者：周晓雅

2021年，新能源行业站上风口，相关个股一路高歌猛进，"宁指数"

在市场随之走红，公募基金的持仓当中，对万亿市值巨头宁德时代的增持势头最为显著，仅次于茅台。

这个赛道上提前进行布局的，就包括榕树投资。

早在2015年，榕树投资已看好新能源赛道的发展前景，并提前进行布局，在宁德时代上市初时即参与成为公司股东，持续跟踪投入，展现了资产配置赛道布局的前瞻性。

作为一家成立于2006年的老牌私募，多年来，团队坚持从企业的长期价值出发，寻找10年、20年后依然伟大的公司，并且长期坚守，分享企业增长带来的回报。

秉持"正、勤、达"的价值观，榕树投资15年来在A股资本市场保持投资的"零踩雷"，先后挖掘出以宁德时代、茅台、腾讯为代表的众多绩优股。榕树投资创始人、董事长、首席投资官翟敬勇也带领团队斩获金牛奖、金长江奖、金阳光奖、英华奖等多个奖项。

以"专注新经济，深度价值挖掘"为投资特色，榕树投资的长期重点布局方向包括品牌消费、新能源产业、生物医药、互联网应用、半导体产业等多个产业。

在翟敬勇看来，在目前的时代背景下，可从顺势和逆势两种不同的逻辑进行价值投资，而新能源赛道也仍有长远的发展空间。

找出"错杀"下的投资机会，逆势布局

当前，互联网行业正迎来"强监管"时代，相关监管动态备受市场关注。早在2021年7月初，网络安全审查办公室启动对"滴滴出行"网络安全审查，以及随后的事态演变，令滴滴股价一度受重挫；更早之前，社区团购行业也曾迎来较大力度的调查处罚。

对此，榕树投资创始人、董事长、首席投资官翟敬勇认为，当下的互联网行业是价值投资体系下最值得关注的行业之一，背后的投资逻辑就是逆势投资。在行业面临外围因素冲击、法律规范的时候，要留意到个股价格"错杀"下的投资机会。

他进一步表示，经历了前期快速发展的阶段，对当前互联网行业的评估需要回归价值投资的本源，即关注公司的商业模式。

"所谓的商业模式，就是公司的盈利模式，而客户黏性是影响公司盈利的重要因素。所以到了公司盈利面临考验的时候，就反问自己，客户还用不用？"

在翟敬勇看来，加强监管是当前互联网行业发展的应有之义，能够有效打击业内不正当竞争、垄断行为，助推行业的健康发展，"但是，我们都已经适应了线下向线上转换的模式，这是时代的产物，很难回到以往的线下模式。比如，我们已经适应了网约车，就不太可能习惯到路边招手拦车"。

就近日因"双减"政策出台引发的教育行业震荡，他强调，在进行逆向投资的过程中，应回避国家倡导回归公益化的领域，"教育行业的监管核心不是针对线上线下，而是要求教育行业整体聚焦教育的公益性"。

翟敬勇分析认为，在过去我国人口高速增长阶段，社会办学模式能帮助承担部分社会负担，在教育行业起重要作用；然而，2020年中国出生人口数量已经回落至1200万人口，从市场供求关系看，目前教育领域的财政支出，已经可以完全覆盖义务教育的需求，教育行业应回归公益化，而非以盈利为目的。

他进一步认为，事实上，早在"双减"政策推出以前，教育行业发展趋势已经迎来转向，教育板块相关个股在较长时期处在震荡下行阶段。

尊重时代变革，顺势投资

除了逆势，顺势投资也是翟敬勇看重的价值投资逻辑之一。他认为，市场投资者需要顺应时代，拥抱新赛道。"'在有鱼的地方钓鱼'是查理·芒格的经典语录之一，所谓有鱼的地方，就是国家鼓励和推动发展的行业。"

今年以来，新能源赛道行情火热，宁德时代上半年股价涨超50%，其他部分新能源板块个股股价还出现翻倍上涨。

早在2015年，榕树投资就开始关注动力电池行业，2018年宁德时代上市后买入，2019年中逐步重仓，展现了团队在资产配置赛道布局的前瞻性。

彼时，通过深入研究，榕树投资已发现，自从功能手机向智能手机转变时，智能化的需求就在悄然浮现，汽车行业也处在智能化的发展潮流当中，而汽车电动化是智能化的基础，因此，新能源赛道的龙头企业也成为榕树团队的重点布局方向。

"由于电池在新能源汽车成本中占比40%，是非常重要的一个环节，而从电池厂商来看，宁德时代在2018年上市的时候，在全国的市占率达50%，优势已经很明显，在行业排第一，其后才是比亚迪。"

翟敬勇表示，作为一家全球性公司，当时宁德时代的产品进入了全球主流的车企，而公司市值只有1500亿元左右，因此团队持续跟踪关注。

"到了2019年，特斯拉在中国已经落地，Model3已经下线了。当时我们判断，到2020年，特斯拉Model3会类似苹果在智能手机行业，成为在电动车行业非常畅销的车型，进而推动电动车行业的国产替代。与此同时，越来越多的车企也开始参与相关系统的开发。"基于此，榕树投资在2019年三季度开始布局新能源赛道。

经过近期的上涨行情，部分光伏、新能源车个股的静态市盈率处于较高位置，引发了市场对后市观点的分歧。对此，翟敬勇直言，顺势投资和逆势投资的估值方法有所差异，类似于新能源的高成长赛道，如果从低估值的角度来看，无异于刻舟求剑，永远无法找到入手时点。

"顺势投资的风险点就在于，行业出现新趋势的时候，相关的需求往往还没在市场显现，因此无法用传统的估值方法评估。比如，美国亚马逊公司一度出现11年的连续亏损，在此情况下，GMV（衡量一个电商企业综合实力的最核心指标，GMV=用户数量*单用户年均消费额。所以，支撑电商企业GMV指标持续增长的动力来源，可以简化为两个：平台用户数的增长、用户年均消费额的增长——编者注）。这一新的估值指标在市场应用，也意味着对企业估值评判，需要多元角度审视，而不能简单孤立地用一种方法。"他说。

展望后市，翟敬勇表示，新能源领域的投资仍然大有可为，"首先，新能源车600万辆的销量预期不是一个尽头，未来新能源汽车仍然有几十倍的增长前景。在2030年要实现碳达峰的大背景下，2030年国内的新能源汽车销量可能增长到2500万辆，新能源车的销量增长也将带动产业链整体景气度提升"。

其次，他认为，碳达峰、碳中和相关政策的出台是新能源的另一个利润增长点。在政策背景下，未来光储充一体化的清洁能源供给方式将成为趋势，储能带来的估值增长空间值得想象，这一领域对电池的需求不亚于汽车对电池的需求量。

"事实上，从宁德时代的公司简介来看，他们已经不仅将自身定位在动力电池系统提供商，而且致力于为全球新能源应用提供一流解决方案。"

除了新能源以外，自2015年转轨到新兴产业研究之后，榕树投资还聚焦半导体、生物医药、新消费等三大行业。翟敬勇表示，榕树投资将继续夯实深度的基本面研究的基石，专注新经济行业的投资机遇，为投资者带来长期回报。

图10.1 关于"新能源产业链"的演讲课件